3.12.1999

Alois Stadlober · Egon Theiner

Langer Atem

Meiner Frau Roswitha, die mir in all meinen Jahren des Hochleistungssports verständnisvoll und helfend zur Seite gestanden ist.

Meinen Kindern Luis und Teresa, die mir größere Freude machen, als weltmeisterliche Medaillen je bereiten können.

Danke!

Alois Stadlober · Egon Theiner

langer ATEM

Das österreichische Langlaufwunder

Die Deutsche Bibliothek – CIP-Einheitsaufnahme

Stadlober, Alois / Theiner, Egon:
Langer Atem / Alois Stadlober, Egon Theiner. –
Graz ; Wien ; Köln : Verl. Styria, 1999
ISBN 3-222-12752-2

Bildnachweis: Alle Fotos von Alois Furtner, Ried/Innkreis
bzw. Privatbesitz Alois Stadlober

Umschlaggestaltung: Andrea Malek, Graz
Umschlagbild: Alois Furtner, Ried/Innkreis
Druck und Bindung: Druckerei Theiss GmbH., Wolfsberg
ISBN 3-222-12752-2

INHALT

Anhang

Alois Stadlober

Spitzname: Luigi

geboren am 11. April 1962 in Judenburg

Sternzeichen: Widder

aufgewachsen in Rattenberg
(Gemeinde Fohnsdorf)

Vater: Alois, Bauer

Mutter: Cäcilia, Bäuerin

Geschwister: Erich (Jg. 1959), Thomas (Jg. 1965), Sepp (Jg. 1969)

verheiratet seit 29. September 1990 mit Slalom-Weltcupsiegerin Roswitha Steiner, Vater zweier Kinder (Luis, geboren 1991, Teresa, geboren 1993)

schulische Ausbildung:	Volksschule Fohnsdorf	(1968–1972)
	Abtei-Gymnasium Seckau	(1972–1980)
	Jus-Studium in Graz	(1980–1993)

Sportliche Laufbahn:
Beginn mit den Langlauf 1973
Steirischer Landeskader von 1975–1978
ÖSV-C-Kader von 1978–1980
ÖSV-B-Kader von 1980–1981
Nationalmannschaft von 1980–1999
erste Weltcup-Saison 1982/1983

Größte Erfolge:
36 österreichische Meistertitel
fünf Olympiateilnahmen (1992 Achter über 10 km klassisch)
neun WM-Teilnahmen:
Silber 1999 (10 km klassisch)
Gold 1999 (Staffelrennen)
Wasa-Lauf-Zweiter 1999
Weltcup-Dritter 1998 (10 km Skating)
24 Mal unter den ersten zehn bei Weltcuprennen

Lieblingsfarbe: blau

Lieblingsgetränk: Wasser

Lieblingsblume: Rose

Lieblingsmusik: Oldies

Lieblingsbücher: Thriller

Lieblings-Fernsehsendungen: Nachrichten, „Report“, „Thema“, Sportübertragungen

Lieblings-Sportarten: Ski-Langlauf, Radsport, Laufsport

Lebensmotto: Mit einem Ziel vor Augen und einer positiven Einstellung durch das Leben gehen

VORWORT

Zielstrebigkeit, Erfolgsdenken, eiserner Wille, langer Atem. Diese Ausdrücke gingen mir durch den Kopf, immer dann, wenn mir der Name Alois Stadlober in den Ergebnislisten von Weltcuprennen oder Weltmeisterschaften oder Olympischen Spielen auffiel. Gedankenverloren dachte ich dann, ob dieser Österreicher denn nie aufhöre, ob er nicht schon genug erreicht hätte für seine Verhältnisse. Sein Karriereverlauf gibt mir die Möglichkeit, an dieser Stelle ein wenig über die Wertigkeiten des Sieges zu philosophieren. Ich bin überaus erfolgreich, auch, weil ich ein förderungswürdiges Talent war, weil ich die für einen Langläufer bestmöglichen Umfeldbedingungen in Anspruch nehmen konnte. Bei Alois Stadlober war es anders. Auch er ist ein Talent gewesen, auch er hätte viel früher zu Spitzenresultaten kommen können. Aber als er begann, hatte unser Sport in Österreich einen ganz anderen Stellenwert als in Skandinavien. So hat Stadlober den Weg zu seinem Ziel gemacht – bis er letztlich, allen Unkenrufen zum Trotz, auf dem Podest gelandet ist. Er hat langen Atem bewiesen.
Alois Stadlober ist das, was man schlichtweg als eine der Symbolfiguren für den Langlauf bezeichnen kann. Besonders für den mitteleuropäischen. Er hat nie aufgegeben, er hat immer an sich und an seine Mittel geglaubt, er hat bis zuletzt warten können auf den ersten Podestplatz im Weltcup und auf die ersten Medaillen bei Großereignissen. Er war immer ein angenehmer Kollege, ein fairer Sportsmann, einer, dem man diese Erfolge in der Abendröte des Ruhmes einfach vergönnen mußte. Sicher, es tat weh, als Norwegen gegen Österreich das WM-Staffelrennen um einen Wimpernschlag verlor. Es tat weh, um eine Goldmedaille gebracht worden zu sein, die meine glücklosen Auftritte in Ramsau etwas versüßt hätte. Es tat weh, Österreich feiern zu sehen. Doch ich sah auch Alois Stadlober glückstrahlend und mußte

mir eingestehen: Er hat sich diese Momente der Freude verdient. Nicht, daß es meine Trauer oder meinen Ärger gemindert hätte. Aber ich fand einen Grund, diese Gefühle zu akzeptieren.
Wenn ich einmal aufhören werde, kann ich auf eine Karriere der Siege und Triumphe zurückblicken. Alois Stadlober hat seine Laufbahn beendet mit Pauken und Trompeten, mit einer Weltmeisterschaft, die in die Geschichtsbücher des österreichischen Sports eingehen wird. Was aber noch viel schwerer wiegt: Es hat jener Mann dem Langlaufsport ade gesagt, der diese Disziplin in Österreich über Jahre und Jahrzehnte mit seinem Dasein, mit seinen Plazierungen am Leben erhielt. Das ist schön für Österreich und für unseren Sport. Heute, nach der WM 1999, ist es für uns alle unvorstellbar, daß es in Österreich keinen Langlauf geben könnte. Damals, in den achtziger Jahren, war man wohl nicht weit davon entfernt ...
Ich werde seinen Namen vermissen in den kommenden Wintern. Es wird nicht mehr stehen: Erster Daehlie (hoffentlich) und dann Dritter oder Vierter oder Fünfter Stadlober. Sein Name wird fehlen in den Ergebnislisten des Weltcups, erstmals seit rund 20 Jahren. Österreich verliert einen seiner größten Athleten. Sein Karriereende wird gerade deshalb sehr wohl registriert, auch hier in Skandinavien. Die nächsten Langlaufgenerationen Norwegens werden mir nacheifern. Die nächsten Langlaufgenerationen Österreichs sollten Stadlober nacheifern.
Ihm persönlich das Beste für seine weitere Zukunft. Dem österreichischen Skilanglauf noch viele Glücksmomente wie in Ramsau. Es müssen ja nicht alle zu Lasten Norwegens gehen ...

Björn Daehlie

Skikönig des Jahrhunderts

NAGANO 1998

Jetzt erst recht

Ich wußte es bereits, als ich über die Ziellinie stolperte. Wieder nichts mit einer Medaille, wieder nichts mit jener ersten, historischen Langlaufmedaille für Österreich. Enttäuscht schüttelte ich den Kopf, wollte mich abwenden und verdrücken, als mir Franz Gattermann, unser Betreuer der Skifirma Fischer und zuvor selbst aktiver Langläufer, zurief, daß Markus Gandler auf dem Weg zu einer Medaille sei. Ich wartete, und während dieser Minuten, in denen mein langjähriger Zimmerkollege aus Kitzbühel Silber im Zehn-Kilometer-Rennen von Hakuba fixierte, lediglich von Björn Daehlie um acht Sekunden geschlagen, zogen in meiner Enttäuschung die Bilder der vergangenen Monate an mir vorüber.
Die Ausgangsposition für meine letzten Olympischen Spiele in Nagano wäre gar nicht so schlecht gewesen. Im Jahr zuvor war ich bei der Nordischen Weltmeisterschaft in Trondheim (Norwegen) zweimal Neunter geworden. Eine Medaille in Japan lag im Bereich des Möglichen, ich spekulierte gar mit einem Abschied im Rampenlicht. Nagano hätte meine letzte große Sache sein sollen.
Die Vorbereitung im Sommer verlief wie schon in den Jahren zuvor positiv. Die ersten Weltcupergebnisse konnten sich sehen lassen. Achter war ich in Val di Fiemme im Dezember, und damit war die erforderliche Qualifikationsleistung bereits erreicht. Bei der Vorweltmeisterschaft in Ramsau kam ich zweimal auf Rang neun und wurde mit der Staffel Dritter, ganz knapp nur geschlagen vom Sieger Italien und den zweitplazierten Schweden. Im Zielsprint lagen wir zuletzt nur um 1,2 Sekunden hinter dem Ersten. Und dies sagte mir und den anderen Läufern: Auch in der Staffel haben wir in Nagano Medaillenchancen, obwohl Michail Botwinow dort nicht starten durfte. Weil er noch nicht lange genug österreichischer Staatsbürger war und weil der Russische

Skiverband sich querstellte gegen einen Einsatz seines ehemaligen Sportlers in den Reihen des ÖSV, mußte Botwinow zuschauen. Schade, denn er war in Topform, wie all seine Siege bei den nachfolgenden Volkslangläufen bewiesen.

Drei Tage nach den Rennen in Ramsau zogen wir Mitte Jänner auf die Tauplitzalm zum Höhentraining – und bei diesem erging es mir wie schon so oft in meiner Laufbahn. Ich trainierte zuviel, verausgabte mich im schweren Gelände, war bei diesen Olympiavorbereitungen zu schnell unterwegs. Vielleicht, weil ich übermotiviert war, vielleicht, weil ich, meine letzte Großveranstaltung vor Augen, einfach das Maß im Training nicht mehr fand. Am letzten Tag des Aufenthalts war ich verkühlt, griff gleich zu homöopathischen Medikamenten, reduzierte das Training und ließ die österreichische Meisterschaft sausen. Fazit: Die Vorbereitung konnte schon nicht mehr als optimal angesehen werden. Während der Anreise nach Japan verschlechterte sich mein Gesundheitszustand. Der Griff zum Antibiotikum wurde unausweichlich. Ich bekam Durchfall und keinen Startplatz für den ersten Bewerb, die 30 Kilometer klassisch.

Und nun stand ich im Ziel, wartete auf meinen Teamkollegen und ärgerte mich, daß auch der Zehn-Kilometer-Bewerb nicht mein Rennen geworden war. Als zweite aller vier Gruppen war die Rote Gruppe, die 30 Besten im Weltcup, in die Spur gegangen. Doch die Wetterverhältnisse hatten sich vom Start des Rennens bis zu meinem Einsatz verändert, derart kurzfristig, daß es mir und meinen Serviceleuten nicht mehr möglich war, darauf richtig zu reagieren und meine Ski anders zu präparieren. Im Regen war mir in aller Eile Klister, ein flüssiges Wachs, auf den für trockene Verhältnisse vorbereiteten Ski geschmiert worden, zwei Minuten vor dem Start – mit dem Ergebnis, daß ich nach 700 Metern fast gestürzt wäre, so sehr klebte der Ski am Schnee. Der Klister war im Zeitdruck nicht richtig verrieben worden.

Ich klopfte den Schnee ab, lief weiter – und kein schlechtes Rennen. Immer unter den ersten zehn, zeitweise unter den ersten sechs, befand ich mich, holte auch den Russen Alexej Prokurorow, den Weltmeister von 1997, ein. Doch dann rächte sich die hastige Wachsaktion kurz vor dem Start. Der Klister löste sich vom Belag, und der Ski wurde glatt. Damit fehlte mir bei den schwierigen Anstiegen die Steighilfe für den Abstoß. Ab Kilometer sechs war es nur mehr ein Kampf, und im Kopf sagte ich mir: Das wird nicht dein Rennen.

Ich stolperte über die Ziellinie, blickte auf die Anzeigetafel, nickte. Wieder nichts mit einer Medaille. Schlußendlich blieb mir Rang zwölf. Nur Rang zwölf.

An normalen Renntagen ist der Sportler desinteressiert, zieht sich in sich zurück, um die Niederlage und die Enttäuschung zu verarbeiten. Auch ich wäre gegangen, hätte mich aus dem Staub gemacht, wenn es nicht geheißen hätte: der Gandi, der ... So bin ich geblieben. Markus Gandler war in der Abteilung nach der Roten Gruppe gestartet, er hatte mehr Zeit gehabt, sich auf die neuen Bedingungen einzustellen. Emil Hoch hatte ihm die Ski noch umgewachst, Minuten bevor er in die Loipe mußte. Er hatte das richtige Material, aber er hatte auch die richtige Form. Ein Wahnsinn, dachte ich, als er durch das Ziel lief. Ein Wahnsinn: Die Besten sind alle schon hereingekommen, auch Björn Daehlie, der wohl genug zu zittern hatte für dieses Gold, und Gandler liegt auf Platz zwei. Ich lief zu ihm hin und gratulierte. Und dachte immerzu: ein Wahnsinn. Er hat das erreicht, von dem wir immer und immer wieder geredet hatten, als wir gemeinsam im Zimmer lagen und über den Skilanglauf und unsere Ziele sinnierten.

Ich sah den Erfolg von Markus Gandler mit einem lachenden und einem weinenden Auge. Ich habe ihm die Silbermedaille vergönnt, umso mehr, als er vier Jahre zuvor aus dem Teletext des ORF entnommen hatte, nicht für Lillehammer nominiert worden zu sein, ich hingegen sehr wohl. Ich vergönnte ihm die Stunde des Triumphs, weil er schon auf der Abschußliste des Österreichischen Skiverbandes gestanden war, vom Nordischen Direktor Toni Innauer

und von unserem Referenten Dieter Böhm verschmäht, vom Trainer Walter Mayer indes verteidigt und gehalten.
Und dennoch: Ich sah den Erfolg Gandlers auch mit einem weinenden Auge. Das ist natürlich und im Sport normal. Im Sport ist jeder sich selbst der Nächste. Primär geht es um die eigene Leistung, die eigene Plazierung, die eigene Medaille – und nicht um die eines Mannschaftsgefährten. Im Zielraum des Langlaufstadions von Hakuba dachte ich mir: Er hat erreicht, was schon immer ICH erreichen wollte. Er hat jene Medaille erlaufen, hinter der schon immer ICH her war. Und ich fragte mich: Warum bin ich krank geworden, just vor den Olympischen Spielen? Warum hatte ich Pech mit Schnee und Wachs? Aber vor allem: Warum habe ich es nicht geschafft? Ich, der ich immer schon auf dem Sprung war, seit Jahren? Warum mußte ich scheitern, bei meinen letzten Olympischen Spielen? War das nicht ungerecht? Die Glückwünsche und Telefax-Nachrichten, die Markus Gandler aus Österreich erhielt, waren nicht gerade dazu angetan, meine wehmütige Stimmung zu verbessern. Die in Japan anwesende Presse riß sich um ihn, es gab eine Siegerehrung und eine Riesenfeier, und am Nachmittag des erfolgreichen Tages hielt sich die gesamte Spitze des Österreichischen Skiverbandes, angefangen von Präsident Peter Schröcksnadel, dem Nordischen Direktor Toni Innauer, Generalsekretär Klaus Leistner und anderen, in jenem Appartement auf, das Trainer Walter Mayer mit seiner Frau Gerlinde, unserer Köchin, in Hakuba belegt hatte. Gescherzt und gelacht wurde, und ein Satz machte die Runde. „Gandi, du Pfeif'n", sagte Mayer zu Gandler. „Wärst acht Sekunden schneller gelaufen, hätten wir jetzt Gold!" Mayer war und ist bekannt dafür, daß er selten Lob und Anerkennung aussprach und -spricht, sondern seine Bemerkungen in markige Sprüche verpackt.
Eine Woche benötigte ich, ehe ich diese meine Wehmut, die immer größer geworden war, abgelegt hatte.
Dazwischen lag allerdings noch das Verfolgungsrennen über 15 Kilometer im freien Stil, bei dem ich Rang 14 belegte und zur

Erkenntnis kam, daß mein Körper die vorangegangene Konkurrenz nicht verarbeitet hatte. Mein physischer Zustand war schlecht, der nasse Schnee machte die Konkurrenz zu einem Materialpoker, und ich ging, sportlich gesprochen, einfach ein. Achim Walcher wurde bei dieser Gelegenheit Elfter und war an mir vorübergezogen wie eine Rakete. Welch eine Ironie. Auch bei diesem Rennen hatte ich auf eine Medaille gehofft, betrug der Rückstand auf Gandler doch nur 50 Sekunden.
Nach dem Verfolgungsrennen war ich gebrochen. Nicht einmal der Umstand, daß Österreich in dieser Konkurrenz ein hervorragendes Mannschaftsergebnis erzielt hatte – alle vier Läufer kamen unter die ersten 16 –, konnte mich aufheitern. Im Gegenteil. Meine Wehmut wurde immer größer, ich wünschte mir nur noch, daß diese verdammten Olympischen Spiele möglichst schnell zu Ende gehen würden. Wenn ich über 15 Kilometer solch eine schlechte Figur abgebe, wie würde ich dann über 50 aussehen, fragte ich mich. Und wiederum gab ich meiner Krankheit die Schuld, obwohl im nachhinein betrachtet sicherlich behauptet werden kann: Mit dem gleichen Ski und in Traumform hätte ich über zehn Kilometer auch keine Medaille errungen. Ich hätte einen besseren Ski und eine gute körperliche Form haben müssen. Wahrscheinlich war es gerade diese entscheidende Tatsache, nicht fit zu den Rennen antreten zu können, die in mir Bitternis hochkommen ließ. Warum hat es mir passieren müssen, ausgerechnet in Japan, bei meinem letzten Karrierehöhepunkt? Für mich war es nur schwer zu verarbeiten. Wäre ich in Topform gewesen und ohne Medaille geblieben – vielleicht wäre die Enttäuschung schneller zu verarbeiten gewesen.
Weil es sportlich nicht lief, wie es laufen hätte sollen, gingen die Olympischen Spiele fast an mir vorüber. Ich war einmal in Nagano beim Eisschnellauf-Bewerb mit Roland Brunner, sah aber ansonsten wenig andere Bewerbe. Ich war nie richtig japanisch essen, mit Sushi und Sake. Ich hielt mich nicht sehr oft oder sehr lange im Österreich-Haus in Hakuba auf, wo die Siege und Er-

folge anderer begossen und gefeiert wurden. Hauptsächlich haderte ich nur mit mir selbst, der Krankheit, dem unglücklichen Augenblick, in dem sich diese Konstellation ergeben hatte.
Die Mentalität eines Spitzensportlers erlaubt ihm jedoch nicht, sich aufzugeben. Er denkt an das nächste Rennen, an die nächste Chance, an die mögliche Medaille. So war es auch bei mir in Nagano. Der Staffelbewerb stand an, und ich hoffte erneut. Markus Gandler war als Startläufer super gelaufen, ich blieb unter meinen Möglichkeiten. Dennoch wäre eine Medaille vielleicht möglich gewesen, wenn Achim Walcher nicht einen ungeeigneten Ski erwischt hätte und Christian Hoffmann so sensationell agiert hätte wie Tage später über 50 Kilometer. Walcher hatte seinen Ski kurz vor Beginn noch getauscht und auf einen neuen gesetzt, der beim Einlaufen den besseren und schnelleren Eindruck hinterlassen hatte. Dabei muß man wissen: wenn es „schneller" heißt, dann handelt es sich nur um Nuancen, um die es im Rennlauf geht. „Schneller" heißt, daß das eine Sportgerät bei der Zeitnehmung um ein paar Hundertstelsekunden schneller ist als das andere. Doch relevant ist auch, ob der Ski eine Renndistanz, in diesem Falle von zehn Kilometern durchhält. Walcher, der sich in Superform befand, machte einen falschen Griff und lief mit einer sogenannten „Gurke". Und Hoffmann setzte ein braves, normales Rennen drauf, ohne Höhen und Tiefen. „So leicht machst nie mehr eine Medaille", hatte Cheftrainer Walter Mayer den Rennausgang, der uns an neunter Stelle sah, kommentiert. Denn wir lagen nicht einmal eine Minute hinter Bronzemedaillengewinner Finnland. Unglaublich: Trotz einer mehr oder weniger katastrophalen Leistung lagen wir nur eine Minute hinter Rang drei.
Blieb das Rennen über 50 Kilometer, bei dem ich brav auf Rang zwölf lief und wieder nicht das erreichte, was ich wollte. Ich hatte auf die starken Italiener gehofft, die hinter mir gestartet waren, eventuell zu mir auflaufen und mich mit ihnen zu einen Spitzenplatz ziehen hätten können. Doch daraus wurde nichts. Die erste

von drei Runden lief vorzüglich, und ich war hochzufrieden mit meiner Leistung. Ab der zweiten wurde es wiederum nur ein Kampf: Denn die Spur, zuerst hart, war nun weich und tief.

Christian Hoffmann wurde in diesem Wettbewerb Dritter, erhielt von allen Seiten Gratulationen und auch von mir die Glückwünsche, aber sonderbarerweise brachte mich dies nicht mehr aus der Fassung. Vielleicht, weil ich die erste Medaille, jene von Markus Gandler, mit größerer Wehmut zur Kenntnis genommen hatte und mich Hoffmanns Bronze einfach gleichgültiger ließ. Aber die 50 Kilometer in Hakuba brachten, bei aller Tristesse, eine Erkenntnis: So kannst du deine Karriere nicht beenden. In Nagano fiel die Entscheidung, in Ramsau noch anzutreten.

Doch bevor ich Zukunftspläne schmieden und Zukunftsträume kundtun konnte, fiel mir die Aufgabe zu, die Sachen des frischgebackenen Bronzemedaillengewinners Hoffmann zu packen. Er hatte ja selbst nicht damit gerechnet, am Abschlußtag der Olympischen Spiele nach Nagano zur Siegerehrung fahren zu müssen. Und Hoffmann ist einer jener Athleten, die imstande sind, in einem bezogenen Zimmer größtmögliche Unordnung zu halten. Er hatte allerdings einen großen Koffer und eine riesige Eishockeytasche mit, und so konnte ich seine Utensilien problemlos verstauen. Hoffmann hatte mir noch gesagt, welche Dinge er bei sich benötige, wie Reisepaß und Brieftasche, und nicht im Container, der unsere Klamotten nach Europa zurückbrachte. Das war auch gut so, denn nach seiner Ankunft in Österreich konnte er über Tage hinweg den Schlüssel zu seinem Koffer nicht finden – kein Wunder, sie waren in meinem Anorak geblieben – und mußte diese letztlich aufbrechen.

Zwischen den Podestplätzen von Markus Gandler und Christian Hoffmann waren neun Tage vergangen. Ich hatte mein inneres Gleichgewicht wiedergefunden und konnte mich damit abfinden, daß Hoffmann ideale Verhältnisse für seinen Laufstil vorgefunden hatte. Die Spur war tief, er hingegen leicht von Gewicht. Es waren seine Bedingungen, und er hat sie genützt. Er hatte bis auf

den Staffeleinsatz in Hakuba nur zugesehen und trainiert. Hoffmann hatte ganz auf die 50 Kilometer gesetzt, und seine Rechnung war aufgegangen. Seine Leistung flößte mir Respekt ein.
Doch wichtiger als Respekt, Freude und Wehmut, Silber und Bronze war mir die Tatsache, daß es nun endlich zurück nach Radstadt ging. Im Flugzeug von Tokio nach Wien kam ich mit meinem, wenn man so will, Leidensgenossen Markus Prock zusammen, der im Rodel-Einsitzer den vierten Rang belegt hatte. Zusammen mit ihm, ÖSV-Mediensprecher und Marketingmann Ernst Vettori und nicht zuletzt einigen Dosen Bier kam endlich wieder gute Stimmung zurück. Leicht angesäuselt wurden die Ergebnisse von Nagano relativiert.
Hoch über den Wolken Rußlands sagte ich mir: Du hast es nicht verdient, so stillschweigend und bedeutungslos aufzuhören. DU BIST BESSER, ALS DU HIER IN NAGANO GEZEIGT HAST. Vielleicht hätte ich mit einer Olympiamedaille im Gepäck auch nicht aufgehört. Hätte ich aber unter diesen Umständen aufgehört, wären die Fragen geblieben: Warum standen andere auf dem Siegespodest, und ich nie? Warum nicht ich? Und als Toni Innauer, unser Nordischer Direktor, mich fragte, wie es nun weiterginge, sagte ich ihm: Ich mache weiter. Innauer erstarrte. Er wird auf seine eher rhetorische Frage mit der Antwort gerechnet haben: Toni, ich hör auf, es macht keinen Sinn mehr. Er muß sich gedacht haben: Der Stadlober, der ist verrückt geworden.
Doch dieser Wille zum Weitermachen, der Gedanke an Ramsau, das war für mich wie der letzte Strohhalm, an den sich jeder Ertrinkende klammert. Ich war dankbar und froh, daß im Jahr danach die Weltmeisterschaft in Ramsau ausgetragen wurde, einerseits vor meiner Haustür in Radstadt im Salzburger Land, andererseits aber in der Steiermark, was mich als gebürtigen Steirer besonders ehrte. Doch gleichzeitig war auch klar: Die Weltmeisterschaft 1999 hätte ich in jedem Winkel der Welt bestritten.
Ramsau – das war für mich die ultimative Herausforderung. Die Öffentlichkeit, die Presse haben gerade nach den Olympischen

Spielen 1998 nicht mehr mit mir gerechnet. Das habe ich nach Nagano bis zum Saisonende immer wieder zu spüren bekommen. Der schafft es ohnehin nicht mehr, war der Grundtenor, der herauszuhören war. Euch werd ich's zeigen, habe ich mir oft und oft gedacht. Den Glauben an eine Medaille habe ich immer gehabt, nicht erst aufgrund der Podestplätze der anderen. Und wenn in Ramsau der Erfolg da sein wird, vor meinen Freunden aus der Steiermark und Salzburg, vor dem österreichischen Heimpublikum, dann wird für mich alles wieder passen.

Als ich im Sommer wieder im Training stand, wurden mir einige Dinge bewußt. Bei den Sponsorenverhandlungen drehte sich alles um Markus Gandler und Christian Hoffmann und dann erst um die anderen, unter denen ich mich nunmehr erstmals befand. Das war neu und gewöhnungsbedürftig. Auch in der Presse und in der Öffentlichkeit gab es nun die beiden Olympiamedaillengewinner und die anderen. Und mir wurde auch klar, daß die WM in Ramsau mit Sicherheit mein Karriereende bedeuten würde und daß ich mich im Anschluß daran um einen Job umsehen würde müssen. Die logische Folgerung: Ich brauchte einen Abschied im Scheinwerferlicht, um mir den Einstieg in die Arbeitswelt zu erleichtern.

Die Olympischen Spiele in Nagano haben für mich nicht das Ende der Karriere sein dürfen, wenn schon, dann lediglich der letzte Wendepunkt. Im Flugzeug nach Österreich faßte ich meine wirren Gedanken in einen klar definierten Satz zusammen: Jetzt erst recht!

„Meine Technik hat zu den Bedingungen gepaßt"

Interview mit **Markus Gandler,** Olympia-Silbermedaillengewinner in Nagano 1998 und Startläufer der siegreichen WM-Staffel in Ramsau.

Sie hatten mit einer eitrigen Nebenhöhlenentzündung zu kämpfen und waren bei der österreichischen Meisterschaft über zehn Kilometer kurz vor den Olympischen Spielen eine Minute hinter Nicht-Starter Michail Botwinow zurück. Wie haben Sie diese Monate vor Ihrem sensationellen Medaillengewinn in Japan durchlebt?

Es war keine leichte Zeit für mich, das stimmt. Aber ich habe mir immer wieder selbst gesagt: Es kommt, wie es kommen muß. Großen Rückhalt erhielt ich vor und während der Olympischen Spiele vom Cheftrainer Walter Mayer, der immer zu mir stand, seit 1994, als andere mich aus dem Team eliminieren wollten.

Wann kam der Umschwung Richtung Silbermedaille?

Er kam mit der Ankunft in Japan. Das Gepäck war nur teilweise da, unsere Unterkunft war auch erst gewöhnungsbedürftig, es gab Verpflegungsprobleme und Jetlag. Aber das hat mich alles nicht mehr tangiert. Mir war es schlichtweg wurscht, ich freute mich nur auf die Loipe, obwohl es aufgrund der Streckenführung und atmosphärischen Bedingungen irrsinnig schwer war, in Hakuba zu trainieren. Ich weiß noch, wie Stadlober mir einige Male anerkennend sagte: „Gandi, du bist super drauf."

Wie sehen Sie rückblickend die Materialproblematik am Wettkampftag?

Es war ein Lotteriespiel, in dem es keine Kunst war, sich in der Skiwahl zu vergreifen. Ich weiß noch, wie Mayer die Wachshütte verließ, den Wandel der Schneekonsistenz erkannte, zurückeilte und Befehl zum Umwachsen gab. Fünf Minuten vor dem Start hatte ich Trockenwachs auf den Brettern, drei Minuten später Klister. Emil Hoch hat ganze Arbeit geleistet. Sonderbar aber, daß ich mit einem Ski Erfolg gehabt habe, der eigentlich nicht nach Japan hätte mitgenommen werden sollen. Servicemann Alois Schwarz hatte mich noch gefragt, was ich denn mit diesen Latten wolle. Ich wußte es nicht. Der Ski ist vor und nach Nagano nie richtig gelaufen. Nur einmal hatte es gepaßt, und zwar zum richtigen Zeitpunkt.

Ein schneller Ski allein gewinnt aber nicht Silber bei Olympia ...

Nein, sicher nicht. Meine Technik, die auf kurzen Schritten basiert, hat zu den unfreundlichen Wetterbedingungen gepaßt. Entgegen meinen üblichen Gewohnheiten ging ich aber das Rennen langsam an, weil ich wußte, daß um Kilometer sechs ein sehr schwerer Anstieg, der schwerste überhaupt, den ich im Weltcupzirkus kenne, kommt. Nach dieser Steigung lag ich an dritter Stelle, erhielt aber nur dürftige Informationen, da die Zeitnehmung von unseren Betreuern ausgefallen war. Was soll's, dachte ich mir, einen Top-Ten-Platz hast du sicher. Emil Hoch fragte einmal bei einem norwegischen Trainerkollegen nach, und dieser sagte ihm nur: „Er ist gut unterwegs." Ich habe während des Rennens nie gewußt, daß ich auf Medaillenkurs bin. Erst im Ziel sah ich, daß ich Zweiter geworden war, an einem Tag, an dem ich über meine Verhältnisse gelaufen war. Wäre das Rennen über 15 Kilometer gegangen, ich hätte mit einem Riesenvorsprung Gold geholt.

Welche Gedanken hatten Sie, als Sie über die Ziellinie fuhren?

Daß etwas Besonderes passiert sein mußte, sonst wäre ja Alois Stadlober nicht mehr dort gestanden. Und dann sah ich, daß ich Zweiter geworden war. Dennoch blieb ich zurückhaltend, da noch 60 Läufer ins Ziel mußten. Später war die innere Genugtuung größer als der Wille, meine Freude in alle Welt zu schreien. Später realisierte ich auch, daß in Österreich 600.000 Interessierte mein Rennen vor dem Bildschirm erlebt hatten, und ich erfreute mich des Medienechos. Ich war aus der Anonymität der Masse herausgetreten.

Cheftrainer Walter Mayer sagte zu Ihnen: „Gandi, du Pfeif'n, acht Sekunden schneller, und wir hätten jetzt Gold."

Mayer ist heute noch überzeugt, daß meine Taktik, langsam zu beginnen, falsch war. Aber ich kenne Mayer seit Jahren, und ich weiß, daß solche Aussprüche mehr bedeuten als großes Lob. Auch wenn sie für andere wie eine ungehörige Umgangsart klingen.

Am Tag danach waren Sie mit Stadlober auslaufen ...

... und wir haben uns lange unterhalten, was diese Medaille für den österreichischen Langlaufsport und für mich persönlich bedeuten wird. Wir haben viel gesprochen und uns rückblickend getäuscht. Eine Medaille gewinnen ist eine Sache, sie zu vermarkten eine andere. Das ist wieder harte Arbeit. Daß ich letztlich mit Nokia zu einem Individualsponsor kam, habe ich Bernd Zavratsky und Peter Schröcksnadel zu verdanken. Der eine ist Sportmanager, rechte Hand von Ion Tiriac, und begann mit mir das Unternehmen Nachtsprint in Kitzbühel, der andere unterstützte mich als ÖSV-Präsident in meinem Anliegen.

Mit diesem Sponsorenvertrag wurden Sie zum bestbezahlten österreichischen Langläufer.

Im nachhinein betrachtet, hat sich die Olympiamedaille sicher in jeder Hinsicht ausgezahlt.

Ihr langjähriger Weggefährte Alois Stadlober beendete nach der WM-Saison seine Karriere. Wann haben Sie ihn das erste Mal überhaupt getroffen?

Ich war damals, 1980 oder 1981, im C-Kader und er im A-Kader. Bei einem Trainingskurs im Herbst in Seckau sagte uns Werner Vogel: „Heute kommt der Stadlober vorbei, der wird einmal berühmt." Und dann stand er vor uns, mit nacktem Oberkörper, vollkommen austrainiert. Sein Auftreten hat mir von der ersten Minute an imponiert, und ich dachte mir: Das wäre schon was, wenn irgendwann ein Trainer dem Nachwuchs sagen würde: Heute kommt der Gandler vorbei. Ich weiß noch, welch Riesenaufregung es gegeben hat, als er sich im Herbst 1984 ein Seitenband riß, und ich weiß auch noch, wie er spontan auf mich zukam beim Alpencup in Admont, nachdem ich bei der Junioren-Weltmeisterschaft 1985 im schweizerischen Täsch zusammen mit Andre Blatter und Alois Schwarz in der Staffel den dritten Rang belegt hatte. Er war immer ein fairer Sportsmann von jener Sorte, von denen man sich mehrere wünschen würde.

Die Anfänge

Es war ein wahrlich weiter Weg, der den österreichischen Skilanglauf von seinen Anfängen bis zu olympischen und weltmeisterlichen Medaillen geführt hat. Und zu Beginn des 20. Jahrhunderts hatte der Langlauf bei weitem nicht die Charakteristiken, die er zu Beginn des neuen Jahrtausends hat. Es war viel eher eine Abfahrt auf schmalen Latten, ein Sich-Fortbewegen im Schnee, bei dem auch so manche Sprünge dazugehörten.
Was als Langlauf im heutigen Sinn bezeichnet werden kann, hat seine Wurzeln in Mürzzuschlag, in Judenburg und in Graz in der Steiermark, wo Harald Paumgarten, Harald Bosio und Hubert Pugl, österreichischer Leichtathletikmeister über 1500 Meter, tätig waren, und in Obergurgl in Tirol, wo Hermann Gardner und die Gebrüder Gstrein dem neuen Sport nachgingen. Von den Gstreins war Josl der jüngste – und er sollte auch der Beste werden. Es waren reine Amateure, die größtenteils, wie in Obergurgl, im Sommer Bergführer waren und die sich im Winter auf Langlaufskiern fortbewegten. Paumgarten und Pugl gehörten, wenn man so will, zu den Fortschrittlicheren unter den Anfängern. Sie konnten bereits auf Ski mit Bindung zurückgreifen. Gelaufen wurde mit Stutzen, Knickerbockern, Halbschuhen mit einem Haken, der mit einem zweiten Haken verbunden wurde, weswegen diese Bindung „Hakerlbindung" genannt wurde. Stöcke und Ski aus Holz waren schwer, und ehe Trainingsanzüge in Mode kamen, trugen die Läufer Pullover oder Windjacken.
Es waren just Harald Paumgarten aus Graz, Balthasar Niederkofler aus Obernberg am Brenner und die Gurgler Hugo Gstrein sowie Hermann Gadner, die für ein erstes Highlight im österreichischen Langlauf sorgten: Sie belegten bei den FIS-Spielen 1933 in Innsbruck-Seefeld den dritten Rang hinter den Schweden und Tschechen und waren somit erste Medaillengewinner bei einer Welt-

meisterschaft für Österreich. Denn dieser Veranstaltung, bei der Harald Bosio Rang drei in der Kombination belegen konnte, wurde im nachhinein das Prädikat einer WM verliehen. Aufgefallen ist diese Großtat den wenigsten. Langlauf anno 20 und anno 30 wurde nicht einmal ignoriert. Die Sportart war inexistent, nur für wenige Insider zugänglich.

1935 hatte sich auch Fred Rössner seine ersten Langlaufski in Graz gekauft, bei Kastner und Öhler, um sieben Schilling, wie er sich erinnert. Damals erhielt er, der Student, einen Monatswechsel von 90 Schilling von daheim, bezahlte 28 Schilling monatlich an Heimgebühren und hätte für einen neuen Ski 50, 60 Schilling berappen müssen. „Doch der Ski hatte an der Spitze einen Riß und wurde deshalb verschleudert“, erzählt Rössner. Erst nach gewonnener Olympiaausscheidung in Seefeld erhielt er bei den Olympischen Spielen in Garmisch-Partenkirchen den ersten „richtigen“ Langlaufski. Zusammen mit Bosio, Galwitz und Baumann kam er in der Staffel auf den achten Platz. Dies auch, weil die Vorbereitungen in der schlechtestmöglichen Art und Weise vor sich gegangen waren. Das Österreichische Olympische Komitee hatte zum Olympiatraining auf den Großglockner gerufen; damals war die Glocknerstraße gerade im Bau. Am Hochtor wurden die Läufer untergebracht, in Baracken, in die es hineinschneite und -stürmte. Geplant wäre gewesen, einige Wochen dort zu trainieren, de facto wurde der Lehrgang nach sieben Tagen abgebrochen. Grund: Geldmangel. Das Qualifikationsrennen hätte dann in Reutte ausgetragen werden sollen – wurde es aber nicht, weil Regen den wenigen Schnee weggewaschen hatte. So fuhr der Grazer Rössner mit der Bahn kreuz und quer durch Österreich, ehe er in Seefeld das Olympiaticket löste. „In Garmisch war mein Sportkollege Markus Maier mein Glück. Er sah meine Latten, fragte mich entsetzt, was ich denn da für Geräte hätte, und wachste sie mir noch am Start. So habe ich mich einigermaßen ehrenvoll über meine Runde retten können.“ Es waren norwegische Trainer, die in den dreißiger Jahren in Österreich Langlaufunterricht gaben. Doch sowohl Sverre

Lassen Urdahl (1934 bis 1935) als auch Bjarne Carlsson (1938 bis 1939) vermittelten nicht mehr als die Grundbegriffe des Langlaufs. Urdahl war ein „sehr netter Bursche" (Rössner), aber am Langlauf nicht besonders interessiert. Dafür verbesserte er sich im alpinen Skilauf, gewann sogar das Marmolada-Rennen. Vom Wachsen der Ski hatte er keine Ahnung. „Wir haben eben irgend etwas auf die Latten geschmiert. Da waren die Wachssorten Mix für tiefere, Medium für höhere Temperaturen oder Klister für eisigen oder nassen Schnee – aber wir hatten keine großartige Ahnung von irgend etwas", sagt Rössner. Auch Carlsson war in wachstechnischen Belangen keine große Hilfe. „Glaubst du, das paßt so?" hatte ihn Rössner einmal gefragt und als Antwort lediglich ein Achselzucken, gefolgt von einem aussagekräftigen „Ich weiß nicht" erhalten. Immerhin vermittelte Carlsson die klassische Technik, und wer konnte, kopierte ihn.

Es waren schon damals Zoll und Bundesheer, die dem Langlaufsport helfend unter die Arme griffen und Kader aufstellten. Dadurch entwickelte sich einerseits ein gesunder Konkurrenzkampf unter den Sportlern, andererseits wurde diesen vorgeworfen, daß sie lediglich darauf erpicht seien, in den Kader zu kommen, um im Winter nicht Dienst schieben zu müssen, daß aber ihr Ehrgeiz nicht so weit gediehen sei, um nach international hochwertigen Resultaten zu streben. Rudolf Wöss, ein Tiroler Läufer, gab der Szene in den Jahren vor dem Ausbruch des Zweiten Weltkriegs neue Impulse. Er lief den Arrivierten davon, war bis zu drei Minuten schneller. Der kräftige Zöllner an der österreichisch-schweizerischen Grenze hatte nämlich nicht nur während der Wintermonate fleißig trainiert, sondern auch im Sommer. Die anderen zogen nach, notgedrungen, und hatten eine Saison später den Rückstand auf Wöss fast wettgemacht.

Der nächste Schub kam aus Südtirol, wo die Bevölkerung vom faschistischen Regime 1939 gezwungen wurde, zu optieren: entweder für das „Reich" und die Auswanderung oder für Italien, mit der Folge, auf deutsche Sprache und Kultur verzichten zu müs-

sen. Die Langläufer Vinzenz Demetz aus Gröden, WM-Dritter 1937 in Chamonix (noch für Italien), Kasebacher, Baur, Azzolini und andere kamen nach Österreich und hoben das herrschende Niveau. Österreich spielte in der Folge im Nordischen Skisport zusammen mit Deutschland international eine sehr große Rolle. Trainer war Gustl Berauer, Kombinationsweltmeister 1939 in Zakopane, und just dort wirkte Rudolf Wöss in der deutschen Staffel mit, die den sechsten Rang belegte. Zwei Jahre später, bei der Weltmeisterschaft in Cortina, kam Fred Rössner zusammen mit Josl Gstrein, Günther Merganz und Heinrich Schaumann hinter Schweden auf den zweiten Rang im Militär-Patrouillenlauf – doch die Titelkämpfe wurden wegen des Krieges annulliert.
Hießen die Institutionen, die Langlaufstaffeln aufstellten, vor dem Weltkrieg Zoll und Bundesheer, so waren es während des Krieges SA, SS und Flieger, die in fast allen Sportarten ihre Kaderathleten hatten und sie professionell ausstatteten. Von dieser Unterstützung und von in Skandinavien abgeleisteten Wehrmachtsdiensten profitierte der österreichische Langlauf in der unmittelbaren Nachkriegszeit. Bei den Olympischen Spielen in St. Moritz 1948 kam die von Fred Rössner betreute Staffel mit Carl Raffreider, Josl Gstrein, Ernst Hundertpfund und Josef Deutschmann auf den vierten Rang, hinter Schweden, Finnland und Norwegen. Das gesamte österreichische Quartett hatte in Skandinavien während des Krieges in der sechsten Gebirgsdivison Dienst gemacht. Es war nicht nur die beste mitteleuropäische Staffel in der Schweiz, sondern realisierte in St. Moritz ein Resultat, das bei Olympischen Spielen in diesem Jahrhundert von keiner anderen Staffel mehr erreicht werden sollte. Vier Jahre später kamen in Oslo Hans Eder, Fritz Krischan, Josef Schneeberger und Carl Raffreider auf den fünften Rang, hinter Finnland, Norwegen, Schweden und Frankreich. In dieser Zeit führte Fred Rössner das Konditionstraining bei Nordischen und Alpinen ein, da er beide Sparten betreute und seine Denkanstöße aus der ehemaligen DDR holte. Von dort kam die Idee, im Sommer auf Rollern zu laufen, und der Gedanke, Zugap-

parate zu bauen, um mit Widerstand zu trainieren. Rössner betreute 1956 in Cortina Österreichs Skiwunder Toni Sailer und war Sportkoordinator bei den Olympischen Sommerspielen in Melbourne (1956), Rom (1960), Tokio (1964), Mexiko (1968) und München (1972). Er war auch Mitbegründer der österreichischen Ringerhochburg AC Wals und kurzzeitig Präsident des nationalen Ringerverbandes. Allerdings interessierte sich Rössner immer stärker für die Alpinen, bei denen er 1958 bei der WM in Bad Gastein aushalf, ehe er sich wieder dem nordischen Sektor zuwandte. Das ehemalige FIS-Vorstandsmitglied betreute bis 1998 im Auftrag des Internationalen Skiverbandes die mittellosen Oststaaten und schuf für diese Trainingsmöglichkeiten in Mitteleuropa, unter anderem auch in Ramsau am Dachstein.

Der Langlauf in Österreich verschwand nach einer vorübergehenden Blütezeit schnell wieder in der Versenkung. Denn während in anderen Nationen seriös und professionell gearbeitet wurde – 1956 konnten sich Demetz, Baur und andere Italiener de facto Berufssportler nennen –, blieb der Langlaufsport in Österreich seinem wiedererlangten Amateurstatus verhaftet. Der Österreichische Skiverband war finanziell nicht stark genug, um neben den Alpinen auch die Langläufer zu forcieren. „Was dazumal ein einziger Trainer erledigt hat, wird heute von zehn gemacht", sagt Rössner. So war der Lauf des gebürtigen Slowenen Andreas Janc bei den Olympischen Spielen in Grenoble 1968 der nächste Höhepunkt einer ansonsten an herausragenden Momenten armen Historie. Er war mit Startnummer eins in den 50-Kilometer-Lauf gegangen, gejagt von Skandinaviern mit den Nummern zwei, drei und vier. Janc erreichte als Erster das Ziel und wurde Dreizehnter im Schlußklassement. Den gesamten Sommer über hatte er bei Atomic gearbeitet, um seinen Lebensunterhalt zu bestreiten, denn Taggelder bei Trainingskursen waren noch nicht üblich.

Alois Stadlober war bei den Olympischen Spielen 1968 sechs Jahre alt und wußte noch nicht, daß er in Kürze anfangen würde, die Sportart Langlauf am Leben zu erhalten.

RATTENBERG 1962

Erste Betreuer, erste Fans

„Du spinnst", haben die Autofahrer mir ins Gesicht geschrien, gehupt und mit ihrem Zeigefinger bedeutungsvolle Gesten an ihren Schläfen vollführt. Doch für mich als damals Zwölfjährigen war es nur normal, mit Skirollern auf den Bundes- und Landesstraßen meine Kreise zu ziehen, im Sommer, in dem es ja keinen Schnee gibt und wir Langläufer uns mit alternativen Trainingsmethoden zu helfen wissen mußten. Beleidigt war ich ob aller Beschimpfungen nie, denn ich wußte, was ich tat und warum ich es tat: Ich wollte Langläufer werden! Tief im Innersten wußte ich schon in meiner Jugendzeit: Du wirst Langläufer, und ein bekannter obendrein!

Ich wurde am 11. April 1962 in Judenburg geboren, und wenn es eine Schicksalsgöttin gibt, dann dürfte sie sich in meinem Fall gründlich geirrt haben. Ich hätte nämlich irgendwann den elterlichen Bauernhof übernehmen sollen, als Erstgeborener in der Ehe meiner Eltern Alois und Cäcilia. Zwar habe ich einen älteren Bruder, doch Erich war ein uneheliches Kind und erhielt deshalb nicht den Namen, der in meiner Familie seit Generationen Tradition hat: Mein Urgroßvater, mein Großvater, mein Vater und auch ich erhielten den Namen Alois. Und mein Sohn heißt auch so ähnlich: nämlich Luis.

Als ich gezeugt wurde, waren meine Eltern nicht verheiratet – noch nicht jedenfalls. Als ich zur Welt kam, waren sie es. Und mein Name hätte Verpflichtung sein sollen, den Hof in meinem Heimatort Rattenberg mit 112 Hektar Grund, rund 50 Stück Vieh, davon ungefähr 20 Kühe, zu übernehmen. Nur wenige Hektar Grund fehlten zur Eigenjagd, und der Hof ist einer der größten in Rattenberg. Mein Vater war sehr sportbegeistert; gemeinsam fuhren wir zu Fußballspielen nach Fohnsdorf, als dieser Klub um den Aufstieg in die erste Liga spielte, zum Grazer AK und nach Donawitz, wo Walter Schachner agierte. Er weckte mich auch mitten in der Nacht, um Cassius Clay beim Boxen zuzusehen. Und er selbst war sportlich talentiert, besonders im alpinen Skilauf, war aber von daheim nie gefördert worden. Was sein Pech war, war Jahrzehnte später vielleicht mein Glück. Denn wenn es um Sport ging, fand ich bei meinen Eltern immer Gehör. So hielt sich meine Mitarbeit am Hof zuweilen auch in bescheidenen Grenzen, was mir zeitweise den Spott von Erich und meinen jüngeren Brüdern Thomas und Sepp einbrachte. So nach dem Motto: Unser Sportler braucht nicht zu arbeiten. Aber alle meine Brüder sind zumindest ein Langlaufrennen selbst gelaufen, und grundsätzlich habe ich auf dem Hof auch meinen Beitrag geleistet.

Der Beginn meiner Karriere im Skilanglauf läßt sich recht genau definieren. Als ich nämlich nach dem Besuch der Volksschule in Fohnsdorf das humanistische Gymnasium der Benediktiner in Seckau bei Knittelfeld besuchte, wurde dort vom Geographie- und Turnprofessor Rudolf Punkenhofer der Skilanglauf angeboten. Punkenhofer war selbst einmal Nationaltrainer der österreichischen Skilangläufer, damals unter dem Nordischen Leiter im ÖSV, Baldur Preiml, aber wohl aufgrund unüberbrückbarer Differenzen mit der Mannschaft nicht sehr lange. 37 Tage war er im Amt, und die Verabschiedung, die wir ihm in der Schule bereitet hatten, erwies sich als überflüssig. Zu Beginn des neuen Schuljahres stand Punkenhofer, der sich vom Nationalteam ohne einen Abschiedssatz über Nacht davongemacht hatte, wieder vor uns in der Sporthalle. Immerhin blieb ihm das Verständnis für den Langlauf, auch wenn es übertrieben wäre zu sagen, daß sich mein Lehrer für mich aufgeopfert hätte. Ich begann jedenfalls mit diesem Ausdauersport, obwohl ich sportlich in fast allen Disziplinen sehr gut war. Ich war Kapitän der Fußballmannschaft unserer Klasse, ich spielte Faustball, ich war ein sehr guter Läufer, und ich gewann einen meiner ersten Pokale bei einem Klassenrennen im alpinen Skilauf. Lediglich im Weitsprung oder im Sprint, in Sportarten also, in denen Schnellkraft gefragt war, kam ich über das Mittelmaß nicht hinaus.

Dabei hätte ich die Schule im lediglich 17 Kilometer entfernten Seckau fast abgebrochen – vor lauter Heimweh. Und dies, obwohl mein Bruder Erich auch diese Schule besuchte und im Heim mit mir war. Er war es letztlich, neben meinen Eltern, der mich überredete und überzeugte, doch nicht aufzugeben. Heute, 25 Jahre später, schmunzeln meine Eltern, wenn sie daran denken, daß ich als Langläufer jahrelang in der Weltgeschichte herumzigeunerte, in Japan, Australien, Kanada usw. war. Von Heimweh war dann nicht mehr viel zu spüren ...

In der Anfangsphase meiner langläuferischen Laufbahn waren meine Eltern die ersten Betreuer, die ersten Sponsoren, die ersten Fans, die mich auch später bei vielen Wettbewerben anfeuerten. Mein Vater brachte mich zu den Langlaufrennen; dadurch wurde auch seine Begeisterung für den Langlaufsport verstärkt, und er beteiligte sich bei diversen Konkurrenzen. In seiner Altersklasse konnte er sehr viele Siege verbuchen. Bei der Bezirksmeisterschaft in Pusterwald in der Gemeinde Möderbrugg konnten beispielsweise sowohl er wie auch ich gewinnen. Wie war das ungerecht, als er einen großen Pokal erhielt, ich Schüler hingegen einen ganz kleinen! Auf alle Fälle waren es für uns beide die ersten Pokale, die wir in der Loipe erobern konnten. Bei Festessen im Kreise meiner Familie erzählten Vati und ich dann über die Rennen und feierten gemeinsam. Große Freude hatte ich daran, auch meine Mama glücklich zu sehen, wenn sie von meinen Erfolgen hörte. Ich fühlte mich geschmeichelt, daß sie gerade für mich in der Küche die allerbesten Gerichte zubereitete, besonders mein damaliges Lieblingsessen Cordon bleu (zugegeben, nicht das Gesündeste für einen Ausdauersportler). Es war für mich ungemein wichtig, von den Eltern in meinem Tun bestärkt und unterstützt zu werden. Auch die „Mutta“, meine Großmutter Maria, freute sich mit mir; sie betete immer für mich, auf daß ich bei den Rennen Erfolg haben und wieder gesund nach Hause kommen möge.

Allerdings hatte sich mein Vater eher vorgestellt, daß der Erich Langläufer werden sollte. „Das paßt zu ihm, der ist so ein Zarter", hatte er oft gesagt. Langlauf wäre etwas für Schmächtige, für Weicheier, wie man heute sagen würde, und nichts für harte Männer und coole Typen – meinte mein Vater, ein passionierter Alpinläufer, ehe er selbst mit dem Langlauf begann und merkte, daß es so einfach nicht war. Rennen wurden früher in fast jedem Ort ausgetragen, und ohne weit fahren zu müssen, fanden sich attraktive Starterfelder, sowohl für ihn als auch für mich in den Jugendklassen.

Ich weiß nicht, ob ich hart und cool geworden bin. Ich weiß nur, daß ich ein schüchterner, zurückhaltender, introvertierter Typ war, der gerne seinen Vater vorschickte, wenn es darum ging, in der Schule die Erlaubnis einzuholen, um des Sports willen abwesend sein zu dürfen, oder ins Hotel, um nachzufragen, ob hier ein Zimmer auf den Namen Stadlober reserviert worden sei. Ich weiß, daß sich meine Charaktereigenschaften mit der Ausübung des Sports änderten und daß mein Weg nicht der leichteste war – rückblickend aber sicher nicht der falsche. Ich besuchte ein humanistisches Gymnasium, und nicht eine Sportschule. Weil ich jedoch der einzige war, der Freistunden für den Skilanglauf brauchte, hatte ich (oder besser: mein Vater) relativ wenig Probleme, diese auch zu erhalten. Mein Vater oder aber, wenn es eine Mehrtagesreise zu Wettkämpfen war, Hans Pichler vom SC Seckau begleiteten mich zu den Rennen. 1972 war ich in die Abteischule eingetreten, 1973 war ich zum ersten Mal auf Langlaufskiern gestanden. Die Ausrüstung hatten mir meine Eltern über die Schule besorgt.

In diesen Jahren ereignete sich in meinem Leben auch jene Episode, über die man in Rattenberg immer noch spricht. Ich war bei der örtlichen Landjugend, einer Vereinigung, die für die bäuerliche Jugend Aktivitäten in diversen Bereichen anbietet und -bot.

Brauch war es auch, mit Ästen und Zweigen ein großes Osterfeuer zu machen. Der Holzhaufen wurde in der Karwoche zusammengetragen und mußte bewacht werden, da er von einer anderen Ortsgruppe angezündet hätte werden können. Ich bewachte den Haufen, der sich auf unserem Grund befand, zusammen mit anderen und rauchte dabei, zwölfjährig, eine Zigarette, die ein Freund aus der elterlichen Trafik mitgebracht hatte. Plötzlich hieß es, daß sich jemand nähere. Ich hatte kaum Zeit, diesen Jemand zu erkennen, als ich eine Ohrfeige erhielt, die mich fünf Meter durch die Luft segeln ließ. Mein Vater hatte gehört, daß geraucht würde, und wollte diesem Treiben ein Ende setzen. Ich mußte sofort mit ihm heimgehen.

Zur Strafe mußte ich zusammen mit Mitraucher Erich den Stall auskehren, doch nicht nur den Boden, sondern auch die Wände, die voller Spinnweben waren. Ich haßte diese Arbeit, denn ich wollte keinen Staub einatmen. Dieser sei schlecht für meine Lungen, dachte ich, und was schlecht für meine Lungen sei, sei es auch für meinen Erfolg. So schrubbte ich die Wände ab, mit einer Skibrille über den Augen und einem Tuch um den Mund. Ich habe ausgesehen wie ein Bankräuber.

Mein älterer Bruder Erich hatte vom Skilanglauf sehr schnell die Nase voll. Er mußte sich beim ersten Rennen übergeben und ließ es bleiben. Mein Vater und ich waren Augenzeugen, denn wir waren mit Alpinski neben ihm hergestapft. War seine Karriere beendet, bevor sie begonnen hatte, so hatte meine noch gar nicht richtig angefangen.

Als Sportler der Schülerklasse gehörte ich zwar nicht zu den Besten in der Steiermark, aber das war nur allzu verständlich. Immerhin hatte es junge Sportler gegeben, die lange vor mir mit dem Langlauf begonnen hatten und demzufolge besser waren. Hinzu kam, daß meine damaligen Konkurrenten besseres Material hatten als ich – bis nach den Olympischen Spielen in Innsbruck 1976. In Tirol setzte sich Klaus Tuchscherer, einer der Stars in der Nordischen Kombination aus der damaligen DDR, ab. Er

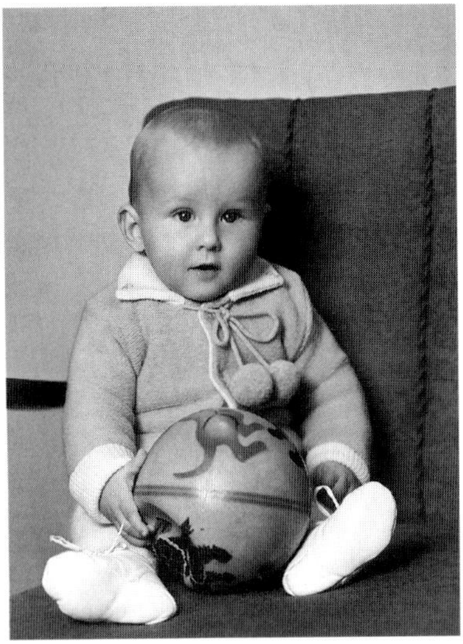

Alois Stadlober ganz klein im Alter von sechs Monaten …

… noch immer klein …

… etwas größer …

… mit einem gewonnenen Pokal (1. 2. 1977, St. Johann am Tauern)

Alois (l.) mit den Brüdern Thomas und Erich

Im Stiftsgymnasium Seckau

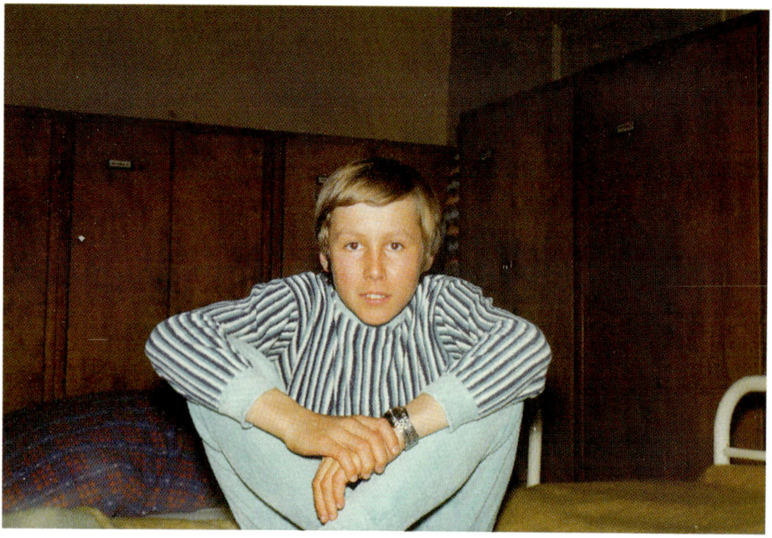

Die Familie Stadlober: Vater Alois, Mutter Cäcilia. Hockend v. l. n. r. Thomas, Sepp, Alois, Erich

Mit den Brüdern als Laienschauspieler bei einer Geburtstagsfeier

Konzentration beim Start

In Seefeld bei den Schulwettkämpfen

Mit Diplom und Pokal – auch Vater Alois ist stolz

In Pusterwald eroberte Alois Stadlober seinen ersten Pokal

Werbeaufnahmen auf der Tauplitzalm

Bei einem Rennen in Schweden 1981

Bei einem Interview nach dem Gewinn der ersten österreichischen Meisterschaft 1983

Das A-Team der Saison 1987/88: hockend v. l. Schwarz, Gandler; stehend v. l. Trainer Vogel, Blatter, Stadlober

Beim Gletschertraining auf dem Dachstein 1981. V. l. Rehrl, Trainer Vogel, Schwendinger, Lackner, Stadlober, Gattermann, Wachter

Fußballspiel 1983 in Pramet, OÖ, mit den Langläufern (stehend v. l.): Juric, Gattermann, Schwendinger, Lackner, Stadlober, Trainer Vogel; hockend v. l. Masseur Ring, Schwarz, Gumpold, Fersterer, Erath

Unzertrennbares Paar: Walter Mayer und Alois Stadlober

Die Staffelmannschaft, die 1991 bei der WM auf Rang sechs lief, v. l.: Marent, Ringhofer, Stadlober, Schwarz

blieb auch gleich in Österreich, weil er eine Zeltwegerin kennengelernt hatte und zu ihr zog. Als die Firma Fischer einen neuen, revolutionären Ski nach Knittelfeld an das damalige Sportgeschäft von Ernst Schlager mit der Bitte schickte, die beiden schmalen Latten doch an Tuchscherer weiterzuleiten, war dieser jedoch bereits weitergezogen. Weil meine Eltern ihre Einkäufe, die den Sport betrafen, bei Schlager tätigten, erhielt ich diesen Ski, der damals der Beste auf dem Markt war: er war leichter als andere, die neue, schmale Bindung war revolutionär, und der Belag wurde über die Seite hinaufgezogen. Dieser Ski war der letzte Schrei, besonders für mich, der ich bis dato mit einem Ski der Firma Werdinig unterwegs war und die Konkurrenzen ohne Rennbeläge bestritt.

Ich bin fest entschlossen, ein guter
Langläufer zu werden. Ich sehe dieses Ziel
vor mir, und bin bereit, es durch konsequente
Planarbeit zu erreichen.
Ich werde nicht wankelmütig sein, denn ich kenne
die großen Vorteile, die sich aus meiner
zielbewußten Entwicklung ergeben.
(Eintrag aus dem Trainingsbuch Stadlobers, Saison 1977/78)

Der Materialwechsel spielte eine Rolle, ebenso meine körperliche Entwicklung und mein Enthusiasmus für diesen Sport. Bei der österreichischen Schüler- und Jugendmeisterschaft am Semmering 1976 lief ich allerdings noch mit alten Latten. Als in der Staffel Wolfgang Ritzinger erkrankt ausfiel, sprang ich als Reservist ein, holte zusammen mit Gerhard Steiner und Reinhold Kaurzinek Gold und war erstmals im Fernsehen zu sehen. Mit der Aufnahme in den C-Kader 1978 hatte ich mein erstes Karrierezeil erreicht: Teil des Österreichischen Skiverbandes zu sein, das offizielle Trikot tragen zu dürfen, das ich schon an der Brust anderer angehimmelt hatte. Dabei war es gar nicht so sicher, ob

ich in diesen Kader aufgenommen werden würde. Ich war der letzte auf der Liste der Auserwählten. Doch ich schaffte den Sprung und der Osttiroler Hannes Obererlacher nicht. Wie wäre meine Karriere verlaufen, wenn es umgekehrt gewesen wäre? Mit Sicherheit wäre ich auf Sparflamme weitergelaufen. Aber hätte es für die Realisierung großer Ziele gereicht? Denn ohne Kaderlimit hätte es für mich kein richtiges Umfeld für sportliche Höchstleistungen gegeben, da ich keine Sportschule besuchte.
Wie auch immer. Ich war drinnen und Obererlacher draußen, und ich konnte die Nominierung sogleich mit sehr guten Leistungen rechtfertigen. Ich wurde meinem Ruf als Talent gerecht. Denn während Sportschulen ihre Sportwochen und -ferien hatten, trainierte ich lediglich in meiner Freizeit neben dem ganz normalen Schulbetrieb. Fritz und Werner Krischan, Vater und Sohn, standen mir als Langlauftrainer des steirischen Landesskiverbandes zur Seite, ebenso auch Werner Franz, damals mein Kursleiter bei Lehrgängen der Union, später auch mein Trainer im C-Kader und nunmehr Leiter des Nordischen Ausbildungszentrums Eisenerz. Ab 1980 arbeitete ich mit Werner Vogel zusammen, der mich bis 1989 als Trainer und bis 1997 als Servicemann begleitete. In meiner Jugendzeit holte er mich oft daheim ab, da er ganz in der Nähe des Hofes meiner Eltern wohnte, fuhr mit mir zu den Rennen und brachte mich wieder zurück. Doch bis 1978, bis zu meinem Eintritt in den C-Kader, kann ich nicht behaupten, tatsächlich professionell trainiert zu haben. Es war vielmehr die Freude an der Bewegung und der Blick auf große Ziele die Triebfeder meines Tuns. Mit dem Eintritt in den Kader änderte sich mein Umfeld schlagartig, und ich sagte mir: Wenn du hart trainierst, bist du in ein paar Jahren Weltmeister. Und oft dachte ich mir auch: Schau an, auch ohne den Besuch einer Sportschule ist eine Karriere im Sport möglich.
Als ich 1980 bei der österreichischen Jugendmeisterschaft in Saalfelden den ersten Platz belegen konnte, war ich für die Juniorenweltmeisterschaft qualifiziert, die zeitlich mit der Maturareise

meiner Klasse zusammenfiel. Doch anstelle nach Assisi und nach Rom zum Papst, wie es sich für eine Klosterschule geziemte, ging meine Reise nach Örnsköldsviks in Schweden. Weil Sport schon damals das wichtigste für mich war, war ich glücklich, von der Reise nach Italien befreit worden zu sein (auch wenn mich Direktor Pater Sanctin, der meiner Passion immer überaus positiv gegenüberstand, noch umstimmen wollte). Ich saß zum ersten Mal in einem Flugzeug, wurde 29. im Einzelbewerb und Sechster mit der Staffel. An diesem Tag gewann Walter Mayer den Wasa-Lauf, was uns von aufgeregten Schweden mitgeteilt wurde. Und ich dachte mir staunend: Ein Teufelskerl, dieser Mayer.

Zurück in Österreich, ging es gleich nach Klagenfurt zur Musterung, wobei mir immer wieder ein atypischer Gedanke durch den Kopf schoß: Hoffentlich bin ich tauglich, dann kann ich endlich wie jene aus den Sportschulen trainieren. Hoffentlich bin ich tauglich – die meisten Jugendlichen in meiner Situation dachten wohl das Gegenteil.

Ich war tauglich. Im Juni 1980 maturierte ich und rückte am 1. Juli ein. Nach wenigen Tagen der Grundausbildung begann ich fast zu heulen und mich zu fragen: Warum war ich nicht untauglich? Die harte, fünfwöchige Zeit, während der ich in der Kaserne in Wals-Siezenheim mit Skirollern im Inneren des Areals aus trainingstechnischen Gründen unterwegs war (weil es verboten war, in Wals mit diesen Sportgeräten auf öffentlichen Straßen zu laufen), ging vorbei. Dann kam ich zur Heeressport- und Nahkampfschule (HSNS) Saalfelden, der Dieter Böhm, später Langlaufreferent des ÖSV, vorstand. Es war auch jene Zeit, in der ich mit Walter Mayer zusammentraf, der damals bei der Gendarmerie war.

Im August des gleichen Jahres spielte nämlich das Langlauf-Nationalteam gegen eine steirische Fußballmannschaft. Walter Mayer war zusammen mit Peter Juric, der einer der weltbesten Läufer in der Juniorenklasse war und sich mit Harri Kirvesniemi aus Finnland erbitterte Kämpfe in der Loipe lieferte, unterwegs.

Er bot mir an, mich nach Radstadt mitzunehmen, wo ich bei ihm übernachten könnte. Tags darauf wären wir gemeinsam nach Saalfelden weitergefahren. Juric winkte etwas entsetzt ab – „Wir haben keinen Platz im Auto" – weil er auf seinen fahrbaren Untersatz schon immer recht stolz war. Auch ich winkte ab, das strenge Regiment der Grundausbildung gewöhnt, und dachte mir: „Der Mayer, so ein Trottel." Wußte er nicht, daß um Mitternacht Zapfenstreich war? Daß man dann unbedingt in der Kaserne sein mußte? Ich nahm den Zug nach Zell am See, das Taxi nach Saalfelden und kam zwei Stunden zu spät dort an. Meine Herzfrequenz war sicher nicht die übliche, als ich in die Kaserne eingelassen wurde. Doch die Wache winkte mich nur unwirsch durch. Kein Wort des Tadels, der Rüge, keine Androhung, Bericht zu erstatten.

Kurz darauf trafen wir uns zusammen mit den Langlauffreunden und -förderern Matthäus Steffner, Hans Rosner und anderen beim Markterwirt in Altenmarkt. Als dort Atomic-Chef Alois Rohrmoser erschien, riß mir Walter Mayer mein T-Shirt vom Körper und rief ihm zu: „Was sagst zu dem, der sitzt da mit einem Blizzard-Leiberl!" Ich war entsetzt, doch Täter Mayer erwies sich als großzügiger Sühner. Er schenkte mir seine Jacke von Steffner. Es war eine Strickjacke, die über Jahre hinweg mein bestes Stück im Kleiderschrank war. An jenem Abend fand ich mich plötzlich auf dem Tisch stehend wieder, mit Tränen in den Augen, und hörte mich sagen: „Ich will so gerne für Altenmarkt starten." Denn ich war damals immer noch für den SC Abteigymnasium Seckau gemeldet, für den ich seit meiner Schulzeit lief. Ich konnte damals noch nicht wissen, daß ich tatsächlich einmal in den Pongau übersiedeln sollte. 1990 kam ich aufgrund meiner neuen familiären Situation, meiner Heirat, nach Radstadt und wechselte zum lokalen Skiclub. (Was allerdings kein Hindernis war, um neun Jahre später zum beliebtesten steirischen Sportler gewählt zu werden ...)

„Ohne Stadlober wäre ich schon früher als Trainer gescheitert"

Interview mit **Werner Vogel,** langjähriger Wegbegleiter, Trainer und Servicemann von Alois Stadlober, über seinen Vorzeigesportler, über den Langlaufsport vor 20 Jahren, über Tränen in Ramsau.

Sie sind von Alois Stadlober einmal, als Sie mit ihm von einem Langlaufrennen auf dem Heimweg waren, an einer Raststation „Vati" genannt worden ...

... und Walter Mayer, der bei dieser Gelegenheit auch dabei war, hatte es sogleich ironisch kommentiert: „Kein Wunder, daß er dich so nennt, bei allem, was du für ihn tust." Aber Spaß beiseite. Ich war mit Alois Stadlober in jenen Jahren, in denen er mit den Wettkämpfen begann, sehr, sehr oft zusammen. Wir fuhren gemeinsam zu den Rennen, und auch später, als ich Trainer und er Teamläufer war, zog er es immer vor, mit mir zu fahren. Wir fuhren Tausende und Tausende von Autokilometern quer durch Europa, und nie ist etwas passiert. Stadlober wußte, daß auf mich Verlaß war und daß er als Beifahrer beruhigt schlafen konnte.

Unter welchen Umständen haben Sie den Luigi kennengelernt?

Er ist mir in Seckau aufgefallen. Dort ging er mit seinem Vater jeden Mittwoch und Donnerstag langlaufen. Ich war zu jener Zeit, Mitte der siebziger Jahre, im Nationalteam und dachte mir, als ich das Duo das zweite Mal beobachtete: Der Junge läuft gar nicht so schlecht. Andere haben mir gesagt: „Das wird ein ganz Guter, weil er Talent hat." Als wir uns dann näher kennenlernten, fielen mir seine geradlinigen Charakter-

züge auf und der Anstand, den er an den Tag legte. „Herr Vogel", redete er mich höflich an, so lange, bis ich ihm das Du anbot. Und ich weiß auch noch, daß er sich im Benediktinerstift, im Heim, regelrecht fürchtete in den dunklen Gängen, auf den knarrenden Holzböden.

Welche Erinnerungen haben Sie an den jungen Stadlober?

Es war wahnsinnig leicht, mit ihm auszukommen. Er wurde optimal unterstützt von seinem Elternhaus, und er selbst legte einen bewundernswerten Ehrgeiz an den Tag, nicht nur im Sport. Er wollte sich immer beweisen, wollte ein Siegertyp sein. In der Schule hatte er auch wenig Probleme, obwohl er einige Fehlfrequenzen aufgrund der Wettkämpfe hatte. Und die Abteischule Seckau war und ist eine Paradeschule, in der Schüler keine ruhige Kugel schieben können. Interessant ist, wenn ich mich so zurückerinnere, daß wir zwar jahrelang gemeinsam zu verschiedenen Rennen gefahren sind, aber nie in einer gemeinsamen Vereinsstaffel gelaufen sind. Und dann wechselte ich zum PSV Graz, während er bei der Union Seckau blieb.

Wie hat sich Alois Stadlober sportlich entwickelt?

Zuallererst: Er hat sich sehr schnell entwickelt, und er war vor zwei Jahrzehnten einer der besten Techniker in Österreich. Er wurde sogar ausgewählt, fotografiert zu werden für ein Langlaufbuch von Rudolf Punkenhofer. Stadlober hat einfach die damals neue Technik der Langlaufkunst beherrscht: langes Gleiten, aufrechte Haltung. Sein Markenzeichen waren die kürzeren Schritte, die er dann automatisierte und zu seinem individuellen Stil machte. Einen Stadlober erkannte man auf der ganzen Welt auf einen Kilometer Entfernung. Aber er hat recht behalten, hatte zuletzt nicht mehr den Feinschliff, dafür ein großes Kämpferherz.

Haben Sie geglaubt, daß Ihr ehemaliger Schützling noch solch hohe Ziele erreicht?

Ich habe bis zum Weltcuprennen in Toblach gedacht: Der Luigi ist ein anständiger Platzläufer, immer zwischen den Rängen sechs und fünfzehn, aber er bräuchte eine andere Technik für Podestplätze. Zu glauben begann ich, als er in Südtirol Dritter wurde. Da hoffte ich nur mehr, daß er nicht krank würde vor der Weltmeisterschaft in Ramsau.

Sie waren von 1980 bis 1989 Stadlobers Trainer. So lange hat ihn kein anderer betreut. Welchen Einfluß hatte er auf Ihre Arbeit?

Das Trainergeschäft damals war ein anderes als es heute ist. Wir waren wie Handwerker, sorgten uns um Material, Unterkunft, Essen, mußten Trainingsbedingungen schaffen und die Trainingsplanung vornehmen. Damals hatte ein Trainer vier Sportler zu betreuen, heute ist die Relation umgekehrt. Stadlober war begnadet, war von den Umfängen her belastbar ohne Ende und hätte bei entsprechendem Auftrag wohl auch 48 Stunden am Stück durchtrainiert. Er war immer der Überzeugung, daß nur beinharte Arbeit zum Erfolg führen würde. Es war mein Glück, einen Sportler wie ihn betreuen zu können. Er entwickelte sich aufgrund seiner Jugend und seines Talents zu einer Ausnahmeerscheinung, einem Aushängeschild. In der Mannschaft war er sofort akzeptiert, und er trainierte von Anfang an gleich wie die Arrivierten Mayer, Gattermann oder Juric.

Was hatte er für einen Einfluß auf die Langlaufszene?

Einen gewaltigen. Alle orientierten sich am Alois. Wer eine Minute schlechter war als er, war schon zu vergessen. Andere junge Läufer mußten Niederlagen einstecken und blieben auf der Strecke. Er war eben, wie gesagt, einfach begnadet. Stadlober hatte auch genügend Einfluß auf meine Arbeit. Wenn er nicht in meiner Mannschaft gestanden hätte, wäre ich wohl früher gescheitert. Aber Stadlober hat mein Training ver-

kraftet, auch, weil er als Jugendläufer sehr viel und sehr hart an sich gearbeitet hat. Und er war Perfektionist. Diese Einstellung hat er auch von anderen erwartet, besonders dann, wenn es um das Training ging. Wenn nicht alles perfekt und exakt vorbereitet worden war, meinte er, daß er gleich hätte daheim bleiben können.
Ich erinnere mich an ein Trainingslager in Austlid in Mittelnorwegen. Wir hatten keinen Schnee, auf dem wir laufen hätten können, wurden aber vom Leiter des Sportzentrums immer wieder vertröstet: Morgen schneit es, hieß sein Standardsatz. Als Ersatzübung liefen wir zwei Tage auf einem zugefrorenen See. Während andere meckerten, starrte der Luis nur finster vor sich her. Da sagte ich ihm: „Schau nicht so, morgen sind wir weg von hier." Wir fuhren nochmals 300 Kilometer gegen Norden, fanden zehn Zentimeter Schnee – und der Luigi war zufrieden, einigermaßen zumindest.
Stadlober war es auch, der bei Trainingslagern in Skandinavien oder Wettkämpfen in Mitteleuropa die meisten Koffer mitbrachte. Hätten alle anderen auch soviel Gepäck gehabt, wären wir wahrscheinlich gezwungen gewesen, zweimal von Österreich nach Norwegen zu fahren, so viel war es. Er erschien mit vier, fünf großen Taschen, einem Rucksack mit all seinen Fläschchen und Säftchen und Pillen, einem Skisack, der sein Heiligtum war und der ja sorgfältigst in den Bus gelegt werden mußte und nicht auf dem Skiträger festgemacht werden durfte. Und er hatte auch seine Verpflegung mit: Fleisch, Knoblauch, Speck, Würste, sogar Schnaps. Letzteren nahm er auf Anraten des Vaters mit: „Stell dir vor, du hast eine Magenverstimmung und kannst nicht trainieren ..." Und jeden zweiten, dritten Tag machte sich dann der Luigi im hohen Norden eine Speckjause.

Stadlober ist so lange den Podestplätzen hinterhergelaufen. Gab es denn nie Schuldzuweisungen?

Nie. Nie ein schlechtes Wort gegen mich als Trainer, nie die Ausrede, daß der Ski nicht gelaufen sei. Im Gegenteil. Nach schwächeren Rennen baute er nicht nur sich selbst, sondern auch die anderen Läufer auf, sagte *ihnen, daß man diesen Bewerb nun abhaken und nach vorne blicken müsse. Aber er wußte sehr gut, besonders in seiner Anfangszeit als Leistungssportler, ob ein Ski gut oder schlecht war. Er war ein guter Skitester, und wenn er sagte: „Diese Latten geben nichts her", dann wußte man, daß sie nicht für Rennen geeignet sein würden. In den darauffolgenden Jahren vertraute sich Stadlober mir an, was das Material anging. Ich präparierte seine Ski bis 1997, ich suchte sie ihm aus, ich wachste sie. Er brauchte sich darum nicht mehr zu kümmern und verlor deshalb auch ein wenig das Gefühl für schnellere und langsamere Ski. Ich weiß noch, wie wir beim Skitest in Skandinavien waren, 20, 30 Paare am Tag unter die Lupe nahmen, und er mir sagte: „Bin ich froh, daß ich das nicht selbst machen muß."*

Sie sind 1976 bei den Olympischen Spielen in Innsbruck-Seefeld zusammen mit Reinhold Feichter, Herbert Wachter und Rudi Horn Achter in der Staffel geworden, Sie haben elf österreichische Meistertitel gewonnen, Sie haben den zwölften Platz beim Wasa-Lauf 1974 belegt, was bis 1980 das beste Resultat eines Österreichers bleiben sollte. Doch welchen Stellenwert hatte der Langlauf zu Ihrer Aktivenzeit?

Er hatte keinen Stellenwert, er war eine totale Randsportart, ein lästiges Anhängsel, um das sich der Österreichische Skiverband eben auch noch zu kümmern hatte. Wir verbrauchten viele Trainer, Skandinavier, Tschechen, Russen, auch Österreicher, aber wir hatten kein System, sondern nur Besserwisser. So traten wir in den siebziger Jahren immer auf der Stelle, ohne vorwärtszukommen. Wir hatten kein mehrjähriges Konzept, wie es eines in Hinblick auf die Weltmeisterschaft in Ramsau gab, wir hatten keine finanziellen Mittel. Das einzige, was wir hatten, war der Trainingseifer und die Überzeugung, daß es unverantwortlich dem ÖSV gegenüber sei, zu einem Rennen geschickt zu werden, dann aber aufzugeben, weil man in hoffnungsloser Position liegt. Besser kämpfen und Vorletzter werden als aufgeben, hieß es damals. Ich weiß noch, wie ich 1978 in Lahti 21. geworden bin über 50 Kilometer, vor Juha Mieto. Der Finne wurde auf Holzski Vorletzter. Aber er hat auch nie aufgegeben.

Wenn Sie an Ramsau 1999 denken, welche Erinnerungen sind am stärksten?

Nur eine: Als Stadlober Silber gewonnen hat, bin ich mit anderen in der Wachshütte der Österreicher gesessen und habe vor lauter Rührung geweint. Vor meinen Augen ist der Film unseres gemeinsamen Langlauflebens abgelaufen, von der ersten bis zur letzten Minute. Und ich war stolz, den triumphalen Augenblick Stadlobers in Ramsau noch miterlebt zu haben. Ein bißchen, dachte ich mir, habe auch ich Anteil an dieser Medaille, die jetzt dem Lugi um den Hals hängt.

Geld im Langlauf

IM BUS NACH SCHWEDEN

Wenn die Betreuung im Nachwuchssektor Ende der siebziger und zu Beginn der achtziger Jahre sicher als ausreichend beschrieben werden kann, so war sie in der allgemeinen Klasse nicht gut genug. Deshalb stagnierte auch meine Leistung: Weil ich mich plötzlich in einem Teufelskreis befand. Für Österreichs Skilangläufer gab es kein (oder wenig Geld), weil ja nur wenig Leistung geboten wurde. Ohne große finanzielle Mittel sind Resultate im Spitzensport nicht machbar. Auch in der Trainingslehre hinkte Österreich hinterher. Wir trainierten Anfang der achtziger Jahre viel zu „schnell", also mit zu hoher Intensität, und viel zu wenig im Grundlagen-Ausdauerbereich. Wir haben uns, wie es umgangssprachlich heißt, abgestochen. Wir wollten uns im Training gegenseitig beweisen, wie gut wir waren. War eine Bergtour über drei Stunden angesetzt, dann war das erste Drittel davon ein Ausscheidungsrennen, damit die schwächeren unter uns wegbrachen. Erst dann, als auch die besseren schon ihre liebe Not hatten, ging es in einem normalen Tempo weiter. Unser Ehrgeiz war, kraß ausgedrückt, leistungshemmend. Viele Wettkampfjahre haben wir dadurch verloren; wir waren im Winter einfach ausgebrannt. Es gab eben noch keine richtige begleitende Medikation mit Vitaminen, Mineralstoffen, Spurenelementen, Infusionen und so weiter. Das hat sich grundlegend geändert. Wird heute trainiert, ist jeder Sportler darauf bedacht, dies im richtigen Belastungsbereich zu tun und nicht den Sprint zum Gipfelkreuz zu gewinnen.

Mir hat das Training immer gefallen. Der Einzelsport prägte mein Selbstbewußtsein und meine Selbständigkeit, bei meinen langen Trainingseinheiten mit und ohne Ski führte ich Selbstgespräche, bei denen ich mich manchmal auch in eine Scheinwelt versetzte. Ich sah mich auf dem Siegerpodest, im Scheinwerferlicht, ich sah den Jubel der Massen und das Interesse der Medien. Ich war überzeugt, daß ich derjenige sei, der dem Langlaufsport in Österreich zum Durchbruch verhelfen würde.

Der einzige Vorteil, den ich aus dem großteils falschen Training ziehen konnte, war der Umstand, daß mein Körper robuster wurde, zu einer „Maschine“, wie Walter Mayer es ausdrückt. Skandinavische Sportler hatten hingegen größere finanzielle Mittel, mehr Wissen, bessere Trainer, effizientere Strukturen, vor allem aber auch mehr Schnee. Wir Österreicher fuhren damals mit dem Bus gegen Norden und waren zwei Tage unterwegs. Auf den dritten Reisetag verzichteten wir; so trainierten wir nicht in Nordschweden oder Nordfinnland, sondern bereiteten uns in Mittelskandinavien auf die nächste Weltcupsaison vor. Heute hingegen fliegen schon unsere Junioren zu den besten Trainingsplätzen der Welt, und sie tun es früher, als wir es vor 20 Jahren taten. Für uns begann das Schneetraining alljährlich erst nach Allerheiligen, und damit waren wir die letzten Mitteleuropäer, die in Skandinavien eintrafen. Nunmehr beginnt das Schneetraining in Finnland oder Schweden bereits um den 20. Oktober. Undenkbar wäre es früher gewesen, im Vorwinter des Trainings willen zweimal von Österreich in den hohen Norden zu fliegen.

Ist das Umfeld in Österreich nun annähernd gleich wie jenes der großen Langlaufnationen, so gab es früher diese Chancengleichheit nicht. Russen, Italiener, vor allem Norweger, Finnen und Schweden waren einfach von den Grundvoraussetzungen her überlegen, wir waren quasi Hinterwäldler. Und dennoch hatte es immer wieder geheißen: Die Österreicher können sich nicht schinden, kein Wunder, daß sie so schlecht sind. Österreich ist eben kein Land für Ausdauersportler. Falsch. Der wahre Grund war schlichtweg ein anderer: Skilanglauf wurde damals bei uns nicht gefördert.

Ein Blick auf die Budgetzahlen reicht aus, um die stetig steigende Anerkennung des Langlaufsports zu dokumentieren. 1968, zu Zeiten eines Werner Vogel, betrug das ÖSV-Budget für den Langlauf 217.100 Schilling! Für die Saison 1992/93 war das reine Rennbudget (also ohne anteilige Verwaltungskosten) mit 3,8 Millionen Schilling festgesetzt. Und es wurde immer mehr: 1993/94 waren es 4,3 Millionen, 1994/95 6,2 Millionen (es war jene Saison, in der mit der Umsetzung der Analyse Innauers tatsächlich begonnen wurde), 1995/96 waren es 6,5 Millionen, 1996/97 6,6 Millionen, 1997/98 7 Millionen und in der WM-Saison 1998/99 8,5 Millionen Schilling. Allerdings ist anzumerken, daß Trainer Walter Mayer die veranschlagten finanziellen Rahmen immer wieder sprengte, so daß für die Langläufer in der letzten Saison meiner Laufbahn de facto fast zehn Millionen Schilling ausgegeben wurden. Mit den höheren Budgets haben sich auch die Leistungen der österreichischen Langläufer verbessert. Das soll jetzt nicht heißen, daß mehr Geld automatisch auch mehr Erfolg bedeutet. Siege und Medaillen kann man nicht kaufen. Doch mit größeren finanziellen Mitteln können bessere Trainer und Serviceleute bezahlt, Trainingskurse in Skandinavien organisiert, optimale medizinische Betreuung sichergestellt werden.

Der Langlaufsport an sich kommt nicht teuer: ein Paar Ski, Stöcke, Schuhe, einigermaßen funktionelle Kleidung – und der Interessierte kann bereits in die Loipe gehen. Das kostet rund 7000 Schilling. Es gibt aber auch Langlaufsets zu günstigeren Preisen, Rennausrüstungen sind hingegen teurer.

Anders verhält es sich allerdings bei den Spitzensportlern. Bei der Weltmeisterschaft in Ramsau hatte ich beispielsweise 26 Paar Ski mit mir, jeweils die Hälfte für Skating- und Klassisch-Bewerbe. Ein einziges Paar Ski kostet mit Bindung 4600 Schilling, der Gesamtwert betrug also 119.600 Schilling. Hinzu kamen fünf Paar Stöcke (Wert: 15.000 Schilling), vier Paar Schuhe (Kostenpunkt: 10.000 Schilling) und Sportbekleidung für Training und Wettkampf (Kostenpunkt: 20.000 Schilling). Die beiden Wachskisten und weiteres Servicematerial nebst Zeitnehmung und Computer für die gesamte Mannschaft hatten einen Wert von rund einer halben Million Schilling. Wir Sportler erhalten Ski und Stöcke leih-

weise von den Ausrüstern zur Verfügung gestellt; Schuhe und Bekleidung verbrauchen sich hingegen im Laufe einer Saison und gehen in unser Eigentum über.
Um höhere Beträge ging es, wenn ich in der Vorbereitungszeit zum ersten Schneetraining nach Skandinavien fuhr. Zusammen mit meinen Kollegen von der Nationalmannschaft brachten wir rund 200 Ski zum Testen in den hohen Norden. Und das heißt Sportgeräte im Wert von rund einer Million Schilling!

Die Walter-Mayer-Saga

1967 war es, als ein Bub mit großen Augen Andreas Janc, Franz und Rudi Scherübl zusah, die in einer selbstgezogenen Spur vor dem Haus seiner Eltern in Radstadt ihre Runden zogen. Und tagtäglich, nachdem diese ihr Training beendet hatten, holte er seine Alpinski hervor und stapfte selber in der Loipe auf und ab. Mit dem Ergebnis, daß sich die Langläufer täglich ärgerten und sich fragten, wer denn mit breiten Latten ihre mühsam konstruierte Spur andauernd ruinierte. Einmal standen sie auch vor diesem Buben an der Haustür und fragten ihn: „Hast du gesehen, wer uns die Spur zusammenhaut?" Und dieser, kleinlaut, aber mit sicherer Stimme: „Nein, ich habe keine Ahnung."

Lange ging es nicht mehr gut. Eines Tages zogen die Langläufer ab – um kurz darauf wiederzukehren. Und sie sahen Walter Mayer bei seinen ersten Versuchen in der Spur, mit Alpinski. Doch anstelle dem Buben Loipenverbot zu erteilen, schenkten sie ihm Langlaufski. Walter hatte eine Riesenfreude. Er wußte zu diesem Zeitpunkt vielleicht schon, daß diese Sportgeräte den Rest seines Lebens nachhaltig prägen sollten.

Das erste Schülerrennen, das er 1969 bestritt, hatte Walter Mayer auch gleich gewonnen. Sicher auch, weil er Ministrant war beim damaligen Radstädter Pfarrer und Religionslehrer Franz Zimmermann, der nunmehr in Mauterndorf tätig ist. Mayer, Peter Juric und einer Handvoll anderer sportbegeisterter Jugendlicher kam der Umstand entgegen, daß Zimmermann sie zu den Rennen brachte und, damit sie dort eine gute Figur abgäben, nach der Ministrantenstunde mit ihnen auf die Loipe ging. Doch weil Mayer gar nicht ablassen konnte vom Training und mit Fieber sogar einen Wettbewerb bestritten hatte, warf ihn eine Lungenentzündung zurück. Monatelang kränkelte er dahin, schaffte aber dennoch 1970 den Sprung in den Landeskader und später in die Nationalmannschaft. Dieter Böhm war sein erster Betreuer, ab 1977 Juri Tscharkowski. „Wir waren ständig übertrainiert und allesamt wilde Hunde", sagt Mayer rückblickend. 1980 war seine Karriere als Speziallangläufer beendet, vorrangig aufgrund von Differenzen mit dem Österreichischen Skiverband. Jene als Volkslangläufer ging indes noch lange weiter.

Mayer war als Sportler kein Talent, aber einer, der nie aufgab. Denn über lange Distanzen, in Bereichen, in denen nur über den Fettstoffwechsel dem Körper Energie zur Verfügung gestellt wird, galt Mayer als Ausnahmeerscheinung. 1980 hatte er bereits die Zusage, zusammen mit Peter Juric nach Lake Placid zu den Olympischen Spielen fahren zu können. Daheim hatte er sich bereits verabschiedet, denn er wollte vom letzten Training auf der Postalm bei Strobl direkt zur Einkleidung nach Wien und von dort wiederum direkt nach Nordamerika. Wenige Tage vor der Verabschiedung in der Bundeshauptstadt kam die Ausladung, forciert von Baldur Preiml und dem damaligen ÖSV-Präsidenten Arnold Koller. Mayer brach das Training verärgert ab, bedachte den ÖSV mit unschönen Ausdrücken, sagte zum damaligen Langlaufreferenten Siegfried Quehenberger, was für Arschlöcher sie allesamt seien, und zog auf den Obertauern. Dort trainierte er fünf Tage die Woche in Hinblick auf den Wasa-Lauf, quasi seiner Ersatzbefriedigung für entgangene Olympische Spiele, und bestritt am Wochenende Volksläufe. Somit wurden Ausdauer- und Schnelligkeitsfaktoren ideal zusammengeführt.

In diesem einen Monat des Wartens auf das lange Rennen in Schweden gewann Mayer alle Bewerbe, an denen er teilnahm. Und für seine Erfolge wurde er vom Ausrüster Atomic belohnt, der die Schwedenreise für Walter Mayer organisierte und finanzierte. Alois Rohrmoser, damaliger Chef der Altenmarkter Skifirma, war schon immer ein großer Förderer und Freund von Walter Mayer und Peter Juric gewesen, die er liebevoll „meine Skiwanderer" nannte, so sie ihm begegneten. Was nicht selten der Fall war, hatte doch Mayer bei Atomic den Beruf eines Skibauers erlernt und ist doch Juric nunmehr beim Altenmarkter Unternehmen im Langlaufsektor tätig.

Der Wasa-Lauf war für den 2. März terminisiert worden; bereits einen Tag zuvor liefen Mayer und Juric einen Teil der Strecke ab, begleitet vom Servicemann Rudi Scherübl und von einem Mitarbeiter von Atomic Schweden, der ihnen mit Rat und Tat zur Seite hätte stehen sollen. Zu Halbzeit des Laufs gab es bei einer Bergwertung ein Boot zu gewinnen, und Mayer erklärte Juric: „Das hol ich mir!" Der schwedische Begleiter konnte nur grinsen und erklärte Mayer im Geiste wohl für unzurechnungsfähig. Umso mehr, als der Pongauer anfügte: „Und in der Gesamtwertung möchte ich schon unter die ersten 20 kommen."

24 Stunden später hatte Mayer bei just dieser Bergwertung 20 Sekunden Vorsprung, freute sich über ein gewonnenes Schiffchen und zog bis auf eine Minute dem Feld davon. Dann ließ er sich einholen, spielte den Müden, sprintete seinen Konkurrenten Ola Hassis im Spurt jedoch nieder und feierte einen Sensationssieg. „Zuvor warst du für mich ein Freund, nun bist du ein Gott", kommentierte der schwedische Atomic-Mann im Ziel gerührt dieses Ereignis. Es war das erste Mal, daß ein Österreicher den Wasa-Lauf gewinnen konnte; das Boot erhielt Mayer aber nicht, weil die Schweden – schnell, schnell – das Reglement änderten und es dem Zweiten (einem Schweden, welche Überraschung) vermachten. Er erhielt auch keine Wohnbauförderung vom Land Salzburg, weil angenommen wurde, daß er beim Wasa-Lauf genügend Geld gemacht hätte. Zudem fuhr Mayer einen schicken Saab Turbo, der allerdings ein Leihauto war. Der materielle Wert seiner Heldentat waren somit 40.000 Schilling von Rohrmoser, eine Motorsäge vom Veranstalter und die Unterstützung der Heimatgemeinde beim Grundstückskauf. Sie steuerte 200.000 Schilling bei, was zu Beginn der achtziger Jahre eine ganze Menge Geld war. Für 14 Tage wurde aber gefeiert, ehe wieder der Alltag einkehrte im Leben von Walter Mayer.

Nun hatte der Radstädter noch in Schweden nach seinem Traumlauf die Bestätigung erhalten, daß er recht gut in Form war, und hätte liebend gerne am Weltcup teilgenommen, der zwei Bewerbe in Falun und Oslo am Holmenkollen austrug. Um daran teilnehmen zu können, rief Mayer bei Quehenberger an, entschuldigte sich artig und fragte an, ob er denn nicht starten dürfe. Unterstützt wurde er von seinem Trainer Tscharkowski. Es half alles nichts, aus mehreren Gründen. Erstens: Mayer hatte die Qualifikation für die Skandinavien-Tournee, vier Bewerbe während der Olympischen Spiele und vor dem Wasa-Lauf, nicht bestritten, weil er dem Volkslauf-Cup Priorität einräumte, beim Steirerlauf in Bad Mitterndorf startete und somit die erste Qualifikation versäumte. Weil der ÖSV jedoch eine sture Linie fuhr – entweder Mayer bestreitet alle vier Rennen oder keines –, ließ er die gesamte Qualifikation sausen. Für ihn galt das eine zur Verfügung stehende Streichresultat somit nicht, Mayer hätte am Abreisetag zur Mannschaft stoßen müssen. Und zweitens: Bei erneuter Anfrage für die Weltcuprennen griff der Österreichische Skiverband nicht auf den Wasa-Lauf-Sieger zurück, sondern sperrte ihn, weil er beim Wasa-Lauf mit einem Langlaufanzug angetreten war, der von einer nicht im Österreichischen Skipool vertretenen Firma stammte. Als Mayer die heimische Meisterschaft mit sechs Minuten Vorsprung auf Franz Gattermann, zuvor 24. am Holmenkollen, gewinnen konnte, stand für ihn fest: In Oslo wäre er unter die ersten zehn gelaufen.

Zwischen Mayer/Juric und dem Österreichischen Skiverband herrschte nunmehr totale Funkstille. Als der ÖSV zu einer Aussprache nach Salzburg lud, wurde diese von den Sportlern schlichtweg ignoriert. Zu einer zweiten, die in Innsbruck stattfand, mußten sie gezwungenermaßen fahren, weil sie über den Dienstweg verordnet wurde. Mayer und Juric waren bei der Gendarmerie, und die Drohung lautete: „Wenn ihr nicht mehr im Kader seid, fliegt ihr auch bei der Exekutive raus." Gut, dann würde er eben die Gendarmerie verlassen.

In der Folge hatte Mayer, der über Dieter Böhm wieder beim Bundesheer, zuerst in Saalfelden, dann in Hochfilzen, untergekommen war, nur mehr sporadisch mit dem ÖSV zu tun und wurde erst 1990, zehn Jahre später, wieder als Servicemann integriert, nachdem man erkannt hatte, daß der Radstädter über gute und nützliche Kontakte in der Szene verfügte. Bevor er jedoch als „Spielertrainer" wieder in das Geschäft einsteigen sollte, bestritt Mayer nochmals erfolgreich den Wasa-Lauf, und zwar 1992.
Gemeinsam mit dem Schweden Jan Ottosson war er in das Skistadion eingelaufen und sich seiner Sache im Zielsprint schon recht sicher gewesen. Mayer befand sich hinter dem Skandinavier, wechselte die Spur, um an ihm vorbeizukommen und dachte vor der letzten Kurve: „Die Leut' können ihren Helden schon anfeuern, heute hat er aber keine Chance gegen mich, ich bin ja fast schon vorbei." Einen Meter Vorsprungs erfreute sich Mayer, genug, um zu gewinnen, zuwenig, um nochmals vor dem Schweden Spur wechseln zu können. Als er um die Kurve bog, erstarrte sein Blick: Eine Spur, die des Gegners, lag in bestem Zustand im Schatten. Die andere, seine eigene, war von der Sonne aufgeweicht worden. Und so steckte er fest, während Ottosson an ihm vorbeisprintete. „Diese Hund", sagte sich Mayer. „Die haben ihn nicht angefeuert. Die haben ihm zugerufen, welche Spur er nehmen soll." Insgesamt war Mayer achtmal zum traditionsreichen Rennen von Sälen nach Mora angetreten, hatte einmal gewonnen, wurde je einmal Zweiter, Siebenter, Zwölfter, Dreizehnter, Achtzehnter und Zwanzigster. Und einmal wurde er disqualifiziert, weil die Werbeaufschriften zwar nicht die vorgeschriebene Gesamtfläche auf dem Anzug überschritten, die Zahl der diversen Sponsoren aber zu groß war.
Nicht nur beim Wasa-Lauf 1992 erfreute sich Walter Mayer bester Form. So wäre er bei den Olympischen Spielen in Albertville „sicher zehn Minuten schneller gewesen über 50 Kilometer als Markus Gandler". Erst ab der Saison 1993/94 sollte er als „Spielertrainer" (Siebenter beim Wasa-Lauf 1994) und dann als Chef-

trainer (ab 1994) von sich reden machen, als jener Mann, der im österreichischen Langlauf die Visionen eines anderen realisieren konnte. Er hatte Siege gefeiert beim Dolomitenlauf, Koasa-Lauf und dem Marcialonga und vielen anderen Volksrennen. Doch nicht weniger erfolgreich sollte er in seiner zweiten Karriere sein. Zwischen Walter Mayer und Toni Innauer herrschte seit jeher ein besonderer Draht, eine besondere Spannung, jenes Feeling, das für eine gute Zusammenarbeit notwendig ist. Der eine war und ist (hauptsächlich) Praktiker, der andere (hauptsächlich) Theoretiker. Gemeinsam kamen sie immer wieder zu flächendeckenden Meinungen. Deshalb hatte Mayer in seiner Tätigkeit größeren Freiraum vom Nordischen Direktor Innauer zugestanden erhalten als andere Trainer.

Und Mayer begann seinen neuen Aufgabenbereich mit klaren Ideen. Mit Alois Stadlober, den er seit Jahren bereits sehr gut kannte, dessen Spitznamen „Luigi" er geprägt hatte und den er, um ihn zu ärgern, gerne „Alois" nannte und nicht Luis, und mit Markus Gandler wollte er sein Team aufbauen. Um den Kitzbüheler Gandler mußte er dabei raufen, gegen die führenden Funktionäre im ÖSV, letztlich setzte er sich aber durch. Sein allerletztes, schlagendes Argument: Der Trainer hat immer einen frei. Auch wenn Gandi schwere Jahre durchmachte, 1991 und 1992, so glaubte Mayer an ihn, gemäß seinem Motto: Wenn einer es einmal gezeigt hat, dann kann er es wieder.

Der Fanatismus, mit dem er seine Arbeit aufnahm, steckte andere an. Für das Trainingslager in Griechenland 1994 streckte Walter Mayer 100.000 Schilling aus eigener Tasche vor und überzog sein Konto. „Leute, ich weiß nicht, ob wir erfolgreich sein werden mit unserer Arbeit. Aber in allem, was wir tun, sollten wir eine Gaudi haben. Und wenn wir auseinander gehen, müssen wir uns noch in die Augen schauen können", hatte Mayer bei seiner Antrittsrede gesagt und dabei Wert auf jene Offenheit und Ehrlichkeit gelegt, die bei seinen Vorgängern zuweilen nicht vorhanden war. Und Mayer meinte auch noch: „Siege können wir nicht erzwingen. Aber wir müssen alles dafür tun, was man tun kann." Der Funke sprang über. Keiner traute sich, nicht wie vorgeschrieben zu trainieren, das Klima war das bestmögliche, es kam zwar zu Hochs und Tiefs, aber nie zu tatsächlichen Krisenstimmungen. „Sportler kann man auf Dauer nicht blenden. Sie sind dermaßen sensibel, daß sie alles merken, im Positiven wie im Negativen", charakterisierte Cheftrainer Mayer seine Truppe einmal. Seiner offenen, ehrlichen Art war es zuzuschreiben, daß die Langläufer bei Walter Mayer immer das Gefühl hatten, gerecht behandelt worden zu sein. Sie arbeiteten nicht unter Zwang und mit Widerstand, denn: „Wer aufhören will, kann es tun. Kein Problem." Mayer hat nie einen Sportler zu irgend etwas gezwungen. Das war nicht seine Art. „Der Trainer kann lediglich sagen, was zu tun wäre. Und es konnte mir nichts Besseres passieren, als wenn ein Langläufer nach seinem eigenen Kopf arbeitete und dann erkannte: ‚Scheiße, der Mayer hat doch recht gehabt' ", meint Mayer. „Es ist der Sportler, der selbst spüren muß, welcher der richtige Weg ist."

Bis nach der Weltmeisterschaft 1999 in Ramsau war Walter Mayer Cheftrainer der österreichischen Langläufer. Als Sportlicher Leiter für die Disziplinen Langlauf und Biathlon bleibt er der Szene erhalten. Das ist gut so. Denn der heimische nordische Sport ist noch lange nicht in der Lage, auf charismatische Figuren wie Walter Mayer verzichten zu können.

Mayers Sprüche

Ich bin das organisierte Chaos
(Mayers Selbstanalyse)

Gandi, du Pfeif'n! Wärst acht Sekunden schneller g'laufen, hätten wir jetzt Gold.
(Nach Gandlers Silbermedaillengewinn bei den Olympischen Spielen 1998 in Nagano)

G'wunnen haben's, de Trott'ln
(Nach Staffel-Gold bei der Weltmeisterschaft 1999 in Ramsau)

Sicher war der Wechsel nach Österreich positiv für Botwinow; kein Wunder, wenn du jahrelang nur russisches Fressen hast.
(Mayer über Botwinow bei einer Pressekonferenz in Ramsau anläßlich der WM)

Schade Uri, morgen bist du nicht in der Siegerstaffel
(Zu Gerhard Urain, als er am Vorabend des Weltcup-Staffelrennens in Nove Mesto im Jänner 1999 dessen Zimmergefährten Alexander Marent die Startnummer überbrachte)

Nein, wir haben ja nicht gewonnen!
(Bei der Vor-WM 1998 nach dem dritten Rang im Staffelrennen, im SN-Interview auf die Frage, ob er mit diesem Ergebnis auch bei der Weltmeisterschaft 1999 zufrieden sei)

VON OSLO 1982 NACH TRONDHEIM 1997

Hinterherhecheln

1982 – WM in Oslo, Junioren-WM in Murau. Für meine erste Weltmeisterschaft konnte ich mich erst im letzten Moment qualifizieren. Ich war noch Juniorenläufer und schon Student der Jurisprudenz, die Junioren-WM Wochen später im heimischen Murau das Saisonziel. Zusammen mit mir flogen Franz Gattermann, Peter Juric, Hans-Peter Schwendinger und Andreas Gumpold nach Oslo. Es war ein Ereignis, das mir nachhaltige Erinnerungen brachte. Erstmals war ich bei einer Einkleidung dabei, erhielt einen Anorak und einen Anzug. Das gibt es heute nur mehr bei Olympischen Spielen, nicht mehr bei Nordischen Titelkämpfen. In Oslo selbst wurde ich zum ersten Mal mit der Presse konfrontiert, die sich allerdings nur um die Skispringer kümmerte. Und ich war bei der Eröffnungsfeier dabei, ebenfalls eine neue Erfahrung für mich.

Als ich die Startliste für mein erstes Rennen sah, lief es mir bereits kalt den Rücken herab. Eine Minute hinter mir startete Ove Aunli, und wieder eine halbe Minute später mit Mikkelsplass ein weiterer Norweger. Die werden dich gleich geschnappt haben, dachte ich mir. Als ich das erste Mal in das Skistadion einlief, jubelten die Zuschauer und machten dabei einen Höllenlärm. Erschrocken wandte ich mich um, weil ich glaubte, die Norweger seien mir nun auf den Fersen. Damals konnte ich nicht wissen, daß alle Sportler gleich euphorisch angefeuert wurden. Ich wurde 25. in diesem 15-Kilometer-Bewerb, damit bester Österreicher, und ich hatte die Qualifikation für die Staffel erreicht. Ich war sehr, sehr zufrieden und erkor die Spur am Holmenkollen zusammen mit jener in Davos zu meiner Lieblingsstrecke.

Gewonnen hatte die 15 Kilometer der Norweger Oddvar Braa, mein einziges Vorbild, das ich in 25 Jahren Langlauf hatte. Ein Poster mit seinem Konterfei hing in meinem Zimmer daheim in Rattenberg, und immer dann, wenn er an den Start ging, hoffte ich insgeheim, daß er auch gewinnen möge. In Oslo 1982 war er 30 Jahre alt, und es war eigentlich unvorstellbar, daß ein Sportler in diesem Alter noch Weltmeister werden könnte. Ich dachte, daß Braa nun aufhören würde – was er auch tat. Doch nach seinem Comeback wurde er Vierter bei den Olympischen Spielen in Calgary 1988 über 15 Kilometer und Neunter bei der Weltmeisterschaft in Lahti ein Jahr später.
Neu war in Oslo auch die Erfahrung, mit ebendiesen norwegischen Langlaufgöttern Tür an Tür zu wohnen und Tisch an Tisch zu essen. Und im Holmenkollen Park Hotel war ich einer von jenen, die am öftesten bei der Nachspeise nachfassen gingen, so gut war sie. Meine subjektive Begeisterung fand objektiven Widerhall aus der Heimat. „Du warst im Fernsehen“, erzählten mir meine Eltern, als ich mit ihnen telefonierte, „und in den Zeitungen auch, ganz klar.“ Als ich dann zurückkehrte nach Rattenberg, hatten die Dorfbewohner ein Transparent quer über die Straße gespannt, die zum Hof meiner Eltern führte: „Wir grüßen unseren erfolgreichen WM-Teilnehmer“, stand darauf zu lesen. Von meinen Freunden und den Dorfbewohnern wurde ich schon erwartet und feierte mit ihnen im Café. Immerhin war ich der erste WM-Teilnehmer eines 300-Seelen-Dorfes, als erster von ihnen konnte ich mir einen Platz in den Zeitungen und gar im Fernsehen erkämpfen. Dort muß auch der Reim geboren worden sein, in Hinblick auf die Junioren-Weltmeisterschaft in Murau, der erst viel, viel später Wahrheit werden sollte:

Es flüstern alle Geister:
Alois Stadlober wird Weltmeister.

In Oslo ging die erste Weltmeisterschaft für mich jedenfalls mit der besten Staffelzeit des österreichischen Quartetts zu Ende. Bei den 30- und 50-Kilometer-Rennen sorgte ich hingegen für die Verpflegung. Als mein Zimmerkollege Peter Juric im 50-Kilometer-Wettkampf auf mich zukam, wollte ich ihm Tee reichen. Er schüttelte den Kopf, als Zeichen, daß es für ihn nicht so laufe, wie es laufen sollte. Ich interpretierte es anders und zog den Becher weg, im gleichen Moment, in dem er zugreifen wollte. Und einen Augenblick später war er schon an mir vorbeigezogen. Mir hatte es nichts ausgemacht, zur Verpflegungsausgabe eingeteilt worden zu sein. Einmal, überlegte ich, wirst du froh sein, wenn ein anderer dort draußen steht, stundenlang, und dir Tee reicht.

Als Delegationsleiter war Kurt Becher mit nach Norwegen gefahren. Der damalige Vizepräsident des Österreichischen Skiverbandes hatte versprochen, denjenigen, der sich bei einem Rennen unter den ersten 20 plazieren kann, über die Rampe hinauf ins Parkhotel zu tragen. Diese Ehre wurde Franz Gattermann zuteil, der im 50-Kilometer-Rennen auf den 16. Platz kam. Besonders um ihn scharte sich das halbe Dutzend österreichischer Journalisten, die in Oslo vor Ort waren. Ich lernte Egon Rejc von der Kronenzeitung, Herbert Lenz von der Neuen Zeit und Joachim Glaser von den Salzburger Nachrichten kennen, gab Peter Elstner und Roland Knöppel vom ORF meine ersten Live-Interviews. Bis dahin hatte sich der Kontakt mit den Medienvertretern auf telefonische Gespräche beschränkt.

Von Oslo zurück, stand gleich die Junioren-Weltmeisterschaft in Murau an, und zusammen mit Ernst Vettori war ich dort einer der bekannteren Sportler, aufgrund meiner Auftritte in Skandinavien Tage zuvor. Von ihm erwartete man sich eine Medaille, die er mit Gold auch gewann, von mir gute Plazierungen, die ich auch erreichte. Über 15 Kilometer belegte ich Rang acht, ebenso in der Staffel. Wiederum waren wir im Kollektiv zufrieden, und in Rattenberg wurde das zweite Mal gefeiert.

Wieso ich bei der Junioren-Weltmeisterschaft so gut war? Sicher auch, weil in den unteren Altersstufen in Skandinavien nicht dermaßen leistungsbezogen gearbeitet wurde wie in der allgemeinen Klasse. Und sicher auch, weil das Umfeld bei uns Junioren mit Werner Franz als Trainer eher stimmte als später bei den Erwachsenen. Die allgemeine Klasse war eine andere Ebene, doch in Österreich wurde diesem Umstand nicht Rechnung getragen (oder konnte nicht getragen werden).

Vielleicht hätte ich in Murau auch noch besser sein können. Doch ich war Fahnenträger, als Steirer in der Steiermark, mit einer akzeptablen Weltmeisterschaft im Rücken, und ich hatte am Vortag des Rennens bei der Eröffnungsfeier sehr lange sehr ruhig zu stehen. Schwere Füße vor dem 15-Kilometer-Bewerb waren die Folge. Ich ging in ein Bundesheerzelt, legte mich auf den Boden und die Füße auf die Bank, um die Blutzirkulation anzuregen. Und ich dachte mir: So ein Mist, die Fahne wirst du nicht mehr tragen, das ist nur leistungshemmend. Doch sicherlich war ich nervös, gab jedoch meiner am Vortag ausgeführten Tätigkeit die Schuld.

Ich war 20 Jahre alt, als ich meinen ersten wichtigen Winter beendete. Damals glaubte die Wissenschaft, daß ein Langläufer mit 25 den Leistungszenit erreichen würde, und ich selbst war überzeugt, spätestens mit 30 meine Laufbahn zu beenden. Wie man sich täuschen kann ...

1983 – Weil ich als Junior bei den beiden Weltmeisterschaften recht gut abgeschnitten hatte, verblieb ich in der darauffolgenden Saison automatisch in der Nationalmannschaft, in der ich mich bis zu meinem Karriereende halten sollte. Damals konnten die Besten bei den Junioren-Weltmeisterschaften quasi problemlos den Sprung in die allgemeine Klasse schaffen. Dies ist heute nicht mehr der Fall. Per Elofsson, der mehrfache schwedische Junioren-Weltmeister, ist eine Ausnahme: Er konnte sich ab der Saison 1997/98, seinem ersten Jahr in der allgemeinen Klasse, gleich etablieren und einen Winter später seinen ersten Weltcupsieg feiern. Thomas Alsgaard nahm auch eine Sonderstellung ein: Der Norweger wurde 1994 als 22jähriger, in seinem zweiten Jahr in der allgemeinen Klasse, gleich Olympiasieger.

1983 im Februar gewann ich meinen ersten österreichischen Meistertitel. In Admont/Hall entschied ich die Rennen über 15 und 30 Kilometer für mich, und beide Male konnte ich Walter Mayer auf den zweiten Platz verweisen.

1984 – Olympische Spiele in Sarajevo. Was wird er ihm gesagt haben? Machen Sie es gut, oder: Österreich zählt auf Sie? Als der damalige Bundespräsident Rudolf Kirchschläger Franz Klammer bei der Angelobung in der Hofburg kurz vor den Olympischen Winterspielen in Sarajevo die Hand gab, ging ein Blitzlichtgewitter auf die beiden herab, das nicht mehr enden wollte: klick-klick-klick-klick-klick. Wäre schön, dachte ich, wenn mir das auch einmal bevorstehen würde. Doch als mir damals die Hand geschüttelt wurde, scherte sich kein Fotograf um jenen Typ, der gerade vor seinen ersten Spielen im Zeichen der fünf Ringe stand.
Wie auch immer. Für mich war es neu, den Eid abzulegen, in dem es heißt, daß man Österreich ehrenhaft vertreten wolle. Neu war auch, mit so vielen Sportlern anderer Disziplinen, wie mit Rodlern, Eishockeyspielern und Eisschnelläufern, zusammenzutreffen. Es war eine tolle Sache, genauso toll wie jene, die uns in Graz bei der Anreise im Zug bevorstand. In Graz, meiner Universitätsstadt, hätten wir halten und im Bahnhofsrestaurant eine Mahlzeit einnehmen sollen (was wir dann bei Gulasch und Bier auch taten). Doch die Begeisterung der Österreicher war dermaßen groß, daß wir anfangs aufgrund der Menschenmassen gar nicht aussteigen konnten. Als wir den Zug verließen, riskierten wir, vor lauter Euphorie erdrückt zu werden, wenn nicht Ordnungshüter für eine Gasse ins Restaurant gesorgt hätten. Nach dem Essen ging es im Schlafwagen weiter nach Sarajevo.
Dort realisierte ich, daß Langläufer bei Olympischen Spielen zumeist ein schlechtes Los ziehen. Sie wohnen immer in einem eigenen Olympischen Dorf (wohltuende Ausnahme: Lillehammer) und bekommen deshalb vom olympischen Geist nur sehr wenig

Holmenkollen Skifestival 1984
Nordic events – Biathlon

- U N O F F I C I A L RESULT - MEN 15 KM CROSS COUNTRY - 1984-03-08 -

JURY:		
Nilsson Beng't H.	SWE	FIS TD
Jönsson Åke	SWE	Member
Gallagher Mike	USA	Member
Fallet Hans	NOR	Chief of the race
Myrvold Tormod	NOR	Chief of the Course

Air temp:	1.9 C	Height diff:	138 m
Snow temp:	-1.5 C	Max climb:	52 m
Weather:	Sunny	Total climb:	480 m

Timing and Result by HEGO System

RANK	NO	N A M E	NAT	T I M E	SHOOTING	BEHIND
1	67	Eriksen Lars Erik	NOR	41.47.4		00.0
2	54	Monsen Arild	NOR	42.26.4		39.0
3	68	Dotzler Stefan	BRD	42.36.3		48.9
4	66	Brå Oddvar	NOR	42.40.7		53.3
5	57	Stadlober Alois	AUT	42.41.8		54.4
6	27	Östlund Erik	SWE	42.45.5		58.1
7	29	Deviatiarv Mikhail	SOV	42.47.8		1.00.4
8	62	Zavialov Alexandr	SOV	42.49.7		1.02.3
9	64	Lindvall Jan	NOR	42.51.6		1.04.2
10	50	Mikkelsplass Pål G	NOR	43.00.6		1.13.2

mit. Dieser kam weder in Sarajevo noch in Canmore 1988, noch in Les Saises 1992, noch in Hakuba 1998 auf. Vorteilhaft war, in nächster Nähe zu den Wettkampforten zu wohnen, ein Nachteil, zumeist die gleichen Gesichter wie bei Weltcuprennen um sich herum zu sehen. Dennoch war es für mich eine schöne und tolle Sache, in Sarajevo dabeizusein. Auch, weil meine Freundin Roswitha Steiner in der Alpinmannschaft stand. Gemeinsam mit Walter Mayer fuhr ich zum Damenslalom und mußte meinen Schatz, der hervorragender Vierter geworden war, trösten ...
Leider nur die Blecherne, dachte sie sich. Ich hingegen wäre mit diesem Ergebnis im Langlauf überglücklich gewesen. Doch mein bestes Resultat war ein 24. Platz über 50 Kilometer. Das war nicht gut und nicht schlecht. Auf alle Fälle bedeutete es für mich keine Steigerung gegenüber der WM in Oslo. Nach diesem Bewerb ging es zusammen mit Roswitha, Lea Sölkner und Adidas-Mann Andreas Schwab mit dem Auto zurück in die Heimat. Deshalb bekam ich die nicht mehr vorhandene Euphorie am Bahnhof Graz bei der Heimreise anderer österreichischer Olympioniken nicht zu spüren. Kein Wunder, bei einer einzigen eroberten Medaille, jener bronzenen von Jimmy Steiner im Abfahrtslauf.
Walter Mayer hatte sich übrigens für die Olympischen Spiele qualifiziert, kam aber aufgrund einer Verletzung zu keinem einzigen Einsatz. Weh getan hatte er sich bereits daheim beim Hausbau; offiziell wurde allerdings bekanntgegeben, daß er in Jugoslawien erkrankt sei. Als die Geschichte dann doch aufflog, entrüstete ich mich und fragte in der Mannschaftssitzung, wer denn der Trottel gewesen sei, der der Presse davon erzählt hätte. Ich konnte mich tatsächlich nicht daran erinnern, daß gerade ich es war, der dem damaligen Kleine-Zeitung-Journalisten Dieter Janz davon berichtet hatte.
Wenig später wurde ich bei einem FIS-Rennen am Holmenkollen Fünfter, vor den Weltstars Maurilio De Zolt (11.), Harri Kirvesniemi (12.), Thomas Wassberg (13.) und Juha Mieto (18.). Endlich einmal so weit vorne dabei, dachte ich mir, und dann gibt's keine

Weltcuppunkte. Trotzdem motivierte mich dieses Ergebnis wieder für die nächsten Jahre.

Nulla dies sine linea
Non fugiens laboris
Appetens gloriae
(Eintrag im Trainingsbuch Stadlobers, Saison 1984/85,
sinngemäß: Kein Tag, ohne etwas für deinen Sport zu tun.
Nicht arbeits-, also nicht trainingsfaul.
Gierig nach Ruhm.)

1985 – Weltmeisterschaft in Seefeld. Bereits in den Jahren zuvor hatte der finnische Volksläufer Paul Siitonen mit einer neuartigen Technik für Aufsehen gesorgt, dem sogenannten Siitonen-Schritt. Er fuhr mit einem Ski in der Loipe, mit dem anderen außerhalb. Wir Österreicher staunten, beschäftigten uns aber zu wenig mit dieser Entwicklung. Sicher auch, weil bei der österreichischen Meisterschaft im Februar 1984 der Tiroler Fischbacher ohne Steigwachs auf dem Ski antrat – und chancenlos war. Er war seiner Zeit voraus, tat, was in der Folge die Weltbesten tun würden, nämlich gänzlich auf Wachs zu verzichten. Doch damals hatten wir noch über ihn gelächelt. Das Saisonfinale bestritten wir dann aufgrund Geldmangels nicht, die Auftaktrennen zur WM-Saison auch nicht, und so kam es, daß wir die neuartige Entwicklung im Langlauf doch etwas verschliefen. Wir erkannten hingegen, daß die Schweizer mit Andi Grünenfelder und Giachem Guidon richtig umgestellt hatten. Beim Alpencup im Dezember 1984 lagen die Schweizer Staffeln auf den Rängen eins und zwei, wir waren Dritte, die Italiener Vierte. Auch sie stellten spät auf die neue Technik um, aber nicht zu spät, wie die Resultate in Seefeld demonstrierten.
Seefeld 1985 war unsere Heimweltmeisterschaft, aber wir merkten nichts davon, außer, daß das Medieninteresse größer war als sonst. Wir sahen, daß vom Organisator ein besonderer Aufwand

für diese Veranstaltung betrieben wurde, nicht aber vom Österreichischen Skiverband. Im Vorfeld war zuwenig getan worden für gute Resultate. Es gab kein größeres Budget für eine gezieltere Vorbereitung im Vorfeld der WM, und so fuhren wir nach Seefeld wie zu einem normalen Weltcuprennen. Mit Bedauern nahm ich auch zur Kenntnis, daß sich das Zuschauerinteresse in Grenzen hielt. Die Begeisterung, die ich 14 Jahre später in Ramsau spüren sollte, war in Seefeld nicht vorhanden.

Die Frage, die sich in Tirol die Langlaufexperten stellten, war nur eine einzige: Ist es möglich, die schweren Loipen mit Ski ohne Wachs zu bewältigen? Der Deutsche Jochen Behle tippte auf nein und verlor, all jene jedoch, die es sich zutrauten, waren in den Ergebnislisten weit vorne zu finden. So kann Seefeld als Geburtsort und Geburtsstunde des Skatingstils angesehen werden. In Seefeld vollzog sich jene Wandlung, die heute nicht mehr aus dem Langlauf wegzudenken ist. Doch der Wandel befand sich erst in der Anfangsphase, auch wenn der US-Amerikaner Bill Koch bereits 1982 mit dieser Siitonen-Technik Gesamt-Weltcupsieger geworden war. Geskatet wurde in Seefeld mit der Klassikausrüstung, mit dem bisherigen Material. Mit Skiern also, die 210 cm und mit Stöcken, die rund 145 cm lang waren. Unheimlich schwer war es, mit solchem Material die neue Technik effizient umzusetzen. Zum Vergleich: Heute ist ein Skatingski ca. 195 cm lang, und die Stöcke 15 bis 20 Zentimeter länger als in Seefeld 1985. Die klassische Skiausrüstung (allerdings mit niedrigen und nicht hohen Schuhen) wurde deshalb verwendet, weil die Skiindustrie von der neuen Technik einfach überrollt worden war. Und weil man gerade über „Langlauf neu" staunte: Schwedens Star Gunde Svan ging im Training sogar mit einem einzigen, langen Stock auf die Loipe, was von den Funktionären der FIS allerdings gleich verboten wurde.

Dabei hat Svan nur einen Schritt rückwärts gemacht und vorgeführt, was im Skilanglauf bereits einmal Mode gewesen war: die Einstock-Katapult-Technik, die eine hohe Laufgeschwindigkeit

ermöglicht. Und bei der aktuellen asymmetrischen Skatingtechnik gibt es zwar zwei Stöcke, aber ebenso ein Hauptabstoß- und ein Hauptgleitbein und auch einen höher gehaltenen Führungsarm. Was nur aussagt, daß die asymmetrische Technik auf die uralte Einstocktechnik zurückgeht.
Die Weltmeisterschaft in Seefeld verlief für mich wie die vorangegangenen Großveranstaltungen; die Einzelresultate waren nicht Fisch und nicht Fleisch. So wurde ich 28. über 50 Kilometer, 29. über 15 Kilometer. Doch in der Staffel kamen wir in der Besetzung Gumpold, Stadlober, Blatter und Gattermann auf den guten siebenten Rang. Ich erkannte, daß die Italiener sich als mitteleuropäische Langlaufmacht in Szene zu setzen vermochten. Und ich fragte mich: Wenn die es können, warum können wir es dann nicht?
Doch bevor an Pokale und Medaillen gedacht werden konnte, mußte ich mit dem Skatingproblem fertig werden. Die FIS hatte auf Druck der skandinavischen Länder zwar versucht, den klassischen Stil zu schützen und jedem Läufer auf den diversen Strecken zur Auflage gemacht, in gewissen Zonen nicht zu skaten. Der Zeitverlust ohne gewachste Ski, argumentierte man, hätte dermaßen groß sein müssen, daß die Athleten vom Skaten wieder abgekommen wären. Ein Trugschluß, wie Thomas Wassberg zu Saisonende am Holmenkollen vorzelebrierte. Er hatte sich gewachste Klebebänder unter die Ski geklebt, lief damit die vorgeschriebene Anhöhe hinauf, ließ sie anschließend von Toni Schutti, damals Servicemann bei Fischer, heute Rennsportleiter bei Atomic, abnehmen und zog skatend zum Sieg. Tags darauf wollten es ihm einige Konkurrenten gleichtun, doch der Trick funktionierte nicht, da der Schnee aggressiv geworden war über Nacht und die Bänder direkt vom Ski fraß.
Es ist wohl der sportpolitischen Macht Norwegens im Langlaufsektor zuzuschreiben, daß der klassische Stil dennoch geschützt wurde wie eine seltene Pflanze, da im Biathlon und in der Nordischen Kombination ab der Saison 1985/86 nur mehr geskatet

wurde. Und wer weiß, wie mein weiterer Karriereverlauf ausgesehen hätte, wäre diese Pflanze verdorrt. In der Tat hatten die Junioren Markus Gandler, Alois Schwarz und Andre Blatter Staffelbronze bei der Junioren-WM dieses Jahres geholt und Gandler ein Jahr später bei der gleichrangigen Veranstaltung in Lake Placid Silber. Sie hatten weniger Umstellungsschwierigkeiten als ich, und seitdem hatte ich mich auch mit einem eklatanten Vorurteil auseinanderzusetzen. Der Luigi, das ist ein Klassiker, kein Skater, hieß es immer wieder. Ich habe weitergemacht, ich habe mich verbissen, ich wollte aus einer Trotzreaktion heraus allen zeigen, daß ich auch im Skating mitzuhalten vermochte. Mit Erfolg. Bereits 1985 feierte ich auf nationalem Niveau Siege, 1991 sollte ich alle fünf österreichischen Meistertitel (also auch jene im Skating) erringen, und meine beste Weltcupplazierung, Rang drei in Toblach 1998, sollte auch in einem Skatingbewerb zustande kommen. Doch bis dahin war es noch ein weiter Weg.

1986 – „Sag, willst du nicht aufgeben?" fragte mich unser damaliger Masseur Wolfgang Plank aus Graz beim 30-Kilometer-Weltcuprennen im klassischen Stil im französischen La Bresse. Ich war bei Kilometer 28 angelangt und hatte die Sinnlosigkeit meiner Aktion schon längst eingesehen. Es lief einfach nicht. Aber aufgeben? Als Plank seine Frage stellte, sicher auf Geheiß des damaligen Cheftrainers Jaroslav Honcu, der eine Blamage vermeiden wollte, hatten nicht nur meine Beine, sondern auch mein Geist genug. Ich stieg aus der Spur, ließ den herabprasselnden Regen hinter mir und verkroch mich in die Wachshütte.
Es war das vielleicht schwierigste Jahr meiner Laufbahn. Mit dem tschechoslowakischen Trainer Honcu, der seit 1984 die österreichische Mannschaft betreute, verband mich anfangs ein gutes Verhältnis, da er auf mich setzte und mir vertraute. Doch dann waren plötzlich die „jungen Wilden" da: Gandler, Blatter, Schwarz – und Stadlober war eben nur mehr Alteisen, Schrott, auf dem

Nebengleis. Vor der Skandinavientournee traute ich meinen Ohren nicht, als ich Honcu in einem Radiointerview hörte: „Stadlober ist wie eine Primaballerina, und ich würde ihn nicht mitnehmen in den Norden." Ich weiß nicht, was Honcu mit dem Begriff der immer im Mittelpunkt stehen wollenden Primaballerina ausdrücken wollte. Doch positiv konnte es nicht sein, und gerechtfertigt war es auch nicht. Denn der Typ von Sportler, der verhätschelt werden wollte, bin ich nie gewesen.

Nun stimmt es, daß ich mit dem freien Stil immer noch so meine Probleme hatte und daß die wenigen klassischen Rennen nicht immer zu meiner Zufriedenheit und zur Zufriedenheit anderer verliefen. Doch es tat mir weh zu sehen, wie sich Honcu um die Jüngeren bemühte und mich nicht mehr beachtete. Es war ÖSV-Langlaufreferent Siegfried Quehenberger, der in dieser harten Zeit zu mir stand und mir auch die Teilnahme an den Rennen in Falun, Lahti und am Holmenkollen ermöglichte.

1987 – Weltmeisterschaft in Oberstdorf. Meine sportliche Stagnation war dennoch nicht überwunden. Bei der Weltmeisterschaft in Oberstdorf plazierte ich mich wie fast schon gewohnt irgendwo zwischen den Plätzen 20 und 30, war unzufrieden, sah den Schweizer Andi Grünenfelder auf den vierten Rang laufen, mußte mitansehen, wie die Skispringer ihre Medaillen feierten: Gold durch Andreas Felder, Bronze durch Ernst Vettori und das Team. Alles beim alten also. Daß ich nach dem 50-Kilometer-Wettbewerb, den ich als 29. beendete, zur Dopingkontrolle mußte, empfand ich als demütigend und meiner ohnehin pessimistisch eingestellten Gefühlslage als nicht zuträglich. Ich saß im Bus mit den Medaillengewinnern Maurilio De Zolt (Italien/Gold), Thomas Wassberg (Schweden/Silber) und Torgny Mogren (Schweden/Bronze) und auch mit Grünenfelder. Während die einen feierten und scherzten, der Schweizer immerhin noch gute Miene zum bösen Spiel machen konnte, starrte ich sauer vor mich hin. Wieso mußte ausgerechnet ich zur Dopingkontrolle ausgelost wer-

den? Wieso mußte ausgerechnet ich mich in dieser Situation befinden, ich, ein Verlierer unter Siegern?
Der Umstand, daß ich bis dato noch keinen einzigen Weltcuppunkt errungen hatte, mich also noch nie unter den ersten 15 plazieren konnte, trug nicht zur Verbesserung meiner Stimmung bei. Wie oft hatte ich in den vergangenen Jahren beteuert: Wenn ich heuer keinen Punkt hole, höre ich auf? Und wie oft hatte ich mich selbst belogen und mir gut zugeredet: So schlecht, wie es aussieht, bist du nun auch wieder nicht. Denk an die österreichischen Meisterschaften, die du schon so oft dominiert hast. Probier es doch noch einmal, nur noch diese eine Saison.
Und dann geschah es endlich, noch in diesem Jahr, im Dezember in Davos holte ich meine ersten Weltcuppunkte. Über 15 Kilometer klassisch wurde ich Elfter – und triumphierend zählte ich nach: ein, zwei, drei, vier, fünf Punkte!

1988 – Olympische Spiele in Calgary. Die Ausgangslage für meine zweiten Olympischen Spiele war damit eine grundlegend andere als jene vier Jahre zuvor. Die Qualifikationsnorm für Sarajevo war, nicht mehr als zweieinhalb Minuten hinter der Bestzeit zurückzuliegen; jene für 1988, in einem Weltcuprennen unter den besten zwölf plaziert zu sein bzw. mit der Staffel im ersten Drittel des Feldes aufzuscheinen, also beispielsweise unter den ersten 6, bei 18 teilnehmenden Mannschaften.
Dieses Limit hatte ich bereits im Dezember in Davos erbracht, doch es kam noch besser. Die Staffel Stadlober-Gandler-Schwarz-Blatter lief in Strbske Pleso auf den zweiten Platz vor, eine Minute hinter dem späteren schwedischen Staffel-Olympiasieger und gerade vor jenen Tschechoslowaken, die dann auch bei den Olympischen Spielen Bronze gewinnen sollten. Wir waren in fast aller Munde, und vom Titelbild der Steirerkrone grüßte ein strahlender Alois Stadlober mit Mannschaft.
Mit dementsprechendem Erwartungsdruck reisten wir nach Calgary und bezogen unser Quartier in Canmore. Doch vor dem ersten

Rennen wurde Markus Gandler fiebrig, phantasierte im Schlaf und reiste vorzeitig ab. Die Staffelbesetzung war somit nicht mehr ideal. Aber auch ich kränkelte und mußte zu Inhalationen gegen meinen Schnupfen ins Krankenhaus. Dennoch lagen wir im Staffelbewerb zur Halbzeit, nach den Läufen von Andre Blatter und Alois Schwarz, an fünfter Position, fielen dann aber auf Rang zehn zurück. Ich war enttäuscht, wurde es umso mehr, als die Olympischen Spiele sich dem Ende zuneigten und ich meine bisherigen Weltcupplazierungen nicht bestätigen konnte. Ich kehrte mit den Plätzen 32 und 36 heim. Über 50 Kilometer hatte ich aufgeben müssen. Alois Schwarz konnte hingegen mit Rang 18 über 30 Kilometer klassisch aufwarten. Und Roswitha landete, wie schon in Sarajevo, erneut auf dem undankbaren vierten Rang im Slalom.

Im Sommer wollten wir von der üblichen Vorbereitung loskommen und probierten etwas ganz Neues. Erstmals fuhr ich zum Schneetraining nach Australien, wobei diese Reise unter den kuriosesten Umständen begann. Wir waren zu viert, Maria Theurl, Alois Schwarz, Markus Gandler und ich. Roswitha hatte uns zum Münchner Flughafen gebracht und uns gleich aus einer Notsituation befreien müssen. Beim Checkin hatten wir viel, viel Übergewicht, über 100 Kilogramm. Wir handelten, wir feilschten wie auf einem türkischen Basar. Doch es nutzte nichts, für 47 Kilogramm hatten wir zu bezahlen. Kostenpunkt: 3000 Mark. Soviel Bargeld hatten wir nicht, und der einzige von uns, der eine Kreditkarte besaß, hielt sich auch zurück. Denn Gandlers Kontostand hätte nicht für die Deckung gereicht. So streckte uns Roswitha das Geld vor und zückte ihre Kreditkarte.

Als wir in Melbourne landeten, erlebten wir die nächste Überraschung: Außer einem Koffer (von rund 15) standen wir nur mit unserem Handgepäck da. Der größere Teil des Gepäcks kam drei Tage später nach. Michelle Teska, damals Generalsekretärin des Verbandes und später Frau des österreichischen Alpintrainers Herwig Demschar, managte die Unannehmlichkeiten für uns, so daß wir gleich weiterfahren konnten nach Falls Creek, wo für uns ein Haus gemietet war. Als uns das Gepäck dorthin nachgebracht wurde, fiel der australische Trainer Paul H'Uiller fast in Ohnmacht. „Ich habe noch nie so viele Gepäckstücke auf einmal gesehen", stammelte er. Denn Australier reisen mit einer Tasche und waschen unterwegs ihre Klamotten. Wir Österreicher hingegen haben soviel Kleidung bei uns, wie wir für einen Monat Trainingslager eben benötigen.

Am Abend nach dem ersten Training und dem notwendigen Kleiderkauf machten sich Gandler und Theurl auf, um bei den Schweizer Langlaufdamen geeignete Utensilien für die Tirolerin aufzutreiben. Als sie zurückkamen, standen sie vor einem Dilemma. Gandler konnte noch so fest auf die Tür einschlagen, ihm wurde nicht geöffnet. Er dachte, sich im Haus geirrt zu haben, aber dem war nicht so. Als er letztlich um die Behausung ging, sah er Schwarz und mich in der Küche – im Tiefschlaf. Wir waren einfach todmüde zusammengebrochen, nach einer 36-Stunden-Reise, dem Kleiderkauf und dem ersten Training.

In diesem Monat in Australien, in dem wir nach Thredbo weiterzogen, dort mit Österreichs Alpinen zusammentrafen und auch einige Langlaufrennen bestritten, sind Markus Gandler und ich

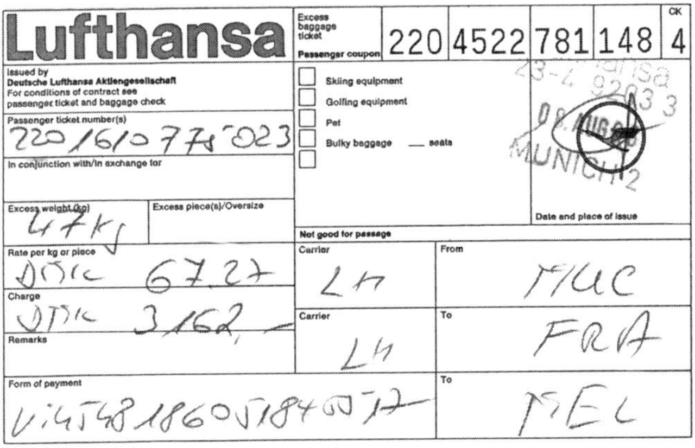

Lufthansa | Excess baggage ticket | Passenger coupon | 220 | 4522 | 781 | 148 | CK 4

Issued by
Deutsche Lufthansa Aktiengesellschaft
For conditions of contract see passenger ticket and baggage check

Passenger ticket number(s): 220 1610 778 023

In conjunction with/in exchange for

Skiing equipment
Golfing equipment
Pet
Bulky baggage ___ seats

Date and place of issue: 08. AUG 88 MUNICH 2

Excess weight (kg): 47 kg
Excess piece(s)/Oversize
Not good for passage
Rate per kg or piece: DMK 67,27
Charge: DMK 3162,-
Remarks
Form of payment

Carrier: LH | From: MUC
Carrier: LH | To: FRA
To: MEL

Ein Stückchen Papier, das uns 1988 eine Menge Geld kostete: der Beleg von Lufthansa für bezahltes Übergepäck.

richtig enge Freunde geworden. Gandi, Mary und Blacky betonten immer wieder, daß die Schneeverhältnisse sehr schlecht wären, daß das Training ohnehin sinnlos sei und sie nach Sydney fahren wollten, um sich dort ein bißchen umzusehen. Ich hatte hingegen aufgrund meines Studiums im Gegensatz zu ihnen bislang wenig trainiert und vertröstete sie deshalb. „Es ist ein schneearmer Winter hier, laßt uns so lange trainieren, so lange wir noch ein bißchen Schnee haben. Nach Sydney können wir dann allemal noch fahren." Die Verhältnisse besserten sich zu meinem Glück, und wir sind in diesem Zeitraum nie nach Sydney gekommen.

1989 – Weltmeisterschaft in Lahti. Bei der WM in Finnland war Alois Schwarz wieder mit einem 19. Rang bester Österreicher, wieder über 30 Kilometer. Ich selbst wollte Plätze unter den ersten 15 belegen, landete aber wie in Canmore abgeschlagen. Das 50-Kilometer-Rennen gab ich wie bei den Olympischen Spielen auf. Dieser Rückfall war mir unerklärlich, denn zuvor hatte ich über 30 Kilometer klassisch schon einen neunten Rang in Strbske Pleso verbucht und war bei dieser Gelegenheit nicht nur vor Harri Kirvesniemi, dem angehenden Weltmeister von Lahti, geblieben, sondern auch fast eine Minute vor einem norwegischen Talent: Björn Daehlie hatte den Bewerb als 13. beendet. Es war eines der wenigen Male, bei denen ich besser war als jener Skilangläufer, der zum erfolgreichsten aller Zeiten avancieren sollte. In diesem Jahr bestritt ich die letzte meiner vier Studenten-Weltmeisterschaften (Universiaden) und wurde Dritter in der Staffel. Delegationsleiter war der Grazer Professor Klaus Ruckenbauer, der jahrelang mit großem Einsatz den Langlauf auf Studentenebene gefördert hat.

Von 1980 bis 1989 war ich von Trainer Werner Vogel betreut worden; keinen anderen Trainer hatte ich länger, und ich hatte das Glück, daß er mir bis 1997 als Servicemann erhalten blieb. Die Saison 1989/90 brachte dann einen Trainerwechsel. Der Niederösterreicher Werner Schwarz, der auf Studentenebene selbst ak-

tiver Langläufer war und Sport studiert hatte, war zumindest in der Anfangsphase seiner Tätigkeit ein echter Gewinn. Als Cheftrainer der österreichischen Langläufer löste er Jaroslav Honcu ab, der menschlich schwierig war und uns zuweilen auf unangebrachte Weise zu verstehen gab, daß er der Chef, der große Zampano, sei.
Mit Schwarz verbesserte sich die Ausgangsbasis der Kommunikation. Er bemühte sich um die Aktiven, führte viele Gespräche, tat zumindest so, als würde er sich sehr um uns kümmern. Und nebenbei hatte er einen hervorragenden Draht zur Presse, was uns allen sehr guttat.
Der darauffolgende Winter begann aber mit einem Paukenschlag. Im Dezember belegte Markus Gandler über 15 Kilometer Skating in Canmore den dritten Rang – es war der erste Weltcup-Podestplatz für Österreich. Im anschließenden 50-Kilometer-Bewerb im klassischen Stil wurde ich Vierter, Gandler Fünfter, Schwarz Sechster. Welch ein Einstieg für einen neuen Trainer!

1990 – So, wie wir begonnen hatten, ging es allerdings nicht weiter. Bei der Vorweltmeisterschaft in Val di Fiemme belegte ich Rang elf und holte fünf Weltcupzähler. Das war's. Doch der Aufwärtstrend, die gute Arbeit in der Mannschaft waren unverkennbar. Erstmals holten vier Österreicher Weltcuppunkte, belegten also Ränge unter den ersten 15.
Den Sommer über wurde gut trainiert; Werner Schwarz hat sicher mehr getan als sein Vorgänger. Die Resultate zu Beginn der neuen Saison konnten sich sehen lassen. In Davos wurde ich 14. – die Marschroute Richtung Nordische WM in Italien stimmte.

1991 – Weltmeisterschaft in Val di Fiemme. In Italien war ein Rang unter den ersten zehn mein erklärtes Ziel. Ich wußte, daß ich es im Weltcup schon erreicht hatte, und hinzu kam, daß bei Weltmeisterschaften lediglich vier Läufer pro Nation starten durften (und dürfen). Was für Norweger oder Russen ein Nachteil war,

FIS CONI FISI

val di fiemme trentino italy

NORDIC SKI WORLD CHAMPIONSHIPS
7 - 17 FEB. 1991

30 km FONDO MASCHILE (TC) / MEN CROSS-COUNTRY 30 km (CT)
07 Febbraio / February 1991

CLASSIFICA UFFICIALE / OFFICIAL RESULTS

JURY			TECHNICAL CHARACTERISTICS	
TD FIS	D.MARTIN	(BRD)	START and FINISH LINE	906
CHIEF OF COMPETITION	E.RIGONI	(ITA)	TOTAL CLIMB	1128
CHIEF OF COURSE	U.MACOR	(ITA)	MAXIMUM CLIMB	47
INTERNATIONAL MEMBER	H.ENQUIST	(SWE)		
INTERNATIONAL MEMBER	T.CAMERON	(CAN)		
			TEMPERATURE AIR :	-13.3 C
			SNOW :	-12.6 C

POS	START NR	COMPETITOR NAME and SURNAME	NAT	1.7km	11.5km	21.8km	FINAL TIME	DIFF.
1	72	**SVAN Gunde**	SWE	4'44.8 (1)	29'30.9 (3)	55'21.3 (3)	**1:16'12.4**	0
2	75	**SMIRNOV Vladimir**	SOV	4'50.3 (6)	29'22.9 (1)	55'11.7 (1)	**1:16'17.3**	4.9
3	63	**ULVANG Vegard**	NOR	4'46.0 (2)	29'26.7 (2)	55'16.8 (2)	**1:16'32.8**	20.4
4	47	**LANGLI Terje**	NOR	4'50.0 (5)	29'49.8 (4)	55'50.7 (4)	**1:16'40.8**	28.4
5	65	**KIRVESNIEMI Harri**	FIN	4'54.1 (16)	29'56.0 (5)	56'10.5 (5)	**1:17'31.6**	1'19.2
6	45	**STANDLOBER Alois**	AUT	4'57.3 (20)	30'18.4 (9)	56'39.3 (8)	**1:17'41.5**	1'29.1

mußte als Vorteil für kleine Langlaufländer, wie Österreich es damals war, gesehen werden. Die Rechnung ging auf. Über 30 Kilometer klassisch wurde ich Sechster! Endlich. Endlich durfte ich an der Siegerehrung der besten sechs Läufer teilnehmen, endlich spielte sich pressemäßig viel um meine Person ab. Ich stand im Mittelpunkt (auch auf der Ergebnisliste war ich etwas Besonderes, nämlich Alois STANDLOBER). Dieser Platz sollte bis 1999 die beste Weltmeisterschaftsplazierung eines Österreichers bleiben. Der sechste Rang verschaffte mir ungeheure Befriedigung, auch, weil bei den Großveranstaltungen zuvor Alois Schwarz jeweils bester Österreicher geworden und er amtierender Meister über diese Distanz war. Am Vorabend des Rennens kam er zu mir ins Zimmer, traf mich gerade beim Zähneputzen und sagte nach den üblichen Standardsätzen (wie bist drauf, wie geht's dir, alles in Ordnung?): „Nicht, daß du dir morgen wieder in die Hosen machst, beim 30er." Ein Satz, der mir zusätzliche Motivation gab. Du wirst dich noch anschauen, dachte ich. Während ich unter die ersten zehn lief, wurde Alois Schwarz indes von Kreuzproblemen geplagt. Ausgezeichneter Sechster wurde ich dann auch in der Staffel, zusammen mit Schwarz, Andreas Ringhofer und Alexander Marent. In Val di Fiemme wurde an einem freien Tag, dessen Abend wir im Fischer-Club verbrachten, auch die Idee geboren, im Jahr 2000 beim Wasa-Lauf anzutreten. Es war nach einigen Bieren, die ein jeder von uns genossen hatte, als wir ins Träumen kamen. Was wird denn sein, im neuen Jahrtausend? Werden wir uns da noch kennen oder haben wir uns schon dermaßen auseinandergelebt, daß wir nicht einmal mehr die Telefonnummern der anderen haben werden? Um diesen düsteren Gedanken vorzubeugen, und um die Beziehungen und Freundschaften über das bevorstehende Karriereende – ich war damals 29 – hinaus zu retten, entschieden wir, im Jahr 2000 gemeinsam den Wasa-Lauf zu bestreiten. Einziges Ziel des Unternehmens war, den Kontakt untereinander zu halten. Damals hatte ja niemand geglaubt, daß Gandler und ich so lange noch im Nationalteam verbleiben könnten und daß

Walter Mayer Cheftrainer sein würde. Viel eher schien es, als müßten nach den Olympischen Spielen in Albertville viele Sportlaufbahnen zu Ende gehen.
So beschlossen wir in Val di Fiemme: Mitmachen am Unternehmen Wasa-Lauf 2000 dürfen ehemalige österreichische Meister, Trainer, Referenten und Personen, die sich um den Langlaufsport verdient gemacht hätten, wie beispielsweise Förderer, Sponsoren, Journalisten, von diesen besonders Peter Elstner. Und nicht nur, weil wir Fernsehunterstützung allemal brauchten.
Wir hatten uns geirrt. Im Herbst 1998 hätte ein Gletschertraining stattfinden sollen für all jene, die im Jahr 2000 in Schweden an den Start gehen wollten. Es entfiel, und der auserkorene Wasa-Lauf sollte fast nahtlos an mein Karriereende anschließen.

1992 – Olympische Spiele in Albertville. Für die Olympiasaison hatte Trainer Schwarz ein besonderes Ziel definiert: eine Medaille in der Staffel. Ich persönlich wollte auch Plätze unter den ersten zehn in den Einzelrennen erreichen, nachdem die Weltmeisterschaft in der Vorsaison so gut verlaufen war. Über 30 Kilometer wurde ich 19. und erklärte meine Zielsetzung nicht erreicht, doch im Verfolgungs-Bewerb klappte es! Über zehn Kilometer klassisch kam ich auf Rang acht – ein Top-Ergebnis! Und in der 15-Kilometer-Verfolgung blieb ich als Zehnter immer noch ganz vorne im Klassement.
Doch so gut meine Plazierungen waren, die besten, die ein Österreicher damals bei Olympischen Spielen jemals erlaufen ist, so wenig kümmerte sich die anwesende Presse um mich. Kein Wunder. Denn Österreich gewann bei diesen Olympischen Spielen eine Medaille nach der anderen, insgesamt 21. Wen interessierte da noch ein achter und ein zehnter Rang irgendeines Langläufers?
Aber in der Staffel lief es nicht wie gewollt, was jedoch weiter nicht verwunderlich war. Denn mit Werner Schwarz hatte sich das Klima in der Mannschaft kontinuierlich verschlechtert.

Markus Gandler wurde gar in ein und derselben Sitzung von Schwarz als Staffelläufer nominiert, wenige Minuten später aber wieder aus dem Team genommen. Für Gandi waren es überhaupt schwere Olympische Spiele. Er, der Sprinttyp, hatte nur einen einzigen Einsatz, und zwar über 50 Kilometer. Das ist genauso, als ob ein Sprinter in der Leichtathletik vom Trainer gezwungen würde, den Marathonlauf zu bestreiten. Und den Staffelbewerb bestritten Alois Schwarz, Alexander Marent, Andreas Ringhofer und ich.
Trainer werden zumeist von jenen abgeschossen, bei denen es nicht läuft, wie es laufen sollte. Als das Ausscheiden von Schwarz zu Saisonende bekannt wurde, lag ich in Graz auf der Couch und döste vor mich hin, als im Radio das Sportmagazin von Ö3 begann. Munter wurde ich, als ich die Stimme von Alois Schwarz hörte, der verbal über seinen Namensvetter herfiel. Ganz nach dem Motto: Wenn er bleibt, gehe ich.
Der Grundstein für seine Entlassung war in Les Saises gelegt worden. Dort wurde schon gesprochen, daß es mit Werner Schwarz nicht weitergehen könne. Es gab sogar eine Besprechung zwischen der Mannschaft und dem damaligen ÖSV-Referenten Dietmar Miklautsch. Was stimmte: Für Schwarz waren es die ersten Olympischen Spiele, und er genoß den Trubel dieser Großveranstaltung. Er konnte nicht immer als Ansprechpartner für uns Sportler fungieren. Martin Standmann vom B-Kader schlug Toni Hierschläger als Nachfolger von Schwarz vor und erhielt Unterstützung von Alois Schwarz, als sich Gandler und ich eher skeptisch äußerten. „Wir wissen nicht, ob er als Nationaltrainer gut sein kann.“ – „Das kann er“, antwortete Schwarz, lokalpatriotisch seinem oberösterreichischen Landsmann Hierschläger zu Hilfe eilend.
Ich zuckte mit den Achseln, denn persönlich war ich mit Werner Schwarz nie schlecht gefahren. Doch ich mußte eingestehen, daß er sich sehr gut verkauft hatte, viel erzählte und immer weniger tat. Er hatte sich zu sehr an die Besten der Mannschaft gehängt

und für die übrigen im Team zuwenig getan. Immerhin endete die Saison für mich sportlich erfolgreich. Ich wurde Siebenter in Lahti, Neunter beim Holmenkollen-Rennen, das aufgrund von Schneemangel in Oslo im nahegelegenen Vang ausgetragen werden mußte, und belegte in der Weltcup-Gesamtwertung Rang 15. Endlich war ich das, was ich schon immer sein wollte: ein potentieller Medaillenkandidat. Mein siebenter Rang in Lahti hatte übrigens Walter Mayer, der mit mir gemeinsam trainierte, verleitet, beim Wasa-Lauf auf sich selbst und auf Sieg zu setzen. Glücklicherweise hatte das Wettbüro bereits geschlossen, als Mayer antrabte – tags darauf wurde er Zweiter.

1993 – Weltmeisterschaft in Falun. Es kam Toni Hierschläger und mit ihm das Pech. Deshalb scheiterte er auch, deshalb räumte er seinen Platz nach nur einer Saison. Der Weltcupwinter war nicht optimal verlaufen, ich war als Bester der Mannschaft Elfter beim Rennen in Ramsau geworden. Keine verheißungsvollen Aussichten also für die Weltmeisterschaft in Falun.

Dort angekommen, mußte Markus Gandler gleich ins Einzelzimmer, ins Krankenzimmer, wie wir es nannten: Er hatte sich bei der Reise nach Schweden verkühlt. Ich trainierte hingegen normal, dokterte wie gewohnt herum, um Halsschmerzen und rinnende Nase wegzuheilen – doch dann kamen in der Nacht vor meinem ersten geplanten Auftritt Gelenkschmerzen und ein heißer Kopf. Am Tag des 30-Kilometer-Bewerbs lag ich mit Grippe im Bett. Mehr noch: Erstmals während meiner Langlaufkarriere hatte ich Fieber. Ich sagte Hierschläger, daß ich nicht laufen könne, und er antwortete entsetzt: „Wie soll ich das der Presse erklären? Sie wird mich fertigmachen." Schöne Gedanken eines Trainers. Kein: „Armer Teufel, hoffentlich geht es dir bald besser." Kein: „Hoffentlich wirst du bald gesund." Nein. Der erste Gedanke ging an die Medienvertreter, die zahlreich nach Falun gekommen waren.

Wahrscheinlich wäre ich auch mit tröstenden Worten Hierschlägers nicht gesund geworden. Fakt ist, daß ich während der Weltmeisterschaft zurück nach Österreich flog, von Roswitha am Flughafen Salzburg abgeholt wurde und nach Radstadt fuhr. Es hatte geschneit an jenem Tag, und für die letzten 100 Meter, die zu unserem Haus hinauf führten, mußte ich am Auto die Ketten auflegen. Mir war es egal. Krank bin ich schon, dachte ich, schlimmer kann es nicht werden. Und vom Krankenbett verfolgte ich das Staffelrennen und die 50 Kilometer von Falun.

In diesem Winter lief ich kein einziges Rennen mehr, vielleicht aus besonderem Grund: Als ich in Falun mit Gandler im Krankenzimmer lag, hatte ich auch als Kranker meine Hoffnung auf einen WM-Start nicht aufgegeben. Das war mehr als nachvollziehbar; ein Sportler will immer laufen und seine Chance nutzen, besonders dann, wenn der Durchbruch bevorzustehen scheint. Nüchtern betrachtet, hatte ich in Falun nichts mehr verloren. Aber für Sportler sind Nüchtern- und Abgeklärtheit nicht immer Worte mit aussagekräftigen Inhalten. Teamarzt Gerhard Beck griff deshalb in Absprache mit mir zu einem drastischen Mittel. Er entnahm Blut aus der Vene, reicherte es mit homöopathischen Mitteln an und gab es mir als Spritze in den Allerwertesten zurück. Dadurch sollte das Immunsystem angekurbelt werden. Eine Lymphdrainage und leichtes Schwitzen in der Sauna vervollständigten die Radikalkur.

Doch nicht Heilung, sondern das Gegenteil trat ein. Ich erlitt einen brutalen Fieberanfall, hatte bereits 40 Grad Celsius Temperatur und dachte ernsthaft ans Sterben. Niemand war erreichbar, weshalb ich Todesängste ausstand. Als Gandler bei der Zimmertür hereinkam, konnte ich gerade noch flüstern: „Gandi, du bist meine Rettung." Wenige Minuten später stand Beck neben mir; er gab mir eine fiebersenkende Tablette, und 20 Minuten später hatte ich nicht einmal mehr erhöhte Temperatur. Doch nicht nur das Fieber war weg, auch meine Form. Ich flog heim, schluckte noch weiter Tabletten und verlor das gesamte Wettkampfjahr.

Seit dieser Episode stehe ich zu meiner Überzeugung, das Fieber auszuleben, nicht wegzuzaubern. Der Körper hat das Fieber selbst zu besiegen, dann erst kann man getrost wieder mit dem Training beginnen, und es wird zu keinem Rückfall kommen. Sportlich war der Winter 1992/93 einer meiner schlimmsten – umso mehr, als ich mich in den Jahren davor schon als Medaillenkandidat empfohlen hatte.

1994 – Olympische Spiele in Lillehammer. Der erneute Trainerwechsel bedeutete für mich persönlich einen Neubeginn. Ich wußte, daß der große Toni Innauer ein Langlaufkonzept für den Österreichischen Skiverband ausgearbeitet hatte. Bereits in Falun hatte das Gerücht die Runde gemacht, daß Innauer selbst unser neuer Trainer werden würde. Was mich in diesem Zusammenhang ärgerte: Der große Innauer hat nie mit uns Sportlern gesprochen. Weder in Falun noch später. Er hat uns nie gefragt: „Was ist zu verbessern? Was kann man anders machen?“ Innauer hat uns behandelt wie Idioten, die von nichts eine Ahnung hätten. Dies tat mir besonders weh, weil ich glaubte, aufgrund meiner langjährigen Teamzugehörigkeit doch den einen oder anderen konstruktiven Ansatz einbringen zu können. Bei Weltmeisterschaften und Olympischen Spielen hatte ich ja auch bereits Spitzenresultate, Plätze unter den ersten Zehn, belegt – und war somit kein Niemand in der internationalen Langlaufszene. Immerhin verpflichtete Innauer Walter Mayer zuerst als „Spielertrainer“ – als Volkslangläufer und Betreuer – und eine Saison später als Trainer. Was ihm hoch angerechnet werden muß: Innauer hat in dieser Beziehung einen guten Griff getan, er, der doch damals einen Narren gefressen hat an „studierten“ Trainern und nicht an rustikalen, bodenständigen, wie Mayer einer war.
Dabei begann Walter Mayer seinen Auftrag eher erfolglos. In Toblach, bei einem Zehn-Kilometer-Rennen im klassischen Stil im Dezember 1993, belegte ich als bester Österreicher Rang 42. Ich war seit dem vorangegangenen 1. August wieder beim Bun-

desheer, bei der Heeressport- und Nahkampfschule (HSNS), wozu mich Mayer überredet hatte. „Machst drei Wochen Kurs in Ramsau, wo wir ein Nordisches Zentrum installieren, bist eine Woche daheim. Und kaum in der Kaserne", hatte mir Mayer gesagt und hinzugefügt: „Und du hast ein fixes Gehalt." Als ich erwiderte, daß ich nach den Olympischen Spielen in Lillehammer ohnehin meine Karriere beenden wollte, zuckte er mit den Achseln. „Na und? Hast jedenfalls für ein Jahr ein Einkommen. Besser als gar nichts ...!?" So rückte ich als 31jähriger wieder in das österreichische Heer ein, aus dem ich als 19jähriger ausgetreten war, dem Studium zuliebe. Das österreichische Bundesheer, die HSNS, die nunmehr HSZ (Heeres-Sport-Zentrum) heißt, war nicht nur für mich, sondern ist prinzipiell für den österreichischen Sport ungemein wichtig. Nicht auszudenken, wie viele Medaillen weniger unser Land bei Großveranstaltungen gewonnen hätte, ohne die Unterstützung des Heeres.
Mayer hielt Wort. Ich war höchst selten im HSNS-Stützpunkt Hochfilzen, dafür oft in Ramsau, wo wir Langläufer in der Pension Steiner wohnten, die Kati Steiner, einer Tante von Gerlinde Mayer, gehörte. Gerlinde, Walters Frau, kochte für uns, und Fritz, dessen Bruder, war eine Art Hausmädchen. „Das klappt nie", hatte Toni Innauer seinem neuen Trainer prognostiziert und auf den zwangsläufig ausbrechenden Lagerkoller verwiesen. „Das klappt", hatte dieser geantwortet. „Denn Langläufer sind besondere Menschen. Sie können sehr gut und sehr viel trainieren. Sie brauchen gutes Essen, und zwischendurch muß man sie heimschicken, zum Sex." Wir arbeiteten in der Tat sehr gut und sehr viel, wir aßen tatsächlich sehr gut und sehr gesund bei Gerlinde, und wir hatten auch unseren Sex. Dennoch konnte sich keiner von uns für Lillehammer qualifizieren. Bei mir waren die Ursachen in der langen Trainingspause im Frühjahr 1993, in einer Verkühlung vor Weltcupbeginn und in meinem Studienabschluß mit der Promotion im Dezember 1993 zu suchen. Und so war ich nicht qualifiziert für die Olympischen Spiele in Lillehammer, auch wenn wir das Li-

mit am Holmenkollen mit der Staffel um nur einen Platz nicht schafften. Die Schweiz war bei dieser Gelegenheit hinter uns plaziert, fuhr aber zu Olympia. Wir waren niedergeschlagen. Es sind Olympische Spiele im Mutterland des Langlaufs, und wir sind nicht dabei. Welch eine Enttäuschung! War dies der Tiefpunkt unserer Disziplin in Österreich?

Trotz aller düsteren Gedanken gab ich die Hoffnung nicht auf, in Lillehammer antreten zu dürfen. „Weißt du was", erklärte mir Walter Mayer cool. „Wir tun jetzt so, als hättest du dich qualifiziert. Wirst du entsandt, gut. Wenn nicht, bestreitest du den Marcialonga-Bewerb in Italien mit mir." So begab ich mich zuerst nach Obertauern ins Höhentraining, und dann reisten Gerlinde, Walter Mayer, deren Sohn Marc und ich nach Livigno auf 2000 Meter Meereshöhe zu weiteren Vorbereitungen. Am Montag waren wir losgefahren, am Dienstag hatte das Österreichische Olympische Komitee (ÖOC) die Olympiamannschaft bekanntgegeben. So riefen wir nach dem Mittagessen mit einer Telefonwertkarte von einem öffentlichen Apparat unseren Referenten Dietmar Miklautsch an, der die frohe Botschaft überbrachte: nominiert. Das Nachmittagstraining entfiel, und wir feierten (allerdings ohne Alkohol, ehrlich).

Mit Walter Mayer, Dietmar Miklautsch und Werner Vogel nominierte das ÖOC gleich drei Betreuer für einen einzigen Athleten, für mich. Dies empfand ich als überaus großzügig, auch wenn ich mir einige Sportkameraden in der Delegation der österreichischen Langläufer gewünscht hätte. Vielleicht hatte es ÖOC-Präsidenten Leo Wallner imponiert, daß ich die bislang besten Einzelergebnisse in der Vergangenheit geliefert hatte. Vielleicht dachte er, daß es meine letzten Olympischen Spiele sein würden und wollte mir 31jährigem Opa und Dr. jur. unter den Sportlern noch eine Freude machen. (Auch ich dachte in Wahrheit eher an einen Job in der Jurisprudenz denn an Nagano oder Ramsau.) Vielleicht überlegte er auch, welchen immensen Schaden der Langlaufsport nehmen würde, gingen diese Spiele ohne rot-weiß-rote Vertretung vorüber. 1980 war es gewesen, als kein Österreicher in Lake Placid hatte antreten dürfen, auf Geheiß vom damaligen Nordischen Chef Baldur Preiml und dem ÖSV-Präsidenten Arnold Koller, die unisono erklärt hatten: Langläufer nehmen wir keine mit. Walter Mayer war damals ausgerastet. Für einen Sportler gibt es nichts Schlimmeres, als Olympische Spiele zu versäumen. Olympische Spiele sind etwas ganz Besonderes. Doch neben persönlichen Schicksalen steht auch das Schicksal der Sportart auf dem Spiel. Keinen Athleten bei Olympia zu haben, bedeutet, keine Sponsoren zu finden, weil man nicht förderungswürdig ist. Es bedeutet auch, vor große Probleme in der Jugendarbeit gestellt zu werden, weil Idole fehlen, weil keine über den Bildschirm flimmern.

Olympische Spiele in Lillehammer – davon wird man immer sprechen. Denn es war eine Veranstaltung der kurzen Wege, der familiären Atmosphäre. Es waren Spiele, bei der die Norweger mit Herz und Seele dabei waren. Sie nächtigten bei minus 20 Grad Celsius im Freien, nur um tags darauf hautnah bei den Langlaufrennen dabei zu sein. 60.000 Fans feuerten uns Sportler beim 50-Kilometer-Lauf an der Loipe an, beim Staffelrennen zuvor waren es gar 100.000 gewesen. Ich war einer von diesen, denn Österreich stellte keine Staffel. Wehmütig dachte ich daran, wie schön es hätte sein müssen, hier, bei dieser Atmosphäre, bei diesen Zuschauermassen, zu laufen.

Sportlich konnte ich mich nicht beklagen. Ich schnitt gut ab, wurde Zehnter über zehn Kilometer klassisch, Elfter in der Skatingverfolgung und 15. im Marathon. Mein Glück war anderer Pech: Die Skifahrer konnten nicht glänzen an meinen Freudentagen, und so sah ich erstmals das Olympiastudio des ORF „von innen", gleich zweimal binnen weniger Tage. Es herrschte große Begeisterung um meine Leistungen, die eigentlich schlechter waren als jene in Albertville zwei Jahre zuvor. Doch daß ein schwacher Österreicher, der sich nicht einmal ordentlich qualifiziert hatte, vorne mitlaufen könne, also nein, das habe sich niemand vorstellen können. Ich erkannte auch, daß es bei den Olympischen Spielen für alle Disziplinen wichtig ist, sich sehr gut in Szene zu setzen, weil drei, vier oder mehr Bewerbe an einem Tag stattfinden. Wer schlecht ist, wird totgeschwiegen. Bei einer Nordischen Weltmeisterschaft gibt es hingegen immerhin noch eine Negativschlagzeile ab.

Im nachhinein will ich dem ÖOC danken, daß ich berücksichtigt wurde. Für die Zukunft will ich ihm gerade meine Situation von damals ans Herz legen: Nicht nur der Qualifikationsmodus, sondern auch das Gefühl sollte entscheiden bei der Beschickung von Großereignissen. Platz muß sein, den olympischen Gedanken in irgendwelcher Form zu berücksichtigen. Daß Leistungssport beinhart ist, ist auch mir klar. Doch dies darf nicht dazu führen, daß Limitleistungen dermaßen in den Himmel gehoben werden, daß lediglich Sieger nominiert werden.

Vor allem für Markus Gandler muß Lillehammer besonders schwer gewesen sein. Er erfuhr aus dem Teletext von meiner Nominierung und seiner Nichtberücksichtigung. Er war einer von jenen, die sich nicht medienwirksam in Szene zu setzen vermochten und dadurch für die Wirtschaft wenig interessant waren. Das Schicksal sollte die Rechnung mit Markus Gandler ausgleichen, vier Jahre später.

In Lillehammer wurde ich zwar nicht Olympiasieger, hatte aber meinen Anteil an einem Triumph. Für das Rennen über 50 Kilometer borgte sich Vladimir „Smirre“ Smirnow, mit dem ich gemeinsam in Livigno trainiert hatte, meinen zweitbesten Ski aus – und gewann. „Ich danke Dir für die große Hilfe für meine erste Goldmedaille und ich wünsche Dir alles Gute für Deine Zukunft“, schrieb Smirnow mir als Widmung in seine Autobiographie, die nach seinem Olympiasieg auf den Markt kam.

Die Innovationen von Trainer Walter Mayer, der gegen den Willen des ÖSV (Miklautsch) bei einem 30-Kilometer-Weltcuprennen in Falun teilnahm (und es als 30. beendete), setzten sich auch nach den Olympischen Spielen fort. Im Mai trainierten wir

auf dem Peloponnes mit Mountainbikes von Erwin Resch, und meine Familie war auch dort. Von diesem Zeitpunkt an sollte es alljährlich im Mai ein zweiwöchiges Trainingslager im Süden geben, da das Wetter in Österreich als zu kalt und deshalb als ungeeignet für große Trainingsumfänge eingestuft wurde. Besonders im Grundlagen-Ausdauerbereich wurde sehr viel und sehr professionell gearbeitet. Hinzu kam eine härtere Linie des neuen Referenten Dieter Böhm, den ich schon aus meiner Jugendzeit als HSNS-Kommandanten in Saalfelden kannte. Er wollte all jene eliminieren, die 25 Jahre alt oder älter waren und es noch zu nichts gebracht hatten. Diese seien nicht förderungswürdig, und im Grunde gab ich ihm recht. Denn in irgendeinem Bereich – entweder bei den medizinischen oder sportlichen Tests oder bei Weltcuprennen – mußte man sich bis zu diesem Alter profiliert haben. Böhms Ansichten führten zu heißen Diskussionen innerhalb der Mannschaft. Wer sich 1994 auch einklinkte, war Manfred Zeilinger, der in Absprache mit Mayer für die Trainingsplanung und -gestaltung zuständig war.
Mit einem 13. Rang startete ich in den neuen Winter, bei einem klassischen Zehn-Kilometer-Bewerb im schwedischen Kiruna. Ich war zuversichtlich, als ich zum nächsten Rennen auf die Tauplitzalm anreiste. Doch dort zog ich mir meine einzige schwere Verletzung im Winter im Laufe meiner Karriere zu.
Ich wollte am Vortag des Bewerbs auf die Loipe zum Skitesten und ging auf einer Eisplatte vorsichtig vom Auto Richtung Loipe, als ich ausrutschte. Im Reflex stieß ich die Skistöcke, die ich in der linken Hand hielt, in den Boden, stützte mich ab, blieb stehen. Luigi, sagte ich mir, da hast gerade noch Glück gehabt, da hätt's einige blaue Flecken abgeben können. Super bist drauf, andere hätte es hier sicher auf den Boden gehauen. Da ich keinen Schmerz spürte, ging ich weiter, erreichte die Spur und schnallte meine Ski an. Jedesmal, wenn ich jedoch meinen linken Stock einsetzte, spürte ich in der linken Schulter einen kurzen Stich. Ich merkte es fünf Kilometer lang, zog es dann vor, ins Quartier zurückzugehen und

mich nach einer heißen Dusche röntgen zu lassen. In der Kuranstalt von Bad Aussee lautete die Diagnose jedoch: Nichts ist gerissen und alles in Ordnung. Wenn es schmerze, dann wären dies die Auswirkungen einer Prellung, eines Blutergusses. Über Nacht wurde die Schulter mit Strom therapiert, am nächsten Tag spürte ich keine Schmerzen mehr, startete und wurde auf weicher Spur im 15-Kilometer-Bewerb Sechster.
Alles schien bestens. Ich hob sogar selbst die Koffer ins Auto, mit dem es gleich anschließend nach Italien ging, zum nächsten Training und zum nächsten Wettkampf. Teil eins absolvierte ich noch, Teil zwei, ein Skatingrennen, nicht mehr.
Es war eine von lediglich drei schwereren Verletzungen als Sportler, die mich rund einen Monat außer Gefecht setzte. 1996 sollte ich mir noch einen Innenmeniskuseinriß im rechten Knie zuziehen, beim Tennisspiel in Faak am See mit Franz Weingartner. Ich spielte Tennis meiner Frau zuliebe, damit ich auch mit ihr wieder auf den Platz gehen könnte. Daraus wurde so schnell nichts, doch nach der Operation war ich sehr schnell wieder imstande, mit dem Rad zu trainieren. Bereits im Oktober 1984 hatte ich mir einen Bänderriß im rechten Außenknöchel zugezogen, der aber nicht operiert, sondern nur kurz gegipst wurde. Dann erhielt ich einen Tapeverband, da die verbleibende Zeit bis zur Weltmeisterschaft in Seefeld im Jänner 1985 zu knapp für eine Operation schien.

1995 – Weltmeisterschaft in Thunder Bay. Die österreichische Meisterschaft im Jänner war das erste Rennen, das ich nach meiner verletzungsbedingten Pause wieder bestritt. In dieser Zeit trainierte ich auf besondere Art und Weise. Weil ich auf Skiern nur mit einem Stock, also mit geringerer Intensität als sonst, üben konnte, ließ mich Walter Mayer auf unserem Weg nach Obertauern immer schon in Untertauern aussteigen; die letzten Kilometer hatte ich im Laufschritt zurückzulegen. Die Resultate konnten sich sehen lassen: Sechster in Nove Mesto, Sechster in Falun,

Achter am Holmenkollen. Es war dies das letzte Weltcuprennen vor der Weltmeisterschaft in Thunder Bay in Kanada, und nach meinem besten Winter mit den besten Ergebnissen hatte ich wieder nur ein Ziel: einen Medaillengewinn.
Doch von den Exekutivmeisterschaften in Bad Kleinkirchheim kehrte ich schon mit Halsschmerzen nach Radstadt zurück. Ich versuchte, mich zu heilen und aufzupäppeln, doch die Flugreise nach Nordamerika war meinem gesundheitlichen Zustand nicht gerade zuträglich. So mußte ich bei der WM gleich den „Klassiker" über 30 Kilometer auslassen und hoffte auf bessere Zeiten. Sie kamen nicht, im Gegenteil. Weil der Schnee naß war und eine naheliegende riesige Holzfabrik Staub in die Luft brachte, der den Schnee auch noch verschmutzte, gab es Probleme mit den Skiern. Diese nahmen nämlich den Schmutz auf und saugten sich richtiggehend fest. Auch die teuersten Wachse halfen nichts. Um dies zu verhindern, kamen die Serviceleute auf alle möglichen Ideen. Einige bohrten gar die Latten an, um deren Struktur zu verändern. Die Skandinavier fuhren mit ihren Skiern über Bürsten, um sie so zu reinigen. Unser Dieter Böhm indes brachte von einer Tankstelle Diesel, um mit diesem die Ski zu reinigen. Man brauchte nur durchtränkte Lappen auf den Boden zu legen und darüberzufahren. Dieses System hatte Walter Mayer Jahre früher von den Russen abgeschaut, und es wirkte: Nach dieser Säuberung zischte der Ski immer ab.
Nach dem Zehn-Kilometer-Bewerb, der noch bei regulären Verhältnissen ausgetragen worden war, lag Markus Gandler als bester Österreicher auf Platz 24., ich war 42. Vor dem Verfolgungsrennen machte der deutsche Trainer Georg Zipfl in der Mannschaftsführersitzung auf die Grundwasservergiftung aufmerksam, die durch die Verwendung von Diesel entstehen könnte. Daraufhin wurde der Einsatz dieses „Putzmittels" kurz vor dem Start verboten, und Böhm funkte auf die Strecke: „Wer Dieselfetzen hinlegt, den schicke ich heim." Keiner hielt sich allerdings an dieses Verbot, auch wir Österreicher nicht. Nur Gandler versäumte eine

Skiwäsche, dort nämlich, wo Emil Hoch zusammen mit Böhm stand. Unsere Resultate konnten sich sehen lassen. Gerhard Urain hatte die schnellste Skating-Einzelzeit (und wurde von uns als Teilzeitweltmeister gefeiert), Alexander Marent war Dritter, und Markus Gandler wurde Gesamt-Zwölfter. Und ich getraue mich zu sagen: Hätte Gandi den Ski Urains gehabt und auch den fehlenden Diesel, dann hätte er wohl in den Medaillenkampf eingreifen können. Aber wie das Leben spielt. Urain wollte zu diesem Verfolgungsrennen aufgrund von Chancenlosigkeit nicht mehr antreten, und dann hätte doch tatsächlich Gandler seinen Ski „geerbt". Doch am Morgen des Rennens hatte Walter Mayer mit eisernen Zügen verkündet: „Alle müssen starten." Wir schauten verwundert auf, denn Worte dieser Art waren und sind bei Mayer höchst selten.
Für mich war es eine sinnlose Weltmeisterschaft. Im Einzel hatte ich mein Ziel verfehlt, der gute Staffelrang – Platz fünf – konnte mich nicht tatsächlich hinwegtrösten über die Enttäuschungen dieser Titelkämpfe, die mit einer Aufgabe im 50-Kilometer-Bewerb endeten. Mir fehlte es einfach an Substanz.
Die Weltcupsaison beendete ich auf dem 14. Rang, mit dem ich recht zufrieden war und der Zeugnis ablegte von meinen guten Weltcup-Einzelresultaten. Aber ich wollte eine Medaille bei der WM, und diese hatte ich nicht erreicht.

1996 – In diesem Übergangswinter war das Weltcuprennen in Seefeld unser Saisonhöhepunkt. Wie immer hatten wir uns in Ramsau sehr gut vorbereitet, die Weltcupsaison verlief dementsprechend gut, mit Achim Walcher und Gerhard Urain erstmals in den Weltcup-Punkterängen. Und in Seefeld zeigten wir unser Potential auf: Markus Gandler Vierter, ich Neunter, Christian Hoffmann Zehnter, Achim Walcher Dreizehnter. Das mediale Interesse war recht groß, und klar wurde: Zukünftige Erfolge durften nicht mehr als Zufallsprodukte betrachtet werden.

Der Sommer vor dem Wettkampfjahr 1996/97 war der letzte des Nordischen Zentrums Ramsau, das wir aufgrund des überhöhten Mietpreises aufgaben. Das war schade, denn wir hatten sehr viel auf gleichen Strecken trainiert, die allesamt vermessen worden waren. Professionell, wie gearbeitet wurde, war sogar die Mountainbike-Strecke in den Bergen von Ramsau über Filzmoos und Radstadt nach Schladming eigens vermessen worden. Wir waren in Ramsau heimisch, und dieses Gefühl sollte zur Weltmeisterschaft 1999 wiederkommen.
Doch zuvor stand eine andere WM im Blickpunkt, jene in Trondheim.

1997 – Weltmeisterschaft in Trondheim. Der Weltcupwinter hatte für uns gut begonnen. Ich war Sechster und Siebenter geworden, Christian Hoffmann Fünfter und Zehnter, ehe mich über Weihnachten eine Nebenhöhleneiterung aus dem Weltcup riß (und deretwegen ich mich wenige Monate später an der Nasenscheidewand operieren ließ, einer besseren Atmung zuliebe). In Japan stieg ich wieder in den Weltcup ein, da ich die Olympialoipen kennenlernen wollte. Meine Vorbereitung auf die WM indes war einmal mehr nicht so, wie sie hätte sein sollen. Denn wahrscheinlich nahm ich zu früh die Reisestrapazen auf mich. Und beim Trainingslager auf der Tauplitzalm folgte eine Verkühlung.
Noch in Trondheim arbeitete ich mit Rotlichtbestrahlung gegen die Verkühlung, wobei ich zu nahe an das Licht kam und mir die Nase verbrannte. Umso überraschter konnte man sein, daß ich in Norwegen beim Zehn-Kilometer-Rennen im klassischen Stil und in der Verfolgung über 15 Kilometer Skating zweimal auf dem neunten Rang landete. Das waren, gemessen an der Vorbereitung, vorzügliche Plazierungen – aber wieder nur Tagesereignisse, die morgen vergessen sein würden. Das Ziel, eine Medaille, war wieder nicht erreicht. Was wäre gewesen, wenn?, dachte ich mir. Wenn und Aber haben im Sport keine Berechtigung, es zählt nur,

was in den Ergebnislisten steht. Meine Mannschaftskollegen liefen allesamt schwach: keiner von ihnen kam unter die ersten 20, und die Staffel, die sich im Weltcup bereits um Rang sechs etabliert hatte, mußte sich mit einem zweistelligen Platz begnügen. Meine Brüder und auch Roswitha waren in Norwegen unter den Zuschauern, weil sie dachten, daß dies meine letzte Weltmeisterschaftsteilnahme sein sollte. Ich hatte nämlich die Möglichkeit, nach Saisonende einen Beruf zu ergreifen. Der damalige Sporthilfechef Andreas Schwab hatte mich bei Adidas für die Promotion-Abteilung in Österreich ins Gespräch gebracht. Ich hätte mit 1. Februar beginnen sollen. Dies war für mich unmöglich. Ich wollte die Weltmeisterschaft, vielleicht meine letzte, nicht sausen lassen. Kein Problem, hieß es. Ab 1. April hätte ich in der Verkaufsförderung beginnen können, die Entscheidung läge ausschließlich bei mir.
Es war der 15. Jänner, als ich, direkt aus Japan nach Skandinavien kommend, von Lahti aus in Klagenfurt anrief. Im Geiste und mit Wehmut hatte ich meine Aktivenlaufbahn beendet. „Ich nehme an", sagte ich. Mit meiner Gattin Roswitha waren auch die Details geklärt. Ich würde eine Wohnung in Klagenfurt nehmen und zwischen Kärnten und Salzburg pendeln. Doch es kam anders. Mir wurde mitgeteilt, daß Umstrukturierungen im Gange seien und daß es mehrere Bewerber für diesen meinen Posten gebe. Von der fixen Zusage war keine Rede mehr. Mir war gleich klar, daß sich diese Berufsmöglichkeit zerschlagen hatte. Einerseits fiel mir ein Stein vom Herzen, denn ich konnte meiner Passion Langlauf treu bleiben. Andererseits kam ein anderer hinzu: Ich hatte Angst, auf dem Arbeitsmarkt übrigzubleiben, als altes Eisen, nach dem irgendwann eingetroffenen Karriereende.

„Allen Langlauf-Interessierten hat Stadlober einen Traum erfüllt“

Interview mit **Franz Gattermann,** langjährigem Spitzensportler und Servicemann bei Fischer, über Alois Stadlober und die Entwicklungen im Skilanglauf.

Sie kennen Alois Stadlober seit Jahren und Jahrzehnten. Welche Emotionen haben Sie gespürt, als er in Ramsau zwei WM-Medaillen gewann?

Alois Stadlober hat bei der Nordischen Weltmeisterschaft 1999 seine Karriere gekrönt, hat jene Ziele erreicht, für die er 20 Jahre lang fast täglich trainiert hatte. Und er hat bewiesen, daß, wenn jemand eisern an sich arbeitet und an den Erfolg glaubt, dieser sich auch einstellt. Es gibt genügend Beispiele in Ausdauersportarten, bei denen Radsportlern, Marathonläufern und anderen erst spät der Knopf aufgeht und sie zu Medaillen kommen. Beim Luigi war es extrem, er war bei Großveranstaltungen oft krank, ab Calgary 1988 vom Schicksal behaftet, und diesen Anschein hatte es auch vor der WM in Ramsau, als er schon beim Silvesterlauf in Salzburg, an dem auch seine Frau Roswitha teilnahm, kränkelte. Zwei Tage später lag er im Bett ...
Doch Stadlober hat nicht nur sich einen Traum erfüllt, sondern all jenen, die sich mit dem Langlaufsport identifizieren. Für all jene, die in Ramsau nicht am Start waren, wie Werner Vogel, der ein inoffizielles Weltcuprennen gewonnen hatte, oder Herbert Wachter oder auch für mich war die Leistung Stadlobers die Erfüllung unser aller Wünsche, Sehnsüchte, Träume. Denn Stadlober ist mit uns allen noch gelaufen, er war einer von uns.

Waren Sie in Ihrer Aktivenlaufbahn auch oft krank?

Ja, sicher. Denn in den siebziger und achtziger Jahren wurde noch nicht wie heute individuell auf den Sportler eingegangen. Alle trainierten nach demselben Programm, Regenerationsphasen gab es nicht. Die Folge: Beim Gletschertraining hatten wir alle die Sommergrippe, Walter Mayer und Peter Juric auch Neben- und Stirnhöhleneiterungen. Trainingssteuerung war zu jener Zeit ein Fremdwort. Es hieß nur, daß wir zuerst 8000 oder 9000 Kilometer zurücklegen müßten im Training, dann könnte man über Resultate reden. Wir liefen wie die Verrückten, teilweise auch ohne einen einzigen Ruhetag in der Woche. Als ich dann die Trainerausbildung machte, zwischen 1982 und 1986, kam es immer wieder zu Aha-Erlebnissen. Ich erkannte, daß es nicht nur auf den Umfang, sondern auch auf die Intensität ankommt. Andere Sportler aus anderen Nationen trainierten zehn, zwanzig Prozent weniger, waren aber doch schneller als wir. Diese Erfahrungen wirkten sich bereits 1982 aus, als ich selber an meinem Trainingsprogramm herumtüftelte und es modifizierte.

Bei der Weltmeisterschaft in Oslo 1982 wurden Sie ja von Delegationsleiter Ing. Kurt Becher vom Skistadion in das Hotel getragen.

Ja, er hatte gesagt, daß er jenen Sportler tragen würde, der einen Rang unter den ersten 20 belegen würde. Ich wurde 16. über 50 Kilometer, aber ich glaube, daß sich Becher mit meinen 72 Kilogramm die 300 Meter vom Skistadion zum Hotel gleich oder gar mehr schinden mußte ...

Sie haben 1969 mit dem Skilanglauf begonnen. Wie war es damals, 30 Jahre vor WM-Gold in Ramsau?

Wir wurden bestenfalls belächelt und schlimmstenfalls als Aussätzige behandelt. Damals gab es nur den alpinen Skilauf, und es war für uns schwer, uns öffentlich zu deklarieren. Die Joggingwelle, die den Ausdauersportarten auf die Sprünge half, gab es damals auch noch nicht. Der

Ausdauersportler war der große Trottel: Wieso sich mühen, wenn Lifte für Alpinfahrer wie Pilze aus dem Boden schossen? Es gab kein Material zu kaufen, dieses wurde von den Mitgliedern der Nationalmannschaft aus Skandinavien importiert. Die Holzlatten waren damals genauso teuer wie die Kunststoffski später. Sie kosteten 3000, 4000 Schilling. 1972 begann die Langlaufwelle in Mitteleuropa, und Fischer war eine der ersten Firmen, die darauf aufmerksam wurde.
Bei meinen ersten Rennen teilte ich mir eine Ausrüstung mit meinem älteren Bruder Hans. Das lief folgendermaßen ab: Ich meldete mich beim Veranstalter und sagte, daß ich in der Schülerklasse freiwillig mit der Nummer eins starten würde. Dann schaffte ich es nämlich, zeitgerecht zurück im Ziel zu sein und Ski, Stöcke und Anzug Hans zu übergeben, der in der Jugend II am Rennen teilnahm.

Nach Ihrem Karriereende 1985 in Seefeld sind Sie gleich bei Fischer eingetreten ...

Ich war 30 Jahre alt, und mir wurde auch ein Traineramt beim Österreichischen Skiverband angeboten. Doch mein Vorgesetzter beim Heer, dem ich weiter unterstellt gewesen wäre, war ein Antisportler, auch deswegen zerschlug sich dieses Engagement. Bei der Skifirma Fischer, dachte ich mir, kannst du mehr für den Langlauf tun, als wenn du beim Bundesheer versandelst. Fischer hatte sich Ski aus Skandinavien zugekauft, diese überarbeitet und mit dem eigenen Namen versehen. Später begannen Fischer und Kneissl und andere auch selbst zu forschen und bezogen die Erfahrungswerte ihrer Alpinski mit ein in diesen Prozeß. Dort wurden bereits Kunststoffmaterialien verwendet, und es kam zu einem Synergieeffekt. Bei der Weltmeisterschaft 1974 in Falun lachten die Skandinavier über die Plastikski, obwohl sie mit dem Schweden Thomas Magnusson auf der höchsten Stufe des Podests über 30 Kilometer zu sehen waren: Er lief die Kunststoffski von Kneissl. Durchgesetzt haben sich die neuen Ski erst 1976 bei den Olympischen Spielen in Innsbruck und Seefeld, aber zu diesem Zeitpunkt haben die skandinavischen Skifirmen die Entwicklung bereits verschlafen gehabt. Es kam die Skifirma Blizzard, die die *norwegischen Landsem-Ski produzierte, es kam Kästle, auch Atomic sprang auf den abfahrenden Langlaufzug auf.*

Welche anderen gravierenden Änderungen gab es in der Folge beim Material?

1980 war bei den Olympischen Spielen in Lake Placid die Leichtigkeit der Latten, das Gewicht, das große Thema. Fischer meldete mit dem „Aircore“ ein Weltpatent an. Das Innere des Skis bestand nunmehr zu 90 Prozent aus Luft und aus einer Bienenwabenstruktur. Die Gewichtsreduktion betrug 20 Prozent, was das Gewicht von 1,3 auf 1,1 Kilogramm drückte, bei zwei Metern Länge. Der Holzski hatte 1,5 Kilogramm gewogen, saugte aber im Schnee oft Wasser auf. In Lake Placid jedenfalls gewann Thomas Wassberg den 15-Kilometer-Bewerb mit einer Hundertstelsekunde Vorsprung vor Juha Mieto. Er war mit dem Aircore, dem sogenannten „Gas-Ski“ unterwegs gewesen, während der Finne mit Latten der Marke Karhu gelaufen war.

Die nächste Neuerung war der Siitonen-Schritt, der Vorreiter der neuen Skatingtechnik. Diese setzte sich 1985 – in diesem Jahr kamen auch die schwarzen Graphitbeläge – definitiv durch, den Winter darauf hatte die Industrie reagiert und steifere, kürzere Ski im Angebot. Bei der Weltmeisterschaft 1987 in Oberstdorf kamen die ersten ausgereiften Skatingski zum Einsatz. Aber es war auch jene Weltmeisterschaft, bei der das Wunderwachs Cera von sich reden machte. Mit diesem waren die Schweizer Alpinen dem Rest der Welt in Crans Montana um die Ohren gefahren. Gehandelt wurde es wie Haschisch, sauteuer und unter der Hand. Thomas Wassberg traute diesem neuen Produkt nicht und wurde Zweiter über 50 Kilometer, Torgny Mogren nahm einen mit Cera präparierten Ski und wurde Dritter, und es siegte Maurilio De Zolt, mit demselben Wachs.

Ab 1987 gab es lediglich minimale Anpassungen des Materials. Weil die Loipen maschinell immer besser präpariert werden, braucht der Sportler immer härtere Ski. Im Auge behalten werden muß auch die Technikentwicklung, weil der Kraftanteil immer größer wird beim Skating.

Die nächste große Änderung kam 1998. Bis dato hatten Atomic und Fischer immer eine ähnliche Skitaillierung, von nun an ging man aufgrund konträrer Konzepte getrennte Wege. Atomic ließ sich von den Alpinen inspirieren, entwickelte einen Carver, der vorne und hinten breiter war. Fischer ging den umgekehrten Weg und machte den Ski an manchen Stellen schmäler. Dies hat zur Folge, daß der Widerstand in der Gleitreibung minimiert wird und die Druckspitzen, die vom Ski weggefräst werden, sich nicht auf einen einzigen Punkt konzentrieren, sondern sich auf die ganze Kante verteilen.

Am Ende seiner Karriere hat auch Alois Stadlober Fischer-Skiern vertraut ...

Stadlober ist während seiner langen Laufbahn mit allen österreichischen Produkten gelaufen. Zu uns ist er gekommen und hat gesagt: „Das Finanzielle ist sekundär, ich will nur Material, dem ich vertrauen kann." Er wußte, daß er sich bei uns in sicheren Händen fühlen konnte. Hinzu kam, daß wir befreundet sind und Zimmerkollegen waren. Ich hatte ihm versprochen, daß ich auch spezielle Wünsche erfüllen würde, sofern sie erfüllbar sind. Stadlober war pflegeleicht, wie die meisten Spitzensportler. Diese wissen nämlich, daß es meistens nicht am Material liegt, wenn sie nicht ganz vorne dabei sind. Ärger bereiten eher Athleten der zweiten Kategorie.

Waren Sie überrascht, daß Österreich in Ramsau Gold in der Staffel gewonnen hat?

Nein, war ich eigentlich nicht. Das hatte ich schon Tage vorher prognostiziert. Überrascht war ich, als ich erfuhr, daß die drei Fischer-Sportler in der Staffel allesamt Ski aus dem Bestand von Stadlober hatten. Und glücklich war ich, daß der Sturz von Michail Botwinow Österreich nicht Rang eins gekostet hatte. Den Belag von Botis Ski hatten wir übrigens mit einem Handstruktur-Gerät, das wir seit 1992 verwenden, noch vor dem Start behandelt.

Fischer-Männer bastelten an Atomic-Skiern herum?

Die Langlauffamilie ist international. Wir sind über unseren Firmenschatten gesprungen. Andere würden wohl auch dasselbe tun. Letztlich waren wir alle am Sieg Österreichs interessiert.

Ernährung, Training, Medizin, Doping

AUSDAUERSPORT LANGLAUF

Um es gleich vorwegzunehmen: „Körndlfresser" wie die Skispringer zu Zeiten Baldur Preimls sind wir Langläufer nie gewesen. Was hingegen zutrifft, ist die Tatsache, daß wir Langläufer alles essen, aber Wert darauf legen, daß es eine gesunde Mischkost ist.

Gerade was die Ernährung betrifft, hatten die Mannschaft und ich ab 1994 das Glück, von Gerlinde Mayer, Frau des Cheftrainers Walter, bestens versorgt zu werden. Sie war mit uns im Trainingslager, sie begleitete uns zu den Wettkämpfen. Somit konnten wir sicher sein, immer hochwertiges Essen – Salate, Gemüse, Vollwertprodukte, aber auch Kuchen – auf dem Tisch zu haben. Gerlinde war immer mit sehr vielen Lebensmitteln unterwegs; sie brachte vollwertige Produkte auch mit zu den Rennen ins Ausland. In der Früh bereitete sie zum normalen Frühstück (Kaffee oder Tee, Brot, Butter, Honig, Marmelade) die obligatorischen Breigerichte zu, von denen der Hirse- und Haferflockenbrei warm und der Sechskornbrei kalt gegessen wurden. Wie immer wir Langläufer uns entschieden, wir konnten sicher sein, für unser Tageswerk genügend Kohlenhydrate aufgenommen zu haben. Auch daheim in Radstadt esse ich in der Früh meistens aufgekochte Haferflocken mit hineingeriebenen Äpfeln, gesüßt mit Honig.

Mit Gerlinde Mayer waren jedenfalls jene Zeiten vorbei, in denen wir extra zubereitetes Essen verschmähten. 1982 war es, im schwedischen Bruksvalarna, als sich Masseur Helmut Ring, der spätere Kommandant der HSNS 8 in Salzburg-Rif, in der Küche betätigte. Er meinte es sicher gut, aber der Hirsebrei, den er uns zubereitete, war einfach ungenießbar. Wir warfen ihn hinter seinem Rücken einfach beim Fenster hinaus und lockten damit die

Rentiere an. (Nur für Tierfreunde: Die Rentiere haben den Brei sehr gut vertragen.) Trainer Werner Vogel wunderte sich über die vielen Spuren, die zum Haus führten, und als uns Ring auf die Schliche kam, beschwerte er sich bei Vogel: „Weißt du, was sie tun? Sie werfen alles, was ich koche, beim Fenster hinaus!" Zumindest machte sich Ring keine zusätzlichen Mühen in der Küche mehr.

Weil im Ausdauersport Langlauf der Kalorienverbrauch sehr hoch ist, kommt gerade der Ernährung ein bedeutender Stellenwert zu. Nach langen Ausdauereinheiten mußten die Kohlenhydratspeicher wieder aufgefüllt werden, und nach Einheiten in der Kraftkammer mußte der Eiweißanteil hoch sein. Mein Glück war, daß Nudelgerichte zu meinen Lieblingsspeisen zählen. Ich weiß nicht, wie viele Kilogramm Pasta ich in meiner Karriere gegessen habe, aber wenig kann es nicht gewesen sein. Immerhin kochte Gerlinde Mayer fast täglich ein Nudelgericht. Nudeln sind reich an Kohlenhydraten, die wie Superbenzin für den Körper wirken. Sind die Speicher leer, kommt es zu Leistungseinbußen. Der Körper arbeitet dann im Fettstoffwechselbereich – es ist, als würde man einen Diesel fahren.

Spezifisch ist die Ernährung während der diversen Rennen. Über 10 oder 15 Kilometer gibt es keine Verpflegung, über 30 und 50 Kilometer werden Kohlenhydrat- und Mineralstoffgetränke, sogenannte isotonische Mixturen, von den Betreuern gereicht, um den Flüssigkeitsverlust und Mineralstoffverbrauch auszugleichen. Manch anderer Sportler trinkt starken schwarzen Kaffee, um den Körper, gerade in der Schlußphase des Rennens, aufzuputschen. Dafür ist allerdings ein guter Magen vonnöten, ansonsten kann es zu Magenkrämpfen führen. Ich persönlich habe im Wettkampf selten Kaffee getrunken.

Beim Wasa-Lauf oder bei Distanzen über drei Stunden ist es wichtig, neben genügend Flüssigkeit auch Kohlenhydrate in fester Form, beispielsweise Bananen, zu sich zu nehmen. Auch Müsliriegel würden sich eignen, sofern sie leicht zu kauen und hinunterzuschlucken sind. Doch was im Wettbewerb angewandt werden möchte, sollte im Training bereits ausgetestet worden sein. Kohlenhydrate sind im Ausdauersport das Um und Auf; daher versucht jeder Athlet, den Kohlenhydratanteil bis an die Grenzen auszureizen. Je größer dieser ist, umso besser ist die Leistung. Vor sehr langen Ausdauereinheiten, vor dem Wasa-Lauf für Langläufer oder einem Marathon für Hobbyläufer zum Beispiel, kann deshalb der Weg der Superkompensation beschritten werden, bei dem der Körper mehr Kohlenhydrate als gewöhnlich aufnimmt.

Diese Superkompensation besteht darin, die Kohlenhydratspeicher im Köper zu entleeren, durch ein langes Training und durch eine rigoros eingehaltene Eiweiß-Fett-Diät am sechsten, fünften und vierten Tag vor dem Wettkampf. Das Training wird an diesen Tagen fortgesetzt, mit langsamen und langen Einheiten; bei der letzten Einheit sollte man gar „blau gehen" vor lauter Kohlenhydratmangel. In den letzten drei Tagen vor dem Rennen ißt der Ausdauersportler dann nur noch kohlenhydrathaltige Nahrung und füllt somit die Speicher bestmöglich auf. Der Körper glaubt nämlich, daß dieser Mangel an Kohlenhydraten auch in Zukunft wieder passieren könnte und lagert deshalb mehr als normal ein. Doch wichtig ist, die Diäten beinhart einzuhalten und an den betreffenden „Eiweiß-Tagen" auf Kohlenhydrate, also auch auf Frühstückssemmerl und Schokoriegel, zu verzichten.

Beim Wasa-Lauf hingegen habe ich darauf geachtet, in den Tagen vor dem Rennen sehr kohlenhydratreich zu essen; es machte mir auch nichts aus, einen Kilogramm an Gewicht zuzunehmen. Als ich an den Start trat, hatte ich das Gefühl eines vollen Bauchs. Vielleicht hatte ich doch etwas mit der Nahrungsaufnahme übertrieben. Doch nicht die ersten Kilometer sind wichtig, sondern die Tatsache, auch am Schluß noch genügend Brennstoff zu haben.

Nach langen Rennen sind die Kohlenhydratspeicher leer; aufgefüllt werden sie zuallererst durch Nahrungsaufnahme in flüssiger Form, später in fester Form. Doch nicht nur vor und nach den Wettbewerben ist es wichtig, auf die Ernährung zu achten, sondern auch schon beim Training. Dort hängt die Nahrungszusammenstellung allerdings von der Intensität und Länge der Trainingseinheit ab.

Wichtig bei hartem und ständigem Training ist die sogenannte Zusatzernährung. Vitamine, Spurenelemente und Mineralstoffe sind neben einer gesunden und ausgewogenen Ernährung zuzuführen. Durch Blutuntersuchungen erkennen Sportler, ob es ihnen beispielsweise an Eisen, Kalium, Kalzium oder Magnesium fehlt. Eisen ist dabei für den Sauerstofftransport sehr wichtig. Ich habe verschiedene Eisensäfte regelmäßig vom Herbst weg den ganzen Winter über getrunken. Magnesium und Kalium indes braucht man zur Stärkung der Muskulatur; sie wirken Krämpfen entgegen. Entscheidend sind auch die Vitamine A, C, E sowie die Spurenelemente Selen und Zink, die als Sauerstoff-Radikalfänger wirken und das Immunsystem stärken sollen. Ich weiß, wovon ich spreche: Wintersportler sind extrem infektanfällig, auch deshalb nahm ich sehr viel Vitamin C zu mir. Auf Trainingslagern hatte ich auch immer eine Flasche Holzapfelessig bei mir, da dieser Mineralstoffe enthält. Ich trank ihn, mit Wasser verdünnt, dreimal täglich.

Nicht nur unter dem Gesichtspunkt der Ernährung genießen Österreichs Langläufer nunmehr beste Bedingungen, sondern auch vom medizinischen Standpunkt aus. Seit 1994 gibt es drei große leistungsdiagnostische Untersuchungen, die im Mai, August und Oktober bei Primar Peter Baumgartl in St. Johann in Tirol durchgeführt werden. Dabei wird der Leistungszustand festgestellt; untersucht wird, wo die aerobe und anaerobe Schwelle eines jeden Langläufers liegt, wie groß die maximale Sauerstoffaufnahme ist. Diese Werte sind relevant für die weitere Trainingsplanung und zur Vermeidung von Übertraining. Was Baumgartl, der großen Anteil am Erfolg der österreichischen Langläufer hat, auch betreibt, ist die Phasenanalyse. Diesen Test hat der Mediziner 1976 erstmals in Rußland gesehen und ihn nach Österreich importiert. Die Phasenanalyse gehört zum Standardcheck der Skilangläufer. Sie besteht aus EKG und Puls der Halsschlagader, zeichnet den ersten und zweiten Herzton auf, untersucht die verschiedenen Phasen der Arbeit des Herzmuskels. Die Werte werden in Korrelation zu Blutdruck und Ruhepuls gesetzt und in ein Punktesystem umgewandelt, in dem auch ein Index der vorhandenen Reserven vorkommt. Je höher der Punktewert ist, umso weiter weg von der möglichen Gefahr des Übertrainings befindet sich der Sportler; je geringer er ist, umso größer ist diese Gefahr. Die Phasenanalyse ist somit eine Hilfe, um mögliches Übertraining erst gar nicht aufkommen zu lassen.

Mich kannte Peter Baumgartl sehr gut, hat eine Unzahl von Werten und kann mich deshalb sehr gut einschätzen. Wir Langläufer haben es ihm zu verdanken, daß wir in den letzten drei Jahren, in denen wir also voll austrainiert waren, nie ins Übertraining kamen. Einmal wurde gar ein Trainingskurs in Ramsau abgebrochen, als sich ein kollektives Übertraining der Mannschaft in den medizinischen Werten ausdrückte. Die Zusammenarbeit zwischen Trainer Walter Mayer und Peter Baumgartl hat auch in diesem Fall optimal geklappt.

In Kooperation mit Peter Baumgartl werden auch das ganze Jahr über Laktatkontrollen beim Training durchgeführt. Laktat im Bereich von etwa 2 Millimol (mmol) pro Liter Blut bedeutet, daß im Fettstoffwechsel, im Grundlagen-Ausdauerbereich trainiert wird. Bei Laktat von ca. 4 mmol/l beginnt das Schwellentraining. Um einen Trainingseffekt zu erzielen, muß im exakt vorgegebenen Bereich trainiert werden. Beim Stufentest, bei dem die Laktatschwellen definiert wurden, erzielte ich unter Ausdauersportlern österreichweit Spitzenwerte.

Neben Baumgartl betreute auch Chiropraktiker Volker Müller aus Bayrischzell uns Langläufer. Er war uns beim Wegbringen oder Nicht-Aufkommenlassen von Infekten oder bei Verletzungen des Bewegungsapparates eine große Hilfe. Der beste Chirurg ist gefragt, wenn eine Operation ansteht. Doch bei kleineren Wehwehchen war Müller für uns unersetzbar, konnte er doch homöopathische Mittel punktgenau in die verletzte Stelle im Körper spritzen.

Die Gesundheit ist Grundvoraussetzung im Spitzensport. Jeder Athlet hat dabei seine eigenen, individuellen Methoden, diese zu erhalten. Ich beispielsweise vertraute auf regelmäßige Erwärmungsbäder, die allerdings aufgrund der großen Kreislaufbelastung nicht zur Nachahmung empfohlen sind. Dabei legte ich mich in ein Vollbad mit 36 Grad Celsius Wassertemperatur. Die Temperatur wurde dann stetig erhöht. Nach 25 Minuten lag ich in einem Wasser, das 42 Grad heiß war. Roswitha war dabei meine „Krankenschwester": Sie schüttete heißes Wasser nach, half mir aus der Badewanne und wickelte mich in mehrere Decken zum Nachschwitzen. In diesen verharrte ich weitere 45 Minuten. Somit erzeugte ich auf künstliche Weise Fieber von rund 40 Grad Celsius; Zweck war, daß dieses Fieber prophylaktisch das Immunsystem stärken und eventuell vorhandene Viren und Bakterien abtöten sollte. Weil jede Schwitzkur eine Belastung für den Körper bedeutet, mußte ich an den darauffolgenden beiden Tagen mein Training reduzieren.

Langlauf ist ein Ganzjahressport. Die letzten Trainingseinheiten enden Mitte April, die neue Saison beginnt Anfang Mai. Die 18. Woche war für mich in all den vorangegangenen Jahren jene ominöse Woche, in der die Vorbereitungen auf die neue Saison gestartet wurden. Arbeiten heißt im Langlauf: sechs Trainingstage die Woche und zehn bis zwölf Trainingseinheiten. Ab 1. Mai jeden Jahres war mein Leben dem Sport total untergeordnet – im Hinblick auf den Weltcupstart Ende November. Waren die wichtigsten und größten Wettbewerbe vorbei, stand die österreichische Meisterschaft an. Und dann wurde noch von Ende März bis Mitte April versucht, die Saison möglichst in die Länge zu ziehen und auf Schnee zu bleiben. Damit konnte das Leistungsniveau gehalten werden, was zur Folge hatte, daß die neue Sai-

ÖSV Langlauf: Jahres- und Kursplanung 98/99 für TG 1

Mai		Juni		Juli		August		September		Oktober	
1 Fr	18	1 Mo	23	1 Mi	Rad - Test	1 Sa		1 Di	Zugtest	1 Do	
2 Sa	Radstadt 1	2 Di	St. Moritz	2 Do		2 So		2 Mi	Ergotest	2 Fr	
3 So		3 Mi		3 Fr	Berglauf	3 Mo	Hochfilzen Med. U2	3 Do	Test 2 x 4 Km	3 Sa	
4 Mo	19	4 Do		4 Sa		4 Di	32	4 Fr		4 So	
5 Di		5 Fr		5 So		5 Mi		5 Sa	Rennen 7,5 Km	5 Mo	Hochfilzen Med. U 3
6 Mi		6 Sa		6 Mo	28	6 Do	St.Moritz / Obertauern	6 So		6 Di	
7 Do		7 So		7 Di		7 Fr		7 Mo	Ramsau 37	7 Mi	
8 Fr		8 Mo	24	8 Mi	Woche 28 Urlaub	8 Sa		8 Di	Bergroller	8 Do	
9 Sa		9 Di		9 Do		9 So		9 Mi	Lohnsburg	9 Fr	Vuokatti 1
10 So	Türkei	10 Mi		10 Fr		10 Mo	33	10 Do	30 Km F	10 Sa	
11 Mo	20	11 Do		11 Sa		11 Di		11 Fr	Staffel / Sprint	11 So	
12 Di		12 Fr		12 So	Lohnsburg 1	12 Mi		12 Sa		12 Mo	42
13 Mi		13 Sa		13 Mo	29	13 Do		13 So		13 Di	
14 Do		14 So		14 Di		14 Fr		14 Mo	38	14 Mi	
15 Fr		15 Mo	25	15 Mi		15 Sa		15 Di		15 Do	
16 Sa		16 Di		16 Do		16 So		16 Mi	Woche 38 Urlaub	16 Fr	
17 So		17 Mi		17 Fr		17 Mo	34	17 Do		17 Sa	
18 Mo	21	18 Do		18 Sa		18 Di		18 Fr		18 So	
19 Di		19 Fr		19 So		19 Mi		19 Sa		19 Mo	43
20 Mi		20 Sa		20 Mo	30	20 Do		20 So	Obertauern 4	20 Di	Flug
21 Do		21 So		21 Di		21 Fr		21 Mo	39	21 Mi	
22 Fr		22 Mo	26	22 Mi		22 Sa		22 Di		22 Do	
23 Sa		23 Di	Radstadt 2	23 Do		23 So		23 Mi		23 Fr	
24 So		24 Mi	Ergo + Zugtest	24 Fr		24 Mo	35	24 Do		24 Sa	Muonio 1
25 Mo	22	25 Do		25 Sa	Lohnsburg 2	25 Di		25 Fr		25 So	
26 Di		26 Fr		26 So		26 Mi		26 Sa		26 Mo	44
27 Mi	Hochfilzen Med. U1	27 Sa		27 Mo	31	27 Do		27 So		27 Di	
28 Do		28 So		28 Di		28 Fr		28 Mo	40	28 Mi	
29 Fr	Ergo + Zugtest	29 Mo	27	29 Mi		29 Sa		29 Di		29 Do	
30 Sa		30 Di	Test - Woche	30 Do		30 So		30 Mi		30 Fr	
31 So	Obertauern 1			31 Fr		31 Mo	Radstadt 36			31 Sa	

ÖSV Langlauf: Jahres- und Kursplanung 98/99 für TG 1

November		Dezember		Jänner		Februar		März		April	
1 So	Muonio 1	1 Di		1 Fr		1 Mo	5	1 Mo	9	1 Do	
2 Mo	45	2 Mi		2 Sa		2 Di	JWM / Saalfelden	2 Di		2 Fr	
3 Di		3 Do		3 So		3 Mi	ÖM / Walchsee	3 Mi		3 Sa	
4 Mi		4 Fr		4 Mo	Ramenskoe / Rus EC	4 Do	30 Km F	4 Do		4 So	
5 Do		5 Sa	Flug	5 Di	H 15Km EC D 10Km EC	5 Fr		5 Fr	Lahti / Fin	5 Mo	14
6 Fr		6 So	FIS - Ramsau	6 Mi		6 Sa	10 Km C Pfanner 3	6 Sa	H 15 Km F D 10Km F	6 Di	
7 Sa		7 Mo	50	7 Do		7 So	10 Km F/P	7 So	D+H2x5Km+2x10Km M	7 Mi	
8 So		8 Di	Milano KO Sprint C	8 Fr	Nove Mesto / Cze	8 Mo	6	8 Mo	Helsinki Vantaa / Fin 10	8 Do	
9 Mo	46	9 Mi		9 Sa	H 15Km C D 10Km C	9 Di		9 Di	H+D Sprint Staffel F	9 Fr	
10 Di	Flug	10 Do		10 So	H + D Staffel C / F	10 Mi	Seefeld	10 Mi		10 Sa	
11 Mi	Aktive - Erholung	11 Fr	Toblach / Ita	11 Mo	Obersdorf / Ger 2	11 Do		11 Do		11 So	
12 Do		12 Sa	H 10Km F D 5Km F	12 Di	H 30Km F D 15Km F	12 Fr		12 Fr	Falun / Swe	12 Mo	15
13 Fr		13 So	H15Km C/P D10KmC/P	13 Mi		13 Sa	Seefeld / Aut	13 Sa	H 30Km C D 15Km C	13 Di	
14 Sa		14 Mo	51	14 Do		14 So	H 10Km F D 5Km F	14 So	H 4x10Km C/F D St.	14 Mi	
15 So		15 Di		15 Fr	Ramsau 3	15 Mo	Ramsau / Aut WM	15 Mo	11	15 Do	
16 Mo	Tauplitzalm 47	16 Mi		16 Sa		16 Di		16 Di		16 Fr	
17 Di		17 Do		17 So		17 Mi		17 Mi		17 Sa	
18 Mi		18 Fr	Davos / Sui	18 Mo	3	18 Do	Eröffnung	18 Do		18 So	
19 Do		19 Sa	H 30Km C D 15Km C	19 Di		19 Fr	H 30Km F D 15Km F	19 Fr	Oslo /Nor	19 Mo	16
20 Fr	FIS / Tauplitzalm	20 So	H 4x10Km C/F D St.	20 Mi		20 Sa		20 Sa	H 50Km F D 30Km F	20 Di	
21 Sa	10 Km C	21 Mo	Taxenbach Sprint 52	21 Do		21 So		21 So	H 4x10Km C D St.	21 Mi	
22 So	10 Km F	22 Di		22 Fr		22 Mo	H 10Km C D 5Km C	22 Mo	12	22 Do	
23 Mo	48	23 Mi	Aktive - Erholung 4 T.	23 Sa	Rosenbach / Pfanner 2	23 Di	H 15Km F D 10Km F	23 Di		23 Fr	
24 Di		24 Do		24 So	10 Km F	24 Mi		24 Mi		24 Sa	
25 Mi		25 Fr	Fischen Sprint Cup	25 Mo	Höhentraining 4	25 Do	D 4 x 5Km C/F	25 Do	CISM / Lillehammer	25 So	
26 Do	Flug	26 Sa	Engelberg Sprint Cup	26 Di		26 Fr	H 4 x 10Km C/F	26 Fr	Rosenau ÖM	26 Mo	17
27 Fr	Muonio 2	27 So	Kitzbühel Sprint Cup	27 Mi		27 Sa	D 30Km C	27 Sa	Sprint - Staffel	27 Di	
28 Sa	H 10 Km F D 5 Km F	28 Mo	Ramsau 2 53	28 Do		28 So	H 50Km C	28 So	50 Km C Pfanner 4	28 Mi	
29 So	H 4x10Km F D St.	29 Di	Admont / Pfanner 1	29 Fr				29 Mo	13	29 Do	
30 Mo	49	30 Mi	10 Km F	30 Sa	COC - Virgen			30 Di	Obertauern	30 Fr	
		31 Do		31 So				31 Mi			

son bereits mit guter Basis begonnen werden konnte. So wurden in dieser Zeit Ski getestet, oder es wurden Touren mit Langlaufskiern gemacht. Auf alle Fälle wurde versucht, nach den Strapazen des Winters lustbetont zu trainieren. Dann gab es zwei Wochen Pause, ehe es wieder losging.

In Hinblick auf die Weltmeisterschaft in Ramsau begann das Sommertraining am 1. Mai 1998 mit dem ersten Block, der bis 10. Juli dauerte und in dem Grundlagenausdauer und Kraft trainiert wurden. Das Hauptaugenmerk lag auf der Entwicklung allgemeiner – konditioneller und koordinativer – motorischer Fähigkeiten als Voraussetzung zur Steigerung der Leistungsfähigkeit. Von 18. Juli bis 11. September eigneten wir uns weiter Grundlagenausdauer mit halbspezifischen Trainingsmitteln, Skirollern beispielsweise, an. Dadurch wurden lauftechnische Elemente geschult. Von 19. September bis zum Weltcupauftakt Ende November im finnischen Muonio trainierten wir auf Schnee, hauptsächlich am Dachsteingletscher und in Skandinavien. Ziel war, sich schnell auf die Trainingsbedingungen auf Schnee umzustellen, ohne nennenswerten Abfall in der Laufgeschwindigkeit. Verbessert werden sollten in diesem Zeitraum die lauftechnischen Fähigkeiten und Fertigkeiten mit der Ausprägung der individuellen, optimalen Lauftechnik.

Die Tests sind seit 1993 Jahr für Jahr in der gleichen Kalenderwoche dieselben. Dadurch ergeben sich objektive Vergleichsmöglichkeiten, ob die Leistungen gesteigert werden konnten. Anfang Juli sind es ein Rad-Bergzeitfahren auf das Arthurhaus am Hochkönig, ein Kraft-Zugwagentest und ein Berglauf in Hochfilzen über sechs Kilometer. Im September sind es ein Skirollertest von Pichl zur Talstation der Dachstein-Gletscherbahn (klassisch) und ein weiterer in Lohnsburg im Skating. Bei diesen Tests war ich immer unter den Besten.

Im ersten ernstzunehmenden Wettkampfjahr 1975 habe ich bereits 2000 Trainingskilometer zurückgelegt; laut meinem Trainingsbuch von 1978 waren es 5000 Kilometer, ab 1989 sicherlich

9000. Insgesamt habe ich in 24 Jahren rund 200.000 Kilometer zurückgelegt und rund 600 Wettbewerbe bestritten. Bei soviel Training wäre es zuweilen besser gewesen, zwischendurch lockerer an die Sache heranzugehen. Doch ehrgeizig und verbissen wie ich war, gelang es mir in den achtziger Jahren nicht sehr oft, die nötige Gelassenheit zu entwickeln. Früher wurde zu sehr in einem monotonen Trott dahintrainiert und auf Trainingssteuerung kein Wert gelegt. Heute weiß ich, daß nach Belastungen auch Entlastungen, also Regenerationsphasen, Teil des Trainings sein müssen. In jedem Sport ist nicht derjenige der Beste, der am meisten trainiert, sondern derjenige, der Belastung und Entlastung am besten timen kann. Auch Trainer sind gefordert, übereifrige Sportler zu zügeln und gegebenenfalls auch aus dem Training zu nehmen!

Leistung kann nicht nur durch richtiges Training und beste Umfeldbedingungen gesteigert werden, sondern leider auch – durch Doping. Immer wieder höre ich den Satz, daß es im Sport keine „sauberen" Medaillengewinner mehr gibt. Ich weiß es nicht. Ich weiß nur, daß es Leistungssteigerung mit erlaubten Mitteln und unerlaubten Mittelchen gibt, seit Wettkämpfe betrieben werden. Seit jeher will jeder besser sein als sein Konkurrent, und dafür sind manchen alle Mittel recht. Waren in den siebziger Jahren die anabolen Steroide zur Kraftsteigerung und Regeneration hoch im Kurs, so ist heute das Erythropoietin, kurz EPO, das klassische Dopingmittel im Ausdauersport. Es ist ein synthetisch hergestelltes Mittel, das allerdings auch im Körper selbst produziert wird, nämlich als Vorstufe der roten Blutkörperchen. Diese sind für den Sauerstofftransport im Blut zuständig. Mehr Erythropoietin bedeutet also mehr rote Blutkörperchen, bedeutet also mehr Sauerstoff, bedeutet also bessere Leistung.

In aller Munde ist EPO seit dem Skandal bei der Tour de France 1998; mit EPO kann auch im Langlauf die Leistung gesteigert werden. Deshalb gibt es seit Jänner 1997 gutgemeinte Kontrollen des Internationalen Skiverbandes, die seit dem Weltcuprennen 1998 in Toblach sogar verschärft wurden. Dort wurden drei Sportlerinnen mit zu hohen Hämoglobinwerten erwischt und aus gesundheitlichen Gründen für die Konkurrenz gesperrt. Seitdem müssen jene Sportler, die ausgelost werden, innerhalb von 15 Minuten bei der Kontrolle erscheinen und nicht, wie vorher, erst im Verlauf von einer Stunde. Ich bin in meiner letzten Wettkampfsaison dreimal getestet worden: in Davos, dem auf Toblach folgenden Bewerb, nach dem Gewinn der WM-Silbermedaille und vor dem Verfolgungsrennen in Ramsau. Bei Männern liegt der Hämoglobin-Grenzwert bei 18,5, bei den Frauen bei 16,5. Der Wert ist ein indirektes Maß der Zahl der roten Blutkörperchen. Gibt es von diesen zu viele, verdickt sich das Blut. Embolien, Thrombosen und Herzinfarkte können die Folge sein. Ich lag bei den Kontrollen konstant um 17,0.

Pervers ist, daß ein Langläufer trotz eines zu hohen Hämoglobinwertes als nicht gedopt gilt. Weil EPO derzeit nicht nachweisbar ist, wird der Athlet „aus gesundheitlichen Gründen" mit einem Startverbot belegt. Auch wenn ich mir durchaus bewußt bin, daß es genetisch bedingte Sonderfälle gibt, die höhere Werte erklärbar machen, denke ich: Entweder man ist gedopt oder nicht. Punkt, aus. Derzeit ist es für Betrüger unter den Athleten sogar möglich, sich an die Hämoglobin-Grenzwerte „heranzudopen"! Welch ein Gesichtsverlust für die Optik des Sports!

Doch Dopingkontrollen sind ein leidiges Thema. EPO, heißt es, könnte nachweisbar sein, wenn die Pharmaindustrie das Medikament mit unschädlichen radioaktiven Markern kennzeichnen würde, so daß es im menschlichen Organismus aufgespürt werden könnte. Dann wäre die EPO-Problematik gelöst. Warum wird es aber nicht gemacht? Vielleicht, weil der Sport ein zu guter und finanzkräftiger Abnehmer ist? Wir befinden uns, was EPO-Dopingkontrollen angeht, erst am Anfang. Auf den ersten zehn Metern eines 100-m-Laufs sozusagen. Klar ist auch, daß die Dopingproblematik proportional zur Bedeutung einer Sportart, einer Szene steigt.

Besonders trifft mich der Umstand, daß sich bei der Weltmeisterschaft in Ramsau alle Sportler in Absprache mit ihren Mannschaftsärzten freiwillig dazu bereit erklärten, Blutproben abzugeben – diese aber nie ihrem Zweck zugeführt wurden. Sie hätten in Schweden im Institut des Wissenschaftlers Leif Wide untersucht werden sollen, sind aber dort nie angekommen. Irgendwo ist irgendwas verschlampt worden. Auf diese Art und Weise werden wir den Kampf gegen das Doping nie gewinnen.

Ich würde für keinen einzigen Sportler die Hand ins Feuer legen, daß er sauber ist. Aber ich unterstelle auch keinem Sieger dieser Jahre, daß er mit unerlaubten Mitteln zum Erfolg gekommen sei. Die Unschuldsvermutung hat so lange zu gelten, bis nicht das Gegenteil bewiesen ist. Wer bei den Dopingkontrollen negativ getestet wird, hat als sauber zu gelten. Bei uns in der Nationalmannschaft wurde oft über Doping gesprochen, und die Meinung dazu war ablehnend. Prinzipiell bin ich überzeugt, daß bei uns nicht gedopt worden ist. Aber was weiß ich, was im verborgenen gemacht wird? Für mich würde wahrscheinlich auch kein anderer Sportler garantieren.

Klarlegen kann ich nur meine Einstellung zum Doping: Ich bin strikt dagegen, da es nichts mit Fair play zu tun hat und die Vorbildfunktion, die der Sport haben sollte, zerstört. Der Sportstar, der in den Medien hochgejubelt wird und ein Idol für die Jugend ist, der Werte wie Zielstrebigkeit und Ehrgeiz vermitteln kann, würde an Wert verlieren, wäre das Doping freigegeben. Es gibt dann vielleicht keine verlogenen Sieger – aber auch keinen Sport mehr, sondern lediglich Show und Business. Und wenn die 10.000 Meter in der Leichtathletik unter 20 Minuten oder die 50-Kilometer-Langlaufstrecke in 1:30 Stunden bewältigt werden, dann wäre dies nicht mehr Ausdruck sportlicher Leistung, sondern richtiger Frühstücks-Zusammensetzung: nicht mehr Müsli und zwei Semmeln mit Butter und Marmelade, sondern 35 Tabletten und zehn Spritzen. Sportstars wären Showmänner, von Medizinern gezüchtet. Wertschätzung für die sportliche Leistung würde es keine mehr geben.

Doch es ist die Gesellschaft, die den Sportler zum Doping treibt. Nur der Sieg zählt, nur der Sieg bringt das große Geld. Der Zweitplazierte ist nichts anderes als der erste Verlierer. Nur der Seriensieger wird zum Idol. Wie oft fragte man mich nach mäßigen Leistungen: „Warum bist du so weit von der Spitze weg?“ Ich wußte es nicht, mühte ich mich doch in meiner Vorbereitung redlich ab. Ich weiß nicht, wie ich mich in den Talfahrten meiner Karriere entschieden hätte, wenn von einem Arzt Abhilfe gekommen wäre. Mit einem Mittelchen, mit dem ich garantiert meine Medaille machen würde und mit dem ich garantiert nicht aufgeflogen wäre. Ich weiß nicht, ob ich dann noch die Willensstärke besessen hätte, sauber zu bleiben.

Ja, auch ich habe an Doping gedacht. Du liegst im Bett in irgendeinem Land, nichts geht weiter, und du suchst nach Auswegen. Rückblickend bin ich sehr froh, daß ich meine Karriere beendete, ohne auch nur einmal zu unerlaubten Mitteln gegriffen zu haben. Ich bin hart geblieben, und ich kann jedem nur empfehlen, die Finger vom Doping zu lassen. Letztlich habe ich es geschafft, meine Ziele mit sauberen Mitteln zu erreichen, auch wenn es vielleicht länger gedauert hat als mit dem Gang zum Doping-Doktor. Es waren regelmäßig gute Resultate, die mich in meinem Glauben bestärkten, es auch ohne unerlaubte Hilfsmittel schaffen zu können. Nun träume ich davon, daß die Dopingkontrolleure einen Schritt vor der Dopingforschung stehen und dieser nicht hinterherhecheln müssen. Wann wird es diesen Zustand geben?

Meine liebsten Trainingsgebiete

IN DER STEIERMARK UND IN SALZBURG

Die Tauernloipe Radstadt, Altenmarkt, Flachau, Wagrain
Radstadt ist 1990 zu meinem Heimatort geworden, und mit Radstadt verbindet mich nicht nur eine tiefe persönliche, sondern auch eine sportliche Beziehung. Nicht nur, daß in diesem Pongauer Ort die Tradition des Langlaufs hochgehalten wird, daß Trainer und Wasa-Lauf-Sieger Walter Mayer hier seine ersten Schritte in der Loipe machte: Hier trainierte ich immer dann, wenn ich nicht gerade auf Trainingskurs oder bei Rennen im Einsatz war.
Es sind Strecken, die ich allesamt recht gut kenne. Fasziniert bin ich von der Tauernloipe, die über 50 Kilometer die Orte Altenmarkt, Radstadt, Untertauern, Eben, Flachau und Wagrain miteinander verbindet. Es ist dies eine Langlaufrunde, die eine Höhendifferenz von rund 250 Metern aufweist (Schloß Höch ist vor der Abfahrt nach Wagrain höchster Punkt) und die durch größtenteils leichtes, abwechslungsreiches Gelände führt. Wer alle 50 Kilometer an einem einzigen Tag bewältigt, erhält als Auszeichnung für diese sportliche Leistung die „Tauernnadel". Aber keine Bange: Überanstrengen muß sich niemand. Es besteht nämlich die Möglichkeit, von jedem selbstgewählten Ort in die Loipe einzusteigen (und an jedem auszusteigen); in Anbetracht der individuellen Kondition und Technik können somit die am besten geeigneten Streckenabschnitte ausgewählt werden.
Alljährlich wird auf dieser Strecke der Tauernlauf, der über 60 Kilometer führt, ausgetragen. An diesem Volksrennen, das ein bißchen mehr als zwei Stunden Höchstleistung von Spitzensportlern fordert (und die Hobbyläufer zeitlich länger beansprucht), habe ich schon einige Male teilgenommen, gewonnen habe ich diese Konkurrenz allerdings (bislang) noch nie.

Doch die Tauernloipe ist lediglich das Herzstück des Langlaufs in der Salzburger Sportwelt Amadé. Anschlußstrecken knüpfen an die 50-Kilometer-Runde an. Insgesamt gibt es zwischen Radstadt, Altenmarkt, Flachau und Wagrain (wo das Waggerl-Haus oder die Wasserwelt Amadé besucht werden können) 130 Kilometer ständig frisch gespurter Loipen, von denen auf 70 Kilometern auch geskatet werden kann. Skatingloipen sind u. a. die Atomic-Loipe (8 Kilometer) und die Zauchtal-Loipe (2 Kilometer) in Altenmarkt-Zauchensee, eine Zehn-Kilometer-Runde bis zum Gasthaus Walchhof in Radstadt, die Reitdorfer-Loipe in Flachau sowie Teilstrecken der Tauernloipe bei Wagrain.

Eine andere Strecke ist beispielsweise die Rennloipe von Radstadt Richtung Untertauern, die im klassischen Stil zu bewältigen ist. Eine meiner bevorzugten Laufstrecken ist aber die sogenannte „Olympialoipe" in Altenmarkt, wo sich auch Start und Ziel des Tauernlaufs befinden. Die „Olympialoipe" ist 7,5 Kilometer lang, für klassischen und freien Stil gespurt, und weist ein anspruchsvolles Niveau auf. Sie ist für ein gutes Training ambitionierter Rennläufer nur zu empfehlen.

Wieso es im Salzburger Land eine Loipe gibt, die „Olympialoipe" genannt wird, ist schnell erklärt. Als sich die Stadt Salzburg für die Olympischen Winterspiele 2006 bewarb, war der Pongau um Radstadt und Altenmarkt dazu auserkoren worden, die Langlaufbewerbe durchzuführen. Die Kandidatur scheiterte allerdings bereits auf nationaler Ebene, eine Strecke wurde aber dennoch fertiggestellt und mit einem prestigereichen Namen versehen. Es ist dies ein sichtbares Zeichen, daß man mit der hohen Aufgabe, Olympiarennen auszurichten, gut fertig geworden wäre.

Die Loipe in Radstadt, wo vor Jahren bereits österreichische Meisterschaften ausgerichtet wurden, führt über einen wunderschönen 18-Loch-Golfplatz. Stolz bin ich, daß ich über diesen Platz im Winter sehr oft gelaufen bin, zu Trainingszwecken, und stolz bin ich auch, daß wir Langläufer in Radstadt, Altenmarkt-Zauchensee, Wagrain und Flachau immer präsent sind. Das ist

vielleicht nicht selbstverständlich, wenn man bedenkt, daß auch die Skistars Hermann Maier und Andreas Schifferer aus der Sportwelt Amadé, einem der schönsten und größten Skigebiete Österreichs, kommen.
Langlaufen in Radstadt, Altenmarkt-Zauchensee, Wagrain und Flachau: Das ist jedem zu empfehlen, der Freude an diesem Sport und an der Natur hat. In diesem Teil des Pongaus kommen Rennläufer ebenso auf ihre Kosten wie Familien. Denn es gibt anspruchsvolle Loipen, aber auch sehr viele flache Strecken. Kurzum, es ist ein Langlaufgebiet mit einer perfekten Mischung!

Die WM-Loipen in Ramsau

Der Ort, an dem mein sportlicher Traum in Erfüllung gegangen ist – aber auch jene Gegend, die ich vielleicht am besten von allen Trainingsgebieten kenne. Dort war ich erstmals 1976, als ich in den steirischen Landeskader aufgenommen worden war, dort trainierte ich 23 Jahre lang. Wahrscheinlich müßte mir die „Diamantene Ehrennadel" von Ramsau verliehen werden, wenn es eine Auszeichnung für den treuesten Gast gäbe. Denn während Trainingskursen in 23 Jahren habe ich sicher Hunderte von Nächtigungen in Ramsau zusammengebracht.
Ramsau liegt auf einem Hochplateau und bietet auch im Sommer beste Möglichkeiten für das Trockentraining. Es gibt eine Skirollerstrecke, es gibt Routen für Mountainbiking, und selbstverständlich bieten sich genügend Bergtouren an. Kein Wunder also, daß viele Langlauf-Nationalmannschaften die Möglichkeiten in Ramsau zu schätzen wissen und sich gerade hier den Feinschliff für die Wintersaison holen. Nicht nur wir Österreicher taten es, auch Russen, Finnen, Schweden, Italiener und der Rest der Weltelite.
Doch auch im Winter findet man in Ramsau alle Vorzüge, über die ein renommiertes Langlaufgebiet verfügen muß. Das Hochplateau ist schneesicher (wenn es sein muß, aufgrund einer möglichen Kompaktschneeproduktion), die Loipen zeigen alle Schwie-

rigkeitsgrade. Einerseits gibt es die WM-Strecken aus dem Februar 1999, andererseits gibt es andere Loipen, die ideal auf Skiwanderer, Anfänger oder leicht Fortgeschrittene zugeschnitten sind. Für alle Loipenbenützer interessant: Es gibt sehr viele urig-gemütliche Einkehrpunkte, in denen der Sportler mit Köstlichkeiten aus Küche und Keller versorgt wird.

150 Kilometer gespurter Loipe gibt es in Ramsau bei insgesamt sieben Loipenkreisen. Auf 50 Kilometern können Skater ihr Können zeigen oder perfektionieren; zahlreiche Langlaufschulen vermitteln dem Anfänger erste Grundbegriffe des Langlaufs. Große Skiverleihe unterstützen mit ihren Produkten den Hobbyläufer, der bei jedem Schritt „riskiert", mit den weltbesten Sportlern auf der Loipe zusammenzutreffen. (In diesem Fall sollte er nicht versuchen, dessen Tempo mitzugehen ...)

Die Kompaktschneeanlage befindet sich im Start-Ziel-Bereich der Weltmeisterschaftsrennen und deckt eine Loipenlänge von zweieinhalb Kilometern ab; dort wurde auch eine ein Kilometer lange Runde mit einer Flutlichtanlage versehen, was sich in den kommenden Jahren nur positiv auf die Langlaufszene in der Obersteiermark auswirken dürfte.

Während beispielsweise die Standard- und Sonnenloipe ohne große Schwierigkeitsgrade ideal für Skiwanderer geeignet sind, fordert die auch mit dem Sessellift erreichbare Rittis-Höhenloipe, zwischen 1500 und 1700 Meter gelegen (7,5 Kilometer), oder die klassische Rittisloipe mit langen Anstiegen und rassigen Abfahrten den Könnern alles ab. Interessierte können die Ramsauer Loipennadel in Bronze (für 50 zurückgelegte Kilometer), Silber (120 Kilometer) oder Gold (200 Kilometer) erwerben. Für ganz fleißige und geübte Langläufer gibt es die Marathon-Trophäe: Dafür müssen allerdings fast alle Loipen in einem Durchgang, an einem Tag, durchlaufen werden.

Winterwanderwege durch die malerische Natur gibt es in der Langlaufhochburg Ramsau ebenso wie Pferdeschlittenausfahrten durch die verschneite, märchenhaft anmutende Winterlandschaft. Und wer sich erwärmen möchte nach den Aktivitäten in der Kälte, dem steht ein neues Hallenbad nebst Whirlpools und einer Saunalandschaft im Ramsauer Bäderzentrum zur Verfügung. Mir läuft immer noch die Gänsehaut über den Rücken, wenn ich an die bewegenden Tage der Weltmeisterschaft 1999 zurückdenke. Ich hatte dort Erfolg, sicherlich. Aber grundsätzlich war dort der Langlauf Sieger. Begeisterte Menschenmassen feuerten uns Sportler an, jubelten mit uns bei den Siegerehrungen. Nun haben viele Freizeitlangläufer die Möglichkeit, ebendort auf den Spuren von Triple-Weltmeister Mika Myllylä aus Finnland zu wandeln, oder auf meinen. Vielleicht begegnen wir uns, da ich doch nunmehr als Nordischer Koordinator des Landes Steiermark in Ramsau tätig sein werde. Und in meiner Mittagspause werde ich, versprochen, sicher auch zuweilen eine Runde ziehen. Damit ich nicht ganz aus der Übung komme ...

Der Dachsteingletscher

15 Minuten mit dem Auto vom Dorfzentrum Ramsau entfernt befindet sich die Talstation der Dachstein-Gletscherbahn, eine der längsten Seilbahnen Europas. Innerhalb von nur rund sieben Minuten überwindet sie 1000 Höhenmeter (von 1700 auf 2700 Meter). Das mulmige Gefühl in der Gondel (unbegründet, bei zwei jährlichen Revisionen), die 70 Personen auf einmal und rund 700 in einer Stunde befördern kann, wird an der Bergstation ersetzt von einem wunderbaren Ausblick auf die umliegende Bergwelt. Möglich sind dort erlebnisreiche Wanderungen, Gletscherbegehungen und die Gelegenheit, Langlauf zu betreiben, mit dem Snowboard oder den Alpinski aktiv zu sein. Es zahlt sich auf alle Fälle aus, von der Talstation „Türlwand" die Fahrt auf die Bergstation „Hunerkogel" zu unternehmen. Immerhin kommen jährlich zwischen 180.000 und 200.000 Personen auf den Dachstein!

Der Dachstein ist der erste Gletscher, auf dem ich im Laufe meiner Karriere trainierte; dabei befindet sich auf dem Schladmin-

Christian Hoffmann (r.) als Dritter auf dem Podest bei den Olympischen Spielen 1998 in Nagano
Fotos: Alois Furtner

Strahlte über Silber in Nagano: Markus Gandler

Alois Stadlober beim Zehn-Kilometer-Rennen in Nagano

Vier Österreicher unter den ersten 13 in Seefeld 1996: v. r. Mayer, Stadlober (9.), Hoffmann (10.), Böhm, Gandler (4.), Theurl (4. bei den Frauen), Walcher (13.), der damalige Damentrainer Pistotnik
Foto: Alois Furtner

Rechtes Bild: Auf dem Weg zum Weltcup-Podestplatz in Toblach 1998
Foto: Alois Furtner

Stadlober bei der WM 1997
Foto: Alois Furtner

Pfanner
PILOT
83
TOBLACH
Buderus
WARSTEINER
FIS
AUSTRIA
Löffler

Pfanner
Lete
ACQUA MINERALE
2
TOBLACH
AUSTRIA

Das Podest über 10-km-Skating in Toblach: v. l. Botwinow, Daehlie, Stadlober
Foto: Alois Furtner

Linkes Bild: Michail Botwinow in Toblach 1998 im Klassisch-Bewerb
Foto: Alois Furtner

Stadlober bei den Olympischen Spielen 1992. Foto: Alois Furtner

Stadlober bei den Olympischen Spielen 1994. Foto: Alois Furtner

Dicke Freunde: Gandler, Stadlober

Fotos: Alois Furtner

Stadlober bei der WM 1995

Bei der österreichischen Meisterschaft

Daehlie vor Stadlober
Foto: Alois Furtner

Prominenten-Wettkampf in Velden. Stadlober zweiter v. r.

Rechtes Bild: Stadlober bei der WM 1991
Foto: Alois Furtner

Superzehnkampf zugunsten der Sporthilfe: Goldberger, der damalige Sporthilfechef Schwab, Konrad; stehend v. l. Stecher, Reiter, Ortlieb, Prock, Polster, Stadlober, Trinkl

kika
LAUPUNKT
INTER
SPORT
45
val di Fiemma
AUSTRIA
AUSTRIA
exel

Verabschiedung der Langlauf-Helden im Frühsommer 1999 in Altenmarkt: v. l. Mayer, Böhm, Kürschner, Stadlober, Hoch, Hoffmann, Gandler
Foto: Alois Furtner

Rechtes Bild: Mit Sumann beim Training auf Skirollern
Foto: Alois Furtner

Dr. Alois Stadlober, Trainer Walter Mayer
Foto: Alois Furtner

Das Sportler-Ehepaar Stadlober
Foto: Alois Furtner

Alois Stadlober mit Vater Alois in Toblach 1998
Foto: Alois Furtner

In der Fußballmannschaft
Foto: Alois Furtner

Training der Nationalmannschaft (Berglauf)
Foto: Alois Furtner

Beim Training (oben und unten)
Fotos: Alois Furtner

Beim Training
Foto: Alois Furtner

Der Langlauftunnel in Vuokatti (Finnland)
Foto: Alois Furtner

Überraschung in Melbourne 1988. Nur ein Koffer kam für Schwarz, Gandler, Stadlober und Theurl an (von 15 in München aufgegebenen)

Rechtes Bild: Lauffreund Stadlober
Foto: Alois Furtner

Training in Australien

ÖBB
Pfanner
adidas

Beim Training. Foto: Alois Furtner

Ankunft bei den Olympischen Spielen 1988 in Calgary

Mit Weltcup-Gesamtsieger Vladimir Smirnov

Foto: Alois Furtner

ger Gletscher eine leichtere Loipe, auf dem Hallstätter eine längere und schwerere. Beiden gemeinsam sind die Lage und die optimalen Möglichkeiten für Leistungssportler, ein Höhentraining durchzuziehen. Nicht umsonst kommen die führenden Langlaufnationen alljährlich auf die Dachstein-Gletscherloipen. Denn das großräumige Gletscherplateau, das eines der interessantesten Ganzjahres-Langlaufgebiete der Alpen ist, bietet ideale Voraussetzungen, um Diagonal- und Skatingloipen anzulegen. Die Strecke variiert zwischen 15 und 20 Kilometern, das Loipenservice ist optimal, die Präparierung wird mit modernsten Spurgeräten vorgenommen. Wachsboxen und Gepäcksaufbewahrung befinden sich am Schladminger Gletscher sowie im Gletscherrestaurant der Bergstation. Dort befinden sich auch Umkleide- und Ruheräume.

Höhentraining ist im Spitzensport ungemein wichtig, und dem ganzjährigen Training auf Schnee wird immer größere Bedeutung beigemessen. Auf dem Dachsteingletscher sind beide Bedingungen erfüllt, weshalb Weltmeister und Olympiasieger dort trainieren. Die Dachstein Fremdenverkehrs AG, einer der Sponsoren der Nordischen Skiweltmeisterschaft 1999, weiß diesen Umstand sehr wohl zu schätzen und kommt den Mannschaften bei der Spuranlegung entgegen, richtet auch spezielle Gelände ein, auf denen Skitests durchgeführt werden können. Für die Stars wird gearbeitet, aber auch die Anfängergruppen kommen nicht zu kurz: Für diese werden beispielsweise Parallelspuren für das Techniktraining gezogen.

Doch nicht nur Langläufer können sich am Dachstein wie zu Hause fühlen. Am Gletscher gibt es sowohl ein Snowboard-Zentrum als auch Kurse und Camps für Snowboarder. Nicht genug. Wanderer und Bergsteiger kommen auf 2700 Metern Höhe voll auf ihre Kosten. Alle gemeinsam können das wunderbare Panorama erleben: im Süden die Niederen und Hohen Tauern, im Norden und Osten die Gletscherplateaus, das Tote Gebirge und das Salzkammergut, im Westen die Dachstein-Südwand mit dem

Hohen Dachstein (2996 Meter). Am schönsten zu genießen ist dieser Ausblick im neuen Panorama-Restaurant am Dachstein. Eine leichte Wanderung von der Bergstation zur Dachsteinwarte dauert indes rund 40 Minuten.
Hunderte von Runden habe ich auf dem Dachsteingletscher gezogen, ich kenne die Loipe auswendig, könnte sie im Schlaf nachzeichnen, weiß, wo unter dem Schnee jeder Stein liegt. Und ich freute mich immer, wenn es hieß, daß es nun wieder einmal auf den Gletscher ginge. Der Dachstein, das ist ein bißchen so mein Berg. Aber eigentlich ist es sonderbar: So sehr ich den Dachstein schätze, so sehr ich mich jedesmal freue, mit der Gondel in luftige Höhen entführt zu werden, so sehr bedauere ich es auch, nie am Gipfelkreuz des Hohen Dachsteins gestanden zu sein. Vielleicht hole ich es in nächster Zukunft noch nach.

Die Tauplitzalm und die Salzkammergutloipe

Für mich persönlich ist die Tauplitzalm eines der schönsten Langlaufreviere in Österreich. Dort halten sich besonders in der herbstlichen Vorsaison die Weltbesten der Langlaufszene auf. Mit einer Seehöhe von 1650 Metern gilt die Tauplitzalm als geeignet für ein Höhentraining, und mit möglicher Kunstschneeproduktion ist die Schneesicherheit auf alle Fälle garantiert. Im Winter ist Schneemangel ohnehin ein Fremdwort – im Gegenteil: Auch zwei, drei Meter Schnee sind dort keine Seltenheit. Eine vier Kilometer lange Höhenloipe ist ab Ende Oktober nutzbar, die bis Weihnachten täglich bis 22 Uhr mit einer Flutlichtanlage beleuchtet wird.
Die 15 Kilometer lange Loipe weist zwei Spuren für klassische Technik und gleich daneben eine Spur für Skating auf. Dies wird durch ein superbreites Spurgerät ermöglicht. Doch was das Training auf der Tauplitzalm so einzigartig macht, ist die Tatsache, daß es keine einzige Straße zu queren gilt, daß es keine Autos gibt, daß sich der Sportler tatsächlich in der puren Natur aufhält. Die Strecken decken ein großes Spektrum an Schwierigkeitsgra-

den ab. Für Rennläufer bietet sich die Möglichkeit, auf ehemaligen Weltcupstrecken zu trainieren, sind doch auf der Tauplitzalm bereits Bewerbe höchsten Niveaus organisiert worden. Aber auch für schwächere Sportler und Hobbyläufer gibt es keine Probleme, geeignete Loipen zu finden.

Seit 1983, seit meinem Eintritt in die Nationalmannschaft, war ich fast alljährlich auf der Tauplitzalm und schätzte die Sorgfalt, mit der dort für die bestmöglichen Bedingungen für uns Sportler gesorgt wurde. Die Spuren wurden teilweise zweimal am Tag gezogen, wenn die atmosphärischen Bedingungen dies notwendig machten. Auch vom Umfeld her – Wachsräume, Gastronomie – ist die Tauplitzalm für Langläufer ideal. Kein Wunder also, daß nicht nur wir Österreicher dort oben den Feinschliff für die Wintersaisonen holen wollten (und wollen). Auch Weltmeister und Olympiasieger sind immer wieder auf der Tauplitzalm bei ihrer Vorbereitung auf kommende Aufgaben anzutreffen.

Freunde des nordischen Skisports kommen im Skiparadies Tauplitzalm–Tauplitz–Bad Mitterndorf voll auf ihre Kosten. Die 15 Kilometer lange Weltcuploipe zählt zu den schönsten Strecken Österreichs mit herrlichem Panoramablick zum Dachstein und zur umliegenden Bergwelt. In Tauplitz-Ort befinden sich zwei weitere Loipen mit insgesamt 15 Kilometern Länge, deren Schwierigkeitsgrade von leicht bis mittel reichen. Bei guter Schneelage ist über Klachau die Anbindung an die Salzkammergutloipe Richtung Bad Mitterndorf möglich. Diese sieben Kilometer lange Strecke, die Kochalm-Loipe, bietet Schneesicherheit bis Ostern.

Im steirischen Teil des Salzkammergutes gibt es zwischen Tauplitz und Altaussee insgesamt 180 Kilometer doppelt gespurter Loipen, davon 70 Kilometer Skatingspur. Weil das Salzkammergut von einmaliger landschaftlicher Schönheit ist, in dem der Grimming, der Loser und die Trisselwand die Orte Bad Mitterndorf, Pichl-Kainisch, Tauplitz, Bad Aussee, Altaussee und Grundlsee einrahmen, bietet gerade dieses Gebiet einen idealen Anreiz, in der Natur skizuwandern. Die Loipen lassen keine Wünsche offen, auch an Einkehrmöglichkeiten entlang der Strecken fehlt es nicht. Und für Gesundheitsbewußte kann es von den sportlichen Übungen im Freien gleich in die Therme nach Bad Mitterndorf oder Bad Aussee gehen.

Mit Wehmut denke ich an jene Zeit zurück, in der die Langläufer des Österreichischen Skiverbandes im April für eineinhalb Wochen zur Saisonverlängerung auf die Tauplitzalm fuhren und herrliche Skitouren machten, ich aber nach zwei oder drei Tagen aus Studiengründen abreisen mußte. Es war alljährlich die Zeit, in der ich mich von einer gewohnten Umgebung trennen und in einer anderen zurechtfinden mußte. Und es waren auch jene Tage, in denen ich die Schönheit der Tauplitzalm, ihre unberührte Natur, die sich aufmachte, den Sommer zu begrüßen, besonders zu schätzen wußte.

RADSTADT 1990

Eine Sportlerehe

Roswitha Steiner habe ich 1983 im Herbst bei einer Atomic-Pressekonferenz in Wien kennengelernt. Ungefähr 25 Alpinfahrer waren damals dabei, und fünf nordische Sportler: Walter Mayer, Peter Juric, Rudolf Kapeller, Alfred Eder und ich. Zu Silvester waren Roswitha und ich ein Paar. Unsere gemeinsame Zeitrechnung begann, als wir in Graz gemeinsam den Jahreswechsel in meiner Studentenwohnung feierten, gut essen gingen und einen romantischen Schloßberg-Spaziergang machten.

Aber es war keine Liebe auf den ersten Blick. Roswitha zeigte Interesse für den nordischen Sport, unterhielt sich mit uns und blieb auch nach der Pressekonferenz in Wien mit mir in Kontakt. Sie besuchte mich in Seefeld bei einem Trainingskurs, als sie auf der Durchreise zu einem Rennen war. Und dann kam der Nachtlanglauf im Dezember 1983. „Treffen wir uns ein bißchen früher beim Rosner Hans oder beim Mayer?“, fragte sie, da sie wußte, daß ich mich nicht traute, gleich beim ersten Mal bei ihren Eltern aufzukreuzen. Die ganze Geschichte, in der die Initiative von ihr ausging und ich als schüchterner ehemaliger Heimschüler reagierte anstelle zu agieren, wurde mir zu heiß. Ich schrieb Roswitha einen Brief, den sie von Mayer drei Tage vor dem Rennen erhielt, in dem ich ihr erklärte: Wir sind beide im Spitzensport, wir haben beide wenig Zeit, eine Beziehung zwischen uns ist nicht möglich.

Wir sahen uns dennoch beim Nachtlanglauf, weil Roswitha dort den Startschuß zu geben hatte. Nach dem Bewerb brachte ich sie zum Auto, weil sie gleich zum nächsten Rennen losfuhr. Da faßte ich mir ein Herz und lud sie zu Silvester nach Graz ein. Ja, und dann, dann war sie am 1. Jänner 1984 bei meinen Eltern daheim und ich gleich darauf bei ihren. Unser Zusammensein war und ist eine bilderbuchreife Sportlerehe. Wir waren beide Spitzensportler, und jeder hatte Verständnis gehabt für die Bedürfnisse des anderen. Ich pendelte zwischen Rattenberg und Radstadt hin und her, wir beide hatten hohe Telefonkosten, aber gottlob keine Handys – ich wäre wohl bankrott gegangen –, wir schrieben uns viele Briefe.

Wir haben zueinander gefunden, weil wir im Grunde ähnlichen Charakters waren und sind. Ich bin ein vorsichtiger, genauer Typ, der beim Packen der Koffer wahrscheinlich fünfmal länger als Walter Mayer braucht, der zum Trainingslager und zu den Weltcuprennen mit Vitamintabletten, homöopathischen Mitteln und Medikamenten anreist. Einer, der den Kollegen mit Tape- und anderen Verbänden aushelfen kann und der nicht abhängig ist von anderen. Zur Behandlung von Nebenhöhlenentzündungen beispielsweise hatte ich bei längeren Trainingslagern sechs, sieben Mittel bei mir. Weiters habe ich stets darauf geschaut, daß im Zimmer oder in der Wohnung, in der wir Langläufer untergebracht waren, immer Ordnung herrschte, und ich war es auch, der vor dem Schlafengehen einen Kontrollgang machte: Sind ja alle Herdplatten ausgeschaltet? Brennt ja kein Licht mehr? Ist die Tür verschlossen? Mannschaftskollegen wie Christian Hoffmann haben mich zeitweise auch geneckt und gerade absichtlich eine Herdplatte aufgedreht ...

Auch beim Beziehen eines Zimmers habe ich immer darauf geachtet, daß im Bad meine Toilettensachen schön ordentlich aufgereiht waren, und konnte es nicht leiden, wenn sie in Unordnung gebracht wurden. Ebenso erging es mir mit der Kleidung. Ich war nicht fähig, diese einfach auf den Boden zu werfen, wie in Sportlerkreisen manchmal üblich. Froh war ich, daß ich mit Markus Gandler und Alexander Marent Zimmerkollegen hatte, die meine Art der Ordnung teilten und die mir großzügigerweise öfters mehr Platz im Schrank überließen: für meine Kontaktlinsen, für meine Medikamente, für meine Naschsachen und so weiter. Diese Ordnung, die ich im Sport hielt, halte ich auch im Privat-

leben. Und weil es Roswitha ähnlich sieht, ergänzen wir uns hervorragend. Sie ist ein häuslicher Typ. Der Garten und die Blumen sind eines ihrer Hobbys (das ich mit ihr teile, doch Roswitha hat die Hauptarbeit daran). Meine Frau ist sehr ruhig, unheimlich konsequent, löst Probleme und beantwortet Fragen, wenn sie auftreten. Ich hingegen tendiere schon eher dahin, sie einmal auf den nächsten Tag aufzuschieben. Das war besonders zu meiner Zeit als Leistungssportler so, wenn ich von einem harten Training müde war.
Als Roswithas Freund hatte ich aber besonders ein Problem: jenes nämlich, daß ich sie nicht gerne zu ihren Ehrungen und Autogrammstunden begleitete. Lieber wäre ich zu meinen eigenen Leistungen beglückwünscht worden. Einmal, bei der Länderpräsidenten-Konferenz in Eisenstadt, wurde Roswitha als Gewinnerin des Slalom-Weltcups geehrt, und an unserem Tisch wurde ich gefragt, was ich denn so mache. Ich sagte nicht, daß ich mehrfacher österreichischer Meister im Langlauf sei, ich sagte nur: Ich studiere und treibe ein bißchen Sport. Wann immer ich die Möglichkeit hatte, schob ich das Training als Grund vor, bei ihren Terminen nicht mitgehen zu müssen. Ich war Roswitha dankbar, daß sie mit meiner Vorgangsweise einverstanden war und selbst auf gewisse Verpflichtungen verzichtete.
1988 beendete Roswitha 25jährig ihre sportliche Laufbahn und nahm einen Job bei der Raiffeisenbank Radstadt an, den sie schon während ihrer Karriere als Teilzeitbeschäftigung ausgeübt hatte. Sie konnte zurückblicken auf acht gewonnene Weltcup-Torläufe (so viele, wie keine andere Österreicherin vor oder nach ihr gewonnen hat), auf zwei gewonnene Slalom-Spezialwertungen, für die sie 1986 und 1988 (zum Abschluß ihrer Laufbahn) die kleinen Kristallkugeln erhielt, auf einen zweiten Rang bei der Weltmeisterschaft in Crans Montana, als sie nach dem ersten Durchgang noch führte und sich im zweiten der Schweizerin Erika Hess geschlagen geben mußte, und auf zwei vierte Plätze bei Olympischen Spielen, 1984 und 1988. Es war ihr Verlangen, ein Haus zu

bauen, zu heiraten und eine Familie zu gründen. Und sie legte Wert darauf, daß wir eine große Wohnküche hätten, mit viel Platz zum Kochen, mit einer großen Speisekammer: Roswitha war schon immer eine begeisterte Köchin und versorgt mich deshalb immer mit gutem, gesunden Essen (auch wenn bei uns kein Tag vergeht, an dem es nicht einen Kuchen gibt).

Weil wir beide beschäftigt waren, kümmerte sich hauptsächlich ihre Familie um den Hausbau, der 1989 begann. Bauführer war ihr Vater Michael, ihr Bruder Paul arbeitete an der Inneneinrichtung mit, ihr Schwager Kaspar tat viel am Rohbau, Schwiegermutter Steffi kochte für die Arbeiter. Roswitha kümmerte sich um organisatorische Aufgaben, die mit dem Hausbau zusammenhingen, und ich half, sofern zeitlich möglich, bei den niederen Aufgaben, wie graben, tragen, putzen. Wir hatten ein wunderbares Druckmittel für die Baufirmen in der Hand, denn wir hatten unseren Hochzeitstag für den 29. September 1990 geplant – und an diesem Tag mußte das Haus bereit für unsere Hochzeitsnacht sein.

Man kann sich nicht vorstellen, wie nervös ich an unserem großen Tag war – ich, der ruhige, introvertierte Typ (das hat sich nun geändert), ein schlechter Tänzer, ein Stimmungsmacher im Team, aber bei anderen Gelegenheiten ruhiger. Es wird nicht mein Tag, dachte ich mir in der Früh beim Aufstehen, aber es war ein Traum, wie er dann ablief. Ich war mit meinen Eltern und Brüdern über den Radstädter Tauern angereist. Skifahrerinnen und Langläufer begleiteten uns nach der standesamtlichen Trauung beim Umzug durch ganz Radstadt, die Musikkapelle spielte, Schaulustige gab es in Massen. German Bauregger war Hochzeitslader und Zeremonienmeister, Pfarrer Roman Roither hat die Trauung vorgenommen. Ich bin ein gläubiger Mensch, und daher hätte es eine Hochzeit ohne kirchlichen Segen für mich nicht gegeben.

Nach der Trauung feierten wir im „Sonnegg", wir haben getanzt, sind „angesungen" worden und erhielten zahlreiche Geschenke. Walter Mayer hat mit der ihm eigenen Art und Weise die an-

wesenden Sportler und Trainer vorgestellt, wobei die Betroffenen sehr viel Verständnis für seine Ausführungen aufbringen mußten. Aber es waren lustige und gute Einlagen, und Mayer hat wie viele andere zum guten Gelingen des Tages beigetragen. Die Leute, die Stimmung, das Wetter – einfach alles hatte an diesem wunderschönen Tag gepaßt. Es war eine traumhafte Hochzeit, aus der wir „hinausgespielt" wurden in unsere Hochzeitsnacht. Hochzeitsreise gab es indes keine. Ich war eine Woche daheim und fuhr dann zum Trainingslager nach Ramsau. Der Alltag hatte mich schnell wieder, aber nichts sollte so sein wie zuvor.
Denn kaum ein Jahr später war ich Vater. Am 23. Juli 1991 kam unser erstes Kind auf die Welt, ein Bub, der den Namen Luis erhielt. Es war immer schon mein Wunsch, die Tradition in meiner Familie aufrechtzuerhalten, ist doch mein Sohn der fünfte Stadlober, der diesen Vornamen trägt. Auch Roswitha war damit einverstanden, und so haben wir, als sie schwanger war, uns lediglich über einen Mädchennamen den Kopf zerbrochen. Das Mädchen kam am 1. Februar 1993, und wir tauften es auf den Namen Teresa. Beide Kinder wurden in Schladming geboren, bei beiden Geburten war ich dabei: Es waren die schönsten Ereignisse in meinem Leben, und immer dann, wenn ich daheim war, nahm ich mir sehr viel Zeit für meine Kinder.
Es mag daran liegen, daß Roswitha selbst lange Sport getrieben hat und deshalb großes Verständnis für mich aufbrachte. Elf Jahre nach dem Ende ihrer Karriere hing ich die Langlauflatten an den berühmten Nagel. Elf Jahre, in denen ich nie hörte oder spürte, daß es meiner Frau lieber gewesen wäre, wenn ich nur endlich damit aufhören würde, irgend etwas nachzujagen, was man vielleicht doch nicht erreicht. Auch dann nicht, als ich 1993 mein Studium beendet hatte. Roswitha trug in all diesen Jahren die Verantwortung für Haus und Kinder, machte alle Behördengänge, belastete mich nie mit den Dingen des täglichen Lebens, löste Probleme immer selbst und warf mir nie vor: Du bist nie da. Deswegen gehört ein gewaltiger Anteil an meinem Erfolg in Ramsau

ihr. Sie hat für mich Leistungssportler das bestmögliche private Umfeld geschaffen. Danke, Roswitha!

Es wird ihr nicht immer leichtgefallen sein, war ich doch oftmals drei, vier Wochen am Stück weg. Und wenn ich zurückkam, von einem erfolglosen Wettkampf oder müde von einem Trainingslager, oder gestreßt und unausgeglichen oder vielleicht kränkelnd und krank, dann war ich sicher nicht der ideale Partner und Familienvater. Es ist nicht möglich, die Haustür zu schließen und einfach den Schalter von Sport auf Familie umzulegen, so zu tun, als gebe es keinen Langlauf. Roswitha, die den Wechsel zur Hausfrau problemlos meisterte, hat mir nie Vorhaltungen gemacht.

Bis 1993 gab es in meinem Leben klare Prioritäten: Leistungssport und Partnerschaft, aber auch das Studium. Ich hatte gemeinsam mit meinem Bruder Erich, der Architektur studierte, eine Wohnung in Graz und studierte an der Karl-Franzens-Universität Rechtswissenschaften. Warum Jus? Weil ich schlecht in den Sprachen, kein kreativer Typ war, aber leicht lernte. Jus, so sagte man mir, war eine Art Sitzfleischstudium. Ich wählte es, weil ich dem Sportstudium abgeneigt war und weil ich 1980, als 18jähriger, nicht dachte, dem Sport noch fast zwei Jahrzehnte treu zu bleiben. Mit spätestens 30 hätte ich in den Beruf einsteigen wollen.

So pendelte ich mit dem Auto zwischen den Trainingskursen und Graz und Rattenberg hin und her, nahm mir auch Bücher zu den Trainingslagern mit, wo mir dann regelmäßig die Augen über den Paragraphen zufielen, wenn die Belastungsumfänge zu groß waren. Und dies waren jene Momente, in denen ich mich fragte: Warum bist du nicht auch zur Exekutive gegangen, wie fast alle deiner Mannschaftskollegen? Warum schleppst du diese Bücher umsonst mit? Warum läßt du den Österreichischen Skiverband umsonst bei den Flugreisen Übergewicht bezahlen? Ich hatte sehr wenig Zeit, mit anderen Studenten Freundschaft zu schließen, und führte nie ein richtiges Studentenleben. Ich war ein Einzelgänger, der immer wieder mit neuen Studienkollegen zusammentraf bei Prüfungen und Übungen. Hatte ich einen für meine Vorstellungen positiven Rennwinter, war es mir allerdings egal, wenn das Studium zurückblieb. Hatte ich einen negativen, dann tat es mir leid um die vergeudete Zeit.

Zumeist fuhr ich nach jedem Weltcupfinale Mitte März nach Graz, wo auf mich einige Umstellungen warteten. Ich mußte Vorlesungen besuchen und Übungen belegen. Deshalb fehlte mir auch die Zeit, die Wintersaison zu verlängern; nunmehr wird bis Mitte April trainiert, ich mußte wegen meiner Studienzeit abrupt aufhören. Wenn ich bei der Prüfung im Sommer durchfiel, versuchte ich krampfhaft, diese im Herbst zu bestehen. Auf die Prüfung „Zivilgerichtliches Verfahren“ mußte ich mich gar dreimal vorbereiten.

Obwohl ich sehr oft in Graz war, kannte ich mich in der Stadt nicht sehr gut aus. Geläufig war mir der Weg von meiner Studentenwohnung zur Universität, zum Einkaufszentrum, zur Studentenkneipe, wo ich mein 55-Schilling-Menü verzehrte, und der Weg zum Hilmteich: Dort trainierte ich. Freunde hatte ich wenige in Graz, und bei Studentenfesten ward ich ebenfalls nicht oft gesehen.

Anfang Dezember 1993 war mein Studium endlich beendet. Bei der feierlichen Promotion, bei der ich die Dankesworte stellvertretend für alle Studenten sprechen durfte, waren meine Eltern, Schwiegereltern, Brüder und Verwandte zugegen. Auch Roswitha war in Graz und froh, daß die Pendlerei nun endlich ein Ende haben sollte. Wir hatten bei dieser Gelegenheit Parkplätze gesucht, die zwar vorhanden, aufgrund der riesigen Schneemassen, wie ich sie in Graz noch nie erlebt hatte, aber nicht geräumt waren. Ich war nun Doktor der Rechte, weil ich noch nach der alten Studienordnung studierte, also zu jedem Fach nicht nur eine Staatsprüfung, sondern auch ein Rigorosum zu bestehen hatte. Wie im Sport, so war ich auch im Studium überaus ehrgeizig. Bei den Prüfungen, besonders bei jenen mit großem Stoffgebiet, war ich sehr nervös, nervöser als bei den Langlaufrennen.

Und wenn ich wußte, daß ich der nächste sein würde, dann war meine Aufregung sicher größer als die Nervosität, die ich in Ramsau verspürte.
Heute ist ein Studium nur mehr schwer realisierbar, wenn man in einer Ausdauersportart wie dem Langlauf unter die Weltbesten kommen will. Die Saison der Skilangläufer beginnt am 1. Mai und dauert bis 15. April – bei zehn bis zwölf Trainingseinheiten in der Woche. Als ich mit dem Spitzensport begann, waren diese Umfänge noch nicht erreicht. Als es dann härter wurde, konnte ich mir sowohl Training als auch Studium besser einteilen, weil ich in beiden Materien schon Grundlagen geschaffen hatte. Ohne Sport hätte ich das Studium sicher viel früher erfolgreich abgeschlossen. Offen bleibt die Frage, ob ich ohne das Studium früher zu sportlichem Erfolg gekommen wäre. Wie auch immer: Ich habe langen Atem bewiesen, im Sport wie im Studium. Es gibt nicht viele, die Dr. jur. und Weltmeister geworden sind, glaube ich.
Wir sind sportliche Eltern, also wachsen auch unsere Kinder sportlich auf. Grinsen muß ich, wenn ich Luis, der keine Nudeln, Erdäpfel, Reis mag, beim Mittagstisch frage, was ihm denn gestern beim Radfahren gefehlt habe, und Teresa, sechsjährig, fröhlich mit dem Löffel auf den Reis schlagend, antwortet: „Kohlenhydrate." Unsere Kinder sind sportlich unheimlich aktiv. Sie laufen, schwimmen, rodeln, sind Eisläufer, Langläufer, kennen sich in den Ballspielen aus. Und sie haben auch schon ihre ersten Medaillen gewonnen, bei den Ortsmeisterschaften im Langlauf und auf Alpinski. Sicher werden wir unsere Kinder nicht zum Spitzensport zwingen. Wenn, dann werden sie sich selbst dafür entscheiden. Sollten sie es wollen, werden wir sie unterstützen und sie motivieren, den Weg des Spitzensports einzuschlagen. Aber wir werden sie auch darauf hinweisen, wie steinig der Weg nach oben ist – mit Verletzungsgefahren, Entbehrungen und vielleicht geringeren Chancen im beruflichen Werdegang. Auf alle Fälle sollten sie sich in jener Sportart engagieren, in der sie die

größten Fähigkeiten und Talente besitzen. Luis scheint zum Ausdauersportler zu werden, er eifert mir nach, über Langlauf wird viel gesprochen. Doch es geht derzeit nicht um Techniktraining oder andere sportspezifische Maßnahmen, es geht einfach nur darum, den Kindern zu zeigen, wie schön und gesund der Sport ist, wieviel Spaß er machen kann. Mir würde es persönlich weh tun, würden sie später nur in der Wohnung herumsitzen und über den Sport schimpfen. Wichtig ist uns in der Erziehung der Kinder jedoch, ihnen zu vermitteln, daß etwas im Leben mit Ziel und Energie und Eifer betrieben werden sollte – und nicht nur dahinzuvegetieren, sondern mit positiver Einstellung und Freude durchs Leben zu gehen.
Unsere Urlaube richteten sich in der Vergangenheit zumeist nach unseren sportlichen Verpflichtungen und gingen dorthin, wo es möglich war, Sport zu betreiben. Dies war uns ungemein wichtig, weil es unser Beruf war, und weil der Sport weiterhin einen großen Stellenwert in unserem Leben hat. In Griechenland fanden wir gute Ferienclubs mit Kinderbetreuung: Dort konnten sich Luis und Teresa teilweise selbst beschäftigen, teilweise waren sie mit uns unterwegs. Roswitha und ich waren aber auch in Thailand, 1988, die gesamte Familie in der Türkei, in Spanien, Italien, aber sehr viel auch in Österreich unterwegs. Wir lieben es, nicht nur aktiv den Sport auszuüben, wie beim Wien-Marathon der Fall, als wir Hand in Hand über die Ziellinie liefen, sondern bei Sportveranstaltungen auch passiv als Zuschauer dabeizusein. Wir waren beispielsweise bei der Radweltmeisterschaft in Italien, beim Leichtathletikmeeting am Züricher Letzigrund, beim Formel-1-Rennen am A1-Ring, beim Tennisturnier in Kitzbühel, bei Fußballspielen und selbstverständlich bei Langlauf- und Alpinrennen im Winter.
Nun, im Jahr 1999, arbeite ich als Nordischer Koordinator im Land Steiermark, und meine Frau ist als Landtagsabgeordnete in der Politik tätig. Ihr Engagement zeichnete sich im Herbst 1998 ab, als sie angesprochen wurde, ob sie nicht politisch aktiv werden

wolle. Ich hielt mich gerade in Muonio in Finnland auf, als Roswitha mit mir telefonierte: „Du, der Schausberger will mich als ÖVP-Quereinsteigerin für den Sport." Wenig später kam der Salzburger Landeshauptmann Franz Schausberger tatsächlich bei uns daheim vorbei, um Einzelheiten zu klären. Früher, als 20jähriger, wäre es für mich unvorstellbar gewesen, daß meine Frau in die Politik ginge, doch die Zeiten ändern sich. Roswitha war nicht abgeneigt, auch, weil die Kinder immer größer werden und sie über kurz oder lang ohnehin wieder ins Berufsleben einsteigen wollte. Nun ist sie Sportsprecherin der ÖVP in Salzburg, und ich finde es sehr gut so. Denn Sport ist unser Leben. Sport wird aber von politischen Entscheidungen mitbeeinflußt. Durch ihre Wahl erhält Roswitha die Möglichkeit, bei sportlichen Belangen in der Politik aktiv mitzureden und mitzugestalten. Denn die Rahmenbedingungen des Sports werden von der Politik bestimmt. Die neue Aufgabe von Roswitha, in die sie voller Idealismus geht, gibt ihr die Möglichkeit, nicht nur über gewisse Problematiken zu diskutieren und über getroffene Entscheidungen zu schimpfen. Sie hat die Möglichkeit, selbst mitzuarbeiten. Ich stehe voll hinter ihr.

Die neue Zeitrechnung

Fünf Medaillen hatte er mit seinen Skispringern bei den Olympischen Spielen 1992 in Albertville gewonnen: Gold mit Ernst Vettori, Silber mit Martin Höllwarth auf der Groß- und der Normalschanze, Silber auch mit der Mannschaft (Kuttin, Vettori, Höllwarth, Felder) und Bronze mit Heinz Kuttin. Nach dieser Großtat seiner Athleten war bei Toni Innauer, selbst Olympiasieger 1980 in Lake Placid, nur ein Wunsch präsent: nach Jahren der Anspannung in der Versenkung zu verschwinden, den Schritt vom Leistungssport in das Privatleben zu vollziehen, in Ruhe gelassen zu werden von Funktionären, Sportlern, Medien.

Albertville schien der Schlußstrich zu sein, das Ende einer Sportler- und Trainerlaufbahn, wie es sie selten gegeben hat und geben wird. Der Schlußstrich war ein vorläufiger. Noch im Herbst des Jahres 1992 eröffnete ÖSV-Präsident Peter Schröcksnadel dem Olympiasieger, daß er eine neue Aufgabe für ihn hätte. Eine Aufgabe, mit der die Kapazität Innauers dem österreichischen nordischen Bereich erhalten bleiben würde. Die Vorstellungen Schröcksnadels, der von Innauer ein Konzept für den Langlaufsport bis Ende der Saison 1992/93 haben wollte, fanden die Akzeptanz des Vorarlbergers: Die Aufgabe erschien nicht übermäßig zeitaufwendig, die Familie, der sich Innauer vermehrt zuwenden wollte, hätte darunter nicht gelitten.

Daß sich Toni Innauer als gestandener Skispringer intensiv mit dem Langlauf auseinandersetzte, hatte seinen Ursprung in dessen Frau Marlene Resch. Diese war achtmal österreichische Langlaufmeisterin, fünf, sechs Jahre Mitglied des Österreichischen Nationalteams und hatte ihren Mann Mitte der achtziger Jahre zum ersten Mal auf die schmalen Latten gestellt. Innauer konnte sich weder die Kraft noch die Ausdauer einteilen und blieb bei seiner ersten Begegnung mit der Loipe nach fünf Kilometern (von zwölf vorgesehenen) stehen: „Ich kann nicht mehr." Doch dann fand er Gefallen an dieser Disziplin, auch, weil ihm Marlene die Technik sehr gut beibrachte.

Der nächste Meilenstein im Langlaufabenteuer, das auf Innauer zukommen sollte, ereignete sich 1986 auf der Tauplitzalm und dem Dachstein. In diesem Jahr trat seine Frau zur staatlichen Langlauf-Trainerprüfung an. Innauer begleitete sie zu den Kursen, da geplant war, daß er ihre einjährige Tochter Lisa beaufsichtigen würde. Einmal dort, wurde er von Professor Helmut Aigelsreiter überredet, die Ausbildung auch gleich mitzumachen. Als Sportstudent wurde ihm einiges an Prüfungen angerechnet, und bei den praktischen Übungen wurde Lisa in einer „Kraxn" getragen, von ihm, oder von Walter Mayer oder von Hugo Seidl. Diese absolvierten wie Rudi Horn und Manfred Zeilinger auch in diesem Jahr die Trainerausbildung. Innauer kam somit mit jenen Personen in Kontakt, deren Namen größtenteils wieder genannt werden sollten, wenn vom österreichischen Langlaufwunder die Rede ist. Rückblickend scherzt der Olympiasieger: „Wir waren auf der Tauplitzalm gerade zu jener Zeit, in der sich das Atomreaktor-Unglück von Tschernobyl ereignete. Damals hätte man sich ja nicht zu lange im Freien aufhalten sollen, aber wir haben es nicht gewußt. Wahrscheinlich haben wir damals schon zu viele schädliche Strahlen abbekommen, und wahrscheinlich haben wir uns deshalb Jahre später das Unternehmen WM-Medaille zugemutet. Denn das Unterfangen mußte als verrückt angesehen werden."

Als dann Peter Schröcksnadel nach den Olympischen Spielen von Albertville auf Toni Innauer zukam, lautete dessen Grundfrage, aus einem ärgerlichen Umstand heraus: Wieso ist es möglich, daß uns die Norweger im alpinen Skisport Plazierungen, Weltcup-Gesamtwertungen und Medaillen bei Großveranstaltungen wegschnappen? Ist es möglich, daß wir den Spieß im Langlauf, Domäne der Skandinavier, umdrehen? Es war eine absurde Überlegung mit großem Reiz.

Innauer begann seine Arbeit und erinnerte sich an seine Frau, die noch aktiv war, als er als Sportler vom Leistungssport Abschied genommen hatte. Sie hatte ihren Sport mit erheblichem Aufwand betrieben, doch weil Enthusiasmus allein nicht reichte und vernünftige Konzepte fehlten, war ihr Scheitern auf internationalem Niveau programmiert. So unterhielt sich Innauer mit Ferri Grill, der als Kneissl-Mann und später als Privatperson zehn Jahre lang Gunde Svan betreut hatte, so analysierte er bei Großwettkämpfen wie der WM 1993 in Falun, was getan werden müsse, um den Sportlern eine faire Chance auf Top-Plazierungen und Medaillen zu bieten. Die Expertise, die Innauer Schröcksnadel übergab, beinhaltete drei fundamentale Punkte. Erstens: Wir brauchen Zeit, um unser Vorhaben zu realisieren. Zweitens: Wir brauchen bessere finanzielle Mittel. Drittens: Wir müssen qualifizierte Leute in unseren Dienst nehmen. Ein fester Bezugspunkt wurde sofort Walter Mayer, bei dem Innauer gesunden Schmäh nach außen feststellte, hinter dessen Fassade sich allerdings leistungsorientiertes Denken und große Konsequenz verbargen. Manfred Zeilinger, Lehroffizier für Körperausbildung beim Bundesheer und auch für das Trainerwesen zuständig, konnte für das Team gewonnen werden als jener Mann, der systematische Zusammenhänge aufzeigen und die Trainingsplanung in Absprache mit dem Trainer vornehmen konnte. Der Mediziner Peter Baumgartl war der Dritte im Bunde, und ihr neues System funktionierte nach der Methode: learning by doing. Als 1994 Österreich die Nordische Weltmeisterschaft in Ramsau 1999 zugesprochen wurde, war der Zeitraum zur Realisierung der Visionen auch klar: fünf Jahre.

Toni Innauer wurde Nordischer Direktor. Nicht, weil er sich diesen Posten, diese Arbeitsstelle, diesen Titel wünschte, sondern weil Schröcksnadel, die in Auftrag gegebene Analyse in der Hand, gemeint hatte: „Ich übernehme das Risiko dieses Projekts. Aber ich brauche jemanden, der es führt. Und wenn ich diese Expertise lese, dann gibt es nur einen Mann, der sie auch in die Tat umsetzen kann.“ Innauer wand sich zwei, drei Gespräche lang, ehe er im „Sonnpark“, einem Nudelrestaurant im ersten Stock über einer Tankstelle in Innsbruck, bei Spaghetti al mare weichgeklopft war. Er steige ein, sagte er, 50 Prozent seiner Zeit würde er dafür aufwenden. Nach einem Jahr merkte Innauer, wie es auch Mayer als Spielertrainer merken mußte: Was wir machen, ist nicht Fisch und nicht Fleisch. Und von da an konzentrierte sich das Duo nur noch auf das Ziel WM-Medaille 1999.

Die richtige Einstellung kann Berge versetzen. Dies wußte Toni Innauer aus eigener sportlicher Erfahrung. Daran klammerte sich der Nordische Direktor, der als eine seiner ersten Taten Sponsoren (Pfanner und Flaga) in das Lager der Langläufer brachte und somit das Selbstwertgefühl seiner Sportler hob. „Ich wollte Berge versetzen, ich wollte Visionen wahr werden lassen“, sagt er heute. In den ersten Jahren wurde allerdings das Duo Mayer/Innauer von der Langlaufbasis in Österreich arg ins Visier genommen. Die enormen Zweifel an den Visionen der ÖSV-Verantwortlichen schlugen sich in Prophezeiungen und Aktionen übler Sorte nieder. Als Totengräber der Disziplin wurde Innauer bezeichnet, auch auf dem Auto des neuen Referenten Dieter Böhm war dieses Wort in den Schnee geschrieben zu lesen. Innauer betreibt Ehrenrettung für die Zweifler von damals: „Ich habe einige von diesen mit Tränen in den Augen wiedergesehen, in Ramsau, nach gewonnenem Staffelgold.“

Ein Staffelgold, das sicher nicht programmierbar war, für das aber keine Mühen gescheut wurden. 1996 belegte Markus Gandler beim Weltcup in Seefeld den vierten Rang und bewies dem Betreuerstab, daß die Formkurve zum richtigen Zeitpunkt hin berechnet und geplant worden war. Vier Sportler kamen bei diesem Anlaß unter die ersten 13 – und das war bis dato schier unvorstellbar, schien lediglich im Sprunglauf möglich.

Erst mit dem Erfolg beginnt die Spirale des Sports: Gibt es Erfolg, kommt Anerkennung, kommen Sponsoren, kommen Medien, gibt es einerseits Idole und andererseits Geld für den Nachwuchs, der neue Erfolge feiern soll. Innauer, von seiner Warte als Nordischer Direktor aus, vermißte die Risikobereitschaft seiner Langläufer. Auch bei Alois Stadlober monierte er dessen Sicherheitsdenken. Höchst selten hatte dieser ein Rennen ausgelassen, um sich auf ein anderes zu konzentrieren. „Er lief mir und auch Mayer einfach zu viele Konkurrenzen. Ich hätte größere Freude mit einem dritten Rang über 50 Kilometer gehabt als mit sieben anderen guten, aber eben nicht Top-Weltcup-Ergebnissen", meint Innauer.

Es kam die Überlegung ins Spiel, Wladimir Smirnow einzubürgern, für die Olympischen Spiele in Nagano. Aber er war Olympiasieger von Lillehammer über 50 Kilometer – und deshalb zerschlug sich sein Engagement. Der Österreichische Skiverband wollte sich nicht nachsagen lassen, Medaillen zu erkaufen. Michail Botwinow indes, der, wie bekannt war, Abwanderungsgedanken aus Rußland hegte, war ungleich reizvoller. Er war einmal WM-Dritter mit der Staffel (1993) geworden, hatte aber bis zu seiner Übersiedlung nach Österreich noch kein einziges Weltcuprennen gewonnen. Sollte ihm ein Qualitätssprung gelingen, dann wäre dies auch ein Zeichen, daß der österreichische Weg der richtige sei.

Doch Botwinows Einbürgerung wurde zur unendlichen Geschichte. Im ersten Jahr seines Aufenthalts in Österreich erhielt er keine Staatsbürgerschaft, gewann jedoch für den WSV Ramsau alle Volkslanglaufrennen, an denen er teilnahm. Aufgrund des russischen Warteschleifenspiels erhielt Botwinow keine Freigabe für die Olympischen Spiele im Jahr darauf. „Die Russen haben uns von Pontius zu Pilatus geschickt", sagt Innauer. Der Lauf der Dinge ging anders: Botwinow war in Nagano nicht dabei, konnte keine Medaille für Österreich gewinnen. Dies taten Markus Gandler und Christian Hoffmann. Und ähnliches geschah bei der WM 1999, als Botwinow seinen dritten Rang erst am Ende der Titelkämpfe erlief, nach Theurl, Stadlober und der Staffel.

Entscheidend war nicht gewesen, ob Botwinow bei Olympia startete oder nicht startete. Entscheidend war, daß er bis zu diesem Zeitpunkt bereits zwei Jahre in Österreich verbracht hatte und als Langlaufkollege, aber auch als Konkurrent gegenwärtig war. Er spielte jene finale Motivationsrolle, die der Trainer nicht mehr zu erzeugen imstande war. Dabei war die Mannschaft nicht sonderlich erbaut, als sie von den Einbürgerungsideen des ÖSV hörte. Maria Theurl warf Innauer schlichtweg vor, daß es ein Armutszeugnis für den Österreichischen Skiverband sei, Markus Gandler weigerte sich in einer ersten Reaktion, in einer gemeinsamen Staffel mit Botwinow anzutreten. Für sie war die Einbürgerung des Russen der Beweis, daß es ihnen nicht zugetraut würde, hochgesteckte Ziele zu erreichen.

Der Wirbel legte sich, als erkannt wurde, daß Botwinow ein guter Kollege und sympathischer Mensch war. Es wurde aber auch klar, daß Österreich mit ihm plötzlich die Chance erhalten hatte, in einer anderen Liga, eine Klasse höher, zu spielen. In der Staffel wurde nicht mehr um Rang fünf gelaufen, sondern um einen Platz auf dem Podest. Die Motivationsgrundlage änderte sich: Wir laufen nicht, um eine Niederlage zu vermeiden, sondern wir laufen ganz vorne mit, mit den Besten. Als sich mit dem Quartett Gandler-Stadlober-Botwinow-Hoffmann eine Weltklassestaffel entwikkelt hatte, war sie gefürchtet in der Szene – und dies sorgte für einen neuerlichen Schub. Die Akzeptanz Botwinows drückte gerade Markus Gandler treffend aus, als der Teamkollege einmal fehlte: „Ohne den Boti brauchen wir eh nicht laufen ..."

Geld hat der Österreichische Skiverband für Michail Botwinow keines bezahlt, obwohl er bereit gewesen wäre, einen Ausbildungskostenbeitrag zur Verfügung zu stellen. Über Geld war in den Gesprächen, die Präsident Peter Schröcksnadel in erster Person mit seinem russischen Amtskollegen Anatolj Akientiew geführt hatte, auch nie gesprochen worden. Die vier Millionen oder zehn Millionen Schilling entstanden in der Gerüchteküche und vielleicht aus taktischen Überlegungen des russischen Verbandes. Doch der ÖSV hatte niemals den Gedanken, Botwinow zu „kaufen". War er es doch, der aus persönlichen Gründen seine Nationalität wechseln und nach Österreich übersiedeln wollte.

„Es wird kein Honiglecken", hatte Innauer Botwinow gesagt. „Bei uns erwartet dich kein Schlaraffenland. Wenn du nicht gewillt bist, eventuelle Konsequenzen zu tragen, dann bleibe lieber in Rußland." Botwinow übersiedelte. Das aktuelle Verhältnis zwischen Russischem und Österreichischem Skiverband hat unter der Causa Botwinow nicht gelitten. In der Saison 1999/2000 trainiert Renate Roider mit der russischen Nationalmannschaft, und gesprochen wird bereits über eine gemeinsame Wohnsituation bei den Olympischen Spielen 2002 in Salt Lake City (USA).

Innauer führte seine nordischen Sportler an die Heimweltmeisterschaft in Ramsau heran mit der Gewißheit, die Hausaufgaben gemacht zu haben. Das selbstgesteckte Ziel – zumindest eine Medaille in Langlauf, Sprunglauf, Nordischer Kombination – wurde nicht verwässert oder abgeschwächt, dennoch fuhr Toni Innauer relativ gelassen in die Steiermark. Denn er wußte, die WM bereits im Vorfeld optimal für seine Disziplinen genutzt zu haben. Im Langlauf war der Aufbau eines neuen Systems gelungen, der Imagewert der nordischen Disziplinen generell gestiegen. Innauer hatte bereits allen Grund, dankbar zu sein. Daß im Leistungssport auch zufällige Faktoren eine Rolle spielen konnten, wußte er aus eigener Erfahrung nur zu gut. Hatte nicht er 1976 Olympiagold am Bergisel verloren, obwohl er nach dem ersten Durchgang siegessicher schon seinen Namen in die Luft gemalt und sich die Schlagzeilen am Tag darauf in den Zeitungen vorgestellt hatte?

In Ramsau wurde seine Hoffnung auf ein rauschendes Fest erfüllt. Maria Theurl gewann Bronze, Alois Stadlober holte Silber, erkämpft und verdient in 20 Jahren Spitzensport. Die Staffel, die in der Vergangenheit in Nagano, Trondheim und Thunder Bay mit passablen Chancen angetreten war, holte nicht nur eine Medaille, sondern Gold. „Es war zu erwarten, daß es zumindest mit einem Podestplatz klappte", meint Innauer. „Wenn im Spielcasino am Roulettetisch dreimal Rot kommt, dann sollte das vierte Mal Schwarz kommen. Es könnte aber auch siebenmal Rot kommen ..."

Die Freude, die ihm die Langläufer bereiteten, konnten die Skispringer nicht vergrößern, im Gegenteil. Ernüchternd war es für Innauer, festzustellen, daß Deutschland im Teambewerb mit zweieinhalb gestürzten Sportlern zu Gold vor Japan kam und Österreich meilenweit hinter diesen beiden Nationen zurücklag. Weil Innauer ein Mann ist, der sich lieber nach vorne orientiert als nach hinten verteidigt, konnte ihm auch der recht sichere Gewinn der Bronzemedaille kein richtiger Trost sein.

Aufgrund seiner Vorahnung, daß Mika Kojonkoski seinen Platz als Cheftrainer der Springer räumen würde, band sich Toni Innauer als Sportkoordinator für Sprunglauf und Nordische Kombination nach der WM stärker in diese beiden Disziplinen ein. Das Kapitel Langlauf hatte er in Ramsau abgeschlossen. „Ich habe keine gewaltige Motivation mehr, ich habe sehr viele Energien in diesen Sektor gesteckt. Nun will ich mich zurückziehen und etwas anderes machen." Wie 1992 eben.

Wäre das Konzept, das Toni Innauer 1993 Peter Schröcksnadel vorgelegt hatte, auch mit anderen Personen und Persönlichkeiten realisierbar gewesen, abgesehen von der Tatsache, daß es für sehr schwierige Aufgaben die richtigen Konzepte und die besten Leute braucht? Eine Frage, die unbeantwortet bleiben muß. Doch klar ist: Ohne den ÖSV-Präsidenten Schröcksnadel, der das Risiko auf sich nahm, sich einer unsicheren Vision zu verschreiben, und ohne die Integrationsfigur von Walter Mayer, der ebendiese Vision über Jahre hinweg am Leben erhielt und personell-konzeptionelle Drehscheibe war, wären die Medaillen, zuerst in Nagano und dann in Ramsau, wirklich nur eine Vision geblieben und nicht Realität geworden.

Die Sportler selbst konnten beste Umfeldbedingungen genießen. Sie trugen aber auch dazu bei, die hochgesteckten Ziele zu erreichen. Trainer und Funktionäre durften sich glücklich schätzen, nicht mit „Blindgängern" arbeiten zu müssen, sondern mit siegeshungrigen, reifen Akteuren, die ihre individuelle Klasse zum „Unternehmen Medaille" beisteuerten.

Lediglich ein einziges Ziel hat Toni Innauer als Nordischer Direktor nicht erreicht: die Bildung einer Frauenstaffel für die Weltmeisterschaft. Mindestkriterien hatte der ÖSV von den potentiellen Teilnehmerinnen gefordert, um einer Blamage im eigenen Land zu entgehen. Doch keine der aktuellen Läuferinnen, ausgenommen Renate Roider und Maria Theurl, konnte diese erfüllen. So bleibt die Erkenntnis, daß viele Sportlerinnen, die das Zeug gehabt hätten, in Ramsau dabei zu sein, vergangenen Zeiten angehören: Innauers Frau Marlene beispielsweise oder Barbara Stöckl, Cornelia Sulzer, Margot Kober, Andrea Grossegger, Hildegard Embacher, Jutta Mainhart, Gudrun Pflüger. Innauer: „Die Gründe, wieso so wenig Frauen in Österreich im Langlauf tätig sind, dürften wohl in der gesellschaftlichen Entwicklung zu suchen sein."
Dabei wäre es im Frauenlanglauf prinzipiell leichter als bei den Männern, Weltklasseformat zu erreichen, da das Niveau nicht dermaßen hoch ist. Dies ist auch rechnerisch nachweisbar. Mit 14,04 FIS-Punkten wurde Maria Theurl Dritte bei der WM. Mit der exakt gleichen Punktezahl wurde Achim Walcher 18. beim Weltcup in Lahti. „Liege ich fünf bis sechs Prozent hinter der Ersten bei den Frauen, bin ich unter den ersten zehn. Bei den Männern bin ich unter den ersten dreißig", sagt Walter Mayer. Doch wahr ist, daß die Möglichkeiten im österreichischen Frauenlanglauf schlechter sind als bei den Männern. Die einzige, die sich profilieren konnte, war Maria Theurl. Mit ihrer Trainingseinstellung legte sie die Latte hoch für andere Sportler. „Niemand will, daß dir eine Frau davonläuft in der Loipe", bringt es Mayer auf den Punkt, der aber auch den Mythos der Einzelkämpferin Theurl zerstört: „Ihre Bronzemedaille war eine absolute Spitzenleistung, aber es ist das Resultat der Mannschaft. Sie trainierte in unserem Team, sie erhielt mehr Unterstützung bei ihren Rennen, nämlich von allen Betreuern, als die Männer bei ihren Konkurrenzen. Bei diesen mußte ja alles durch die Anzahl der Starter, also durch sechs, geteilt werden. Einzelkämpferin war und ist Theurl keine."

„Der Luigi hat den für ihn maßgeschneiderten Sport gefunden“

Interview mit **Toni Innauer,** dem Begründer des Nordischen Wunders, über Langlauf, Ramsau 1999 und Alois Stadlober.

Es gibt eine Anekdote, die immer wieder die Runde macht. Im Flugzeug, auf dem Weg von den Olympischen Spielen zurück nach Österreich, eröffnet Ihnen Alois Stadlober, daß er weitermacht. Und Sie sollen recht ungläubig zurückgestarrt haben.

Nun ja, ich war perplex, keine Frage. Als wir ins Gespräch kamen, war für mich klar, daß Stadlober sagen würde: „Toni, ich hör auf, es macht keinen Sinn mehr, ich habe die Zeichen der Zeit erkannt. Andere sind besser als ich.“ Und ich war überrascht, daß Stadlober, der Coole und Überlegende, plötzlich anders, nämlich emotional, dachte. Doch dann sah ich im Sommer die Resultate der Testergebnisse, und da war er, der Senior im Team, ein bis drei Prozent besser als in den Jahren zuvor. Plötzlich habe ich bei ihm jene Risikobereitschaft erkannt, die er bislang häufig vermissen ließ.

Stadlober hat Sie über Jahre hinweg fasziniert ...

Der Luigi hat genau jenen Sport gefunden, der ihm auf den Leib geschneidert war. Vom Typ her hätte er niemals ein Skispringer sein können, dazu war seine Risikobereitschaft zu gering. Doch Stadlober gewinnt nicht nur durch zwei gewonnene WM-Medaillen, sondern er gewinnt auch dadurch, daß er die Matura bestanden und ein vollwertiges Studium abgeschlossen hat. Er gehört für mich zu den außerge-

wöhnlichen Personen im Leistungssport, mit denen Diskussionen auf einer anderen, höheren, Ebene möglich sind und waren. Der Luigi war mit ein Grund, wieso ich in den fünf, sechs Jahren vor der Weltmeisterschaft in Ramsau öfters bei den Langläufern als bei den Springern war. Er ist eine Persönlichkeit, kennt Belastungssituationen, hat Lebenserfahrung. Aber nicht nur. Ich erinnere mich an eine Situation beim Tennisturnier in Kitzbühel 1997. Dort hat Stadlober ein kleines Bier nach dem anderen getrunken, bis er zwar nicht angetrunken, aber doch ein wenig angeheitert war. Und dann hat er locker und lässig eineinhalb Stunden die Anwesenden unterhalten. Da habe ich mir gedacht: Vom Stadlober können wir uns sportlich noch einiges erwarten, wenn er sich auch als Athlet ein wenig gehenläßt und frecher wird.

Die Erwartungen sind in Ramsau eingetroffen.

Darüber bin ich sehr froh. Stadlober hat bereits in Toblach aufgezeigt, was in der Realität möglich ist, mit seinem dritten Weltcup-Rang. Und bei der Weltmeisterschaft hat er den verdienten Lohn seiner Arbeit eingefahren.

Für Sie als Nordischer Direktor muß besonders das Staffelgold die Realisierung Ihrer geheimsten Wünsche und Träume gewesen sein.

Es war eine positive Spannung zu spüren, an jenem Tag. Wir hatten bereits zwei Medaillen gewonnen, mit Stadlober und Maria Theurl, wir lagen also schon über dem Plansoll. Und es gab hungrige Leute in der Mannschaft wie Markus Gandler oder Christian Hoffmann oder Michail Botwinow. Es war klar, daß wir auch den richtigen Griff zum Wachs machen mußten, aber alles schien möglich.
Umso mehr, als uns in Seefeld einige norwegische Journalisten aufsuchten und uns vorrechneten, daß Österreich durchaus die Kapazität hätte, Norwegen zu schlagen. Es war irgendwie ihre verräterische Sensationsgier. Norwegen dominiert im Langlauf fast nach Belieben, das wäre doch was, wenn Österreich plötzlich die Staffel gewinnt. Es war, wie es auch bei uns im alpinen Zirkus ist. Wenn unsere Sportler alle Rennen gewin-

nen, sympathisiert man plötzlich mit dem Norweger Lasse Kjus, wenn es ihm gelingt, sich in die Reihen der Unseren zu schmuggeln, und uns gar den Gesamt-Weltcup wegstiehlt. Auf alle Fälle haben wir geschmunzelt bei der Rechnung der skandinavischen Medienvertreter.
Ja, und dann war es plötzlich soweit. Keine zwei Wochen später stehe ich im Ramsauer Skistadion und muß mit Walter Mayer am Handy über die Prämien für Trainer und Serviceleute verhandeln, während Christian Hoffmann noch läuft. Ich hör nichts, hat mir der Mayer gesagt, und ich hab tatsächlich geglaubt, die Leitung sei so schlecht, bis ich realisierte, daß Walter Mayer der von mir angebotene Betrag zu niedrig sei. Wir haben verhandelt und verhandelt – und dann habe ich das Ergebnis noch vor dem Zielsprint schnell vom Präsidenten Peter Schröcksnadel absegnen lassen. Es war dieses frivole Selbstvertrauen, das Walter Mayer in all seinen Trainerjahren ausgezeichnet hat.

Über den Staffeltag gibt es einige Geschichten, die mit Ihnen im Zusammenhang stehen.

Ja, ich habe beispielsweise mit Sporthilfe-Chef Hubert Neuper ein Abendessen gewettet. Er setzte auf Sieg der Österreicher, ich dagegen. Meine Überlegung war reiner Zweckpessimismus: Gewinnen wir, zahle ich das Abendessen sehr gerne. Verlieren wir, habe ich mindestens ein gutes Essen gewonnen. Nachdem Neuper recht behalten hatte, wählte er als Ort des Abendessens New York! Hätte er verloren, wäre es wohl Bad Mitterndorf gewesen. Aber die Wette habe ich bis heute, sechs Monate nach dem erfolgreichen Rennen, noch nicht eingelöst. New York erscheint mir doch ein bißchen weit weg für ein Abendmahl.
Auch hat mich Andreas Goldberger, der in einer Ehrenloge saß, darauf aufmerksam gemacht, daß ich zuerst nicht zu sehen gewesen sei, dann, als es gut für uns lief, im Zielraum auf und ab stolzierte, später, als Botwinow stürzte, wieder unsichtbar, aber nach dem Sprintsieg dann wieder präsent war. Ich habe es in dieser klaren Form nicht realisiert, aber es ist leicht möglich, daß mein Erscheinen und Verschwinden Spiegel meines Gefühlszustandes war.

Doch was mich am meisten beeindruckt hat und was mir die Tragweite des Staffelsieges für die österreichische Seele am deutlichsten vor Augen führte, war der Umstand, daß meine Eltern Alois und Anna in Ramsau weinten. Mein Vater ist 72, und ich habe ihn noch nie weinen gesehen. Er war völlig übermannt, und ich, als ich dies sah, auch. Es war für mich persönlich sehr berührend. Es war meine persönliche Erfahrung, was vier Sportler, was der Sport bewegen kann.

Bei den anschließenden Siegesfeiern wurde u. a. Trainer Mayer eine Glatze verpaßt. Und was ist Ihnen geschehen?

Wir waren im ORF-Haus, dort, wo alle big players der Sport- und Medienszene versammelt waren. Vor laufenden Kameras gratulierte mir Sportchef Elmar Oberhauser, mit dem ich auch so einige Sträuße ausgefochten habe, der mir in schlechten Zeiten oft brutal gesagt hat, wo wir Langläufer stehen, der uns aber auch unter die Arme gegriffen hat und einen gewaltigen Beitrag zum medialen Erfolgsrun unserer Disziplin mit der ORF-Berichterstattung in Ramsau leistete. Er gratulierte mir also – und goß mir sein Sektglas ansatzlos über den Kopf. Aber er hatte einen kleinen strategischen Fehler gemacht, mir nämlich auch ein Glas zu überlassen, mit dem wir Sekunden vorher angestoßen hatten. Und so überschüttete auch ich ihn mit Sekt. Ich weiß heute noch nicht, ob diese Aufnahmen je gesendet worden sind.

Der gute Ausdruck des Mannschaftsklimas kam meines Erachtens beim letzten Interview bei der Weltmeisterschaft in der Sendung „Sport am Sonntag“ hervor. Das gesamte Team, Sportler, Trainer, Betreuer, war lustig, ausgelassen, aber dennoch nicht übertrieben blödelnd. Es fand die richtige Wahl der Kommunikation und zeigte auf, daß die Chemie untereinander stimmte. So, wie sie in all den Jahren zuvor gestimmt hatte. Es war und ist eine leistungsorientierte Truppe, bei der die Menschlich- und Kumpelhaftigkeit aber nie zu kurz kamen. Und auch in Zukunft, hoffentlich, nicht kommen wird.

TOBLACH 1998

Tanz durch den Schnee

Von Sommer 1993 bis 1996 hatten wir Langläufer unseren Nordischen Stützpunkt in Ramsau. Gerlinde Mayer kochte dort für uns, aber nicht nur dort. Sie war mit uns unterwegs bei Olympischen Spielen, Weltmeisterschaften und Weltcuprennen, damit sie uns immer hochwertige Sportlernahrung zubereiten konnte. Doch die Struktur änderte sich vor den Olympischen Spielen in Nagano. Das Training wurde spezifischer, es entstanden drei Gruppen, jene um Emil Hoch, der Markus Gandler, Gerhard Urain und ich angehörten, die zweite um Walter Mayer und Franz Weingartner, eine dritte, die „kleine", mit Betreuer Michael Grossegger und Sportler Michail Botwinow. Alle Gruppen hatten ein eigenes Budget und eigene Trainingspläne.
Die Ansicht, daß diese Trennung aufgrund interner Streitigkeiten erfolgt ist, ist komplett falsch. Die Spaltung in drei Trainingsgruppen trug nämlich nur dem Umstand Rechnung, daß im Leistungssport mehr erreicht werden kann, je individueller trainiert wird. So verbrachte die Hoch-Gruppe mehr Zeit auf Schnee, fuhr bereits im Juni zum erstenmal nach Schweden und übersiedelte dann ins Höhentrainingslager nach St. Moritz. Gerade im Engadin konnten wir sehr gut trainieren. Diese Aktivitäten wurden von Walter Mayer zuerst belächelt – ein Jahr später aber nachgeahmt. Wir waren quasi die Testpersonen für die Sommervorbereitung auf die WM-Saison.
In diesem Sommer ließ ich mich an der Nasenscheidewand operieren, und zwar am 7. August 1997, und hoffte damit, im Wettkampf besser atmen zu können und weniger Probleme mit Nebenhöhlenentzündungen und -eiterungen zu bekommen. Der Termin war nicht günstig, hatte sich aber nicht anders ergeben.

In der Zwischenzeit organisierte Markus Gandler in Vuokatti in Finnland einen Tunnelsprint, der bei Medien und Fernsehen großen Anklang fand. Mayer lachte erneut darüber. Ein Jahr später trainierte die gesamte österreichische Langlauf-Nationalmannschaft dort. In diesem Tunnel wurde eine 2,4 Kilometer lange Schleife mit Anstiegen und Abfahrten angelegt, auf der es möglich wurde, das ganze Jahr über auf Schnee zu trainieren, und dies sowohl klassisch als auch im Skatingstil. Das Ziel, in diesem Trainingszentrum in Vuokatti auch noch die Höhenlage zu simulieren, konnte bislang aus budgetären Gründen nicht erreicht werden. Der Tunnel ist ein Auswuchs des Spitzensports, wird doch Langlauf als naturverbundene Disziplin dargestellt, die in der freien Natur ausgeübt wird. Doch die Leistungssportler gehen in einen Tunnel ...

Der Weltcup begann, und mit ihm stieß ein neuer Mannschaftsgefährte zu uns. Michail Botwinow. Er war bereits 1996 nach Österreich übersiedelt, mußte allerdings ein Jahr untätig zuschauen, weil er nach internationalem Reglement für den Weltcup gesperrt war. So hielt er sich als offizieller ÖSV-Läufer bei Volksrennen in Form, gewann im März 1997 auch den Wasa-Lauf für Österreich und konnte bei allen anderen Läufen des Volkslanglauf-Weltcups siegen.

Wir hatten erst spät erfahren, daß Michail Botwinow Österreicher werden würde, und zwar im September 1996. Damals war es mehr als ein Gerücht, daß Walter Mayer mit den Russen verhandelte, und wir fragten uns, ob Botwinow bereits in Trondheim mit dabei sein würde, unter österreichischer Fahne. Bei einem Sporthilfe-Seminar am Brandlhof in Saalfelden, bei der die Leistungsakademie für Spitzensportler ins Leben gerufen wurde, kamen dann Toni Innauer und die Gewißheit. Denn Innauer sprach davon, daß Michail Botwinow eine große Verstärkung sei, daß das Ziel eine Medaille in Ramsau mit ihm leichter zu realisieren sei. Markus Gandler, Achim Walcher, Maria Theurl und ich saßen bei dieser Gelegenheit mit Innauer zusammen, und unser Grundtenor

war eindeutig negativ. Für Botwinow, argumentierten wir, sei plötzlich Geld da. Das Langlaufbudget würde durch die Verpflichtung Botwinows nicht angetastet, beruhigte uns der Nordische Direktor.
In der Tat hatte Walter Mayer mit den russischen Verantwortlichen folgende Abmachung getroffen: Botwinow sollte nach den Olympischen Spielen in Nagano nach Österreich kommen. Innauer drängte auf eine schnellere Einbürgerung, weil es sonst in Hinblick auf die WM in Ramsau danach aussähe, als müßte sich Österreich eventuelle Medaillengewinne erkaufen. Und weil auch Botwinow es eilig hatte, Moskau und die russische Mannschaft zu verlassen, waren letztlich die Osteuropäer beleidigt, sprachen von Betrug und Verrat.
So war ein Russe Österreicher geworden, den wir selten sahen, weil auf diversen Circuits unterwegs, dem ich zu seinen Erfolgen gratulierte, wenn ich ihn zufällig in Radstadt sah, zu dem ich aber keine Beziehung und schon gar nicht eine Freundschaft entwikkelte. Und Zeit für einen gemeinsamen Kaffeeplausch hatten wir schon gar nicht. Aber in der Saison 1997/98 stand er mit uns in der Mannschaft, nachdem er die gesamte Vorbereitung allein absolviert hatte. Zusammen mit Michael Grossegger war er beim Höhentraining in Bulgarien und beim Gletschertraining. Doch als er am 20. September zum Team stieß, war der ehemalige Bronzemedaillengewinner mit Rußlands Staffel gleich akzeptiert. Durchs Reden kommen die Leut' zusammen, heißt es, und für den weiteren Verlauf meiner Beziehung zu Michail Botwinow stimmte das hundertprozentig. In Davos 1997 teilte ich das Zimmer mit ihm, aber das brachte über 30 Kilometer weder mir noch ihm Glück. Beide hatten wir verwachst, ich gab auf, er wurde 70. Ich erkannte, daß Botwinow ein patenter Kerl war, der hilfsbereit war, zu Späßen aufgelegt, der mehr für ein positives Teamklima tat als andere in der Mannschaft. Ich merkte, daß er nicht der Einzelgängertyp war, für den ich ihn die Monate zuvor gehalten hatte. Deshalb tat es uns auch ehrlich leid, daß er nicht die Frei-

gabe vom russischen Verband erhielt, um bei den Olympischen Spielen in Nagano zu starten. Hat nämlich ein Sportler bereits einmal an den Spielen teilgenommen, muß er bei Nationalitätswechsel zumindest drei Jahre warten, ehe er für eine erneute Teilnahme berechtigt ist – außer, eine Freigabe des Nationalen Olympischen Komitees liegt vor. Doch Rußland stellte sich quer, wollte an Botwinow noch verdienen. Juri Tscharkowski, der Berater des russischen Verbandes, bezeichnete Botwinow geradeheraus als einen Verräter, einen Deserteur. Der Österreichische Skiverband seinerseits ließ sich auch nicht erpressen, betrieb aber vielleicht seine Freigabe nicht mit dem notwendigen Nachdruck. Ich persönlich war froh, daß der ÖSV für Botwinow keinen Schilling auf den Tisch legte, weil dadurch ein negativer Touch an unserem Sport hängengeblieben wäre. Schaut her, die müssen sich Sportler einkaufen, weil sie selber keine haben, hätte es womöglich geheißen. Und das war unnötig, denn die primäre Zielsetzung hieß: Medaillen in Ramsau. Und dort hätte Botwinow so oder so starten können.
In Japan wäre er allemal eine Verstärkung gewesen, und ich dachte mir, wie ich mich wohl gefühlt hätte, wenn ich aufgrund sportpolitischer Gründe um eine Olympiateilnahme gebracht worden wäre. Eigentlich sonderbar: Botwinow hätte nach den Olympischen Spielen in Nagano mit Erlaubnis und Zustimmung seines Verbandes wechseln können, wohin er wollte, nach Italien, nach Frankreich. Doch er wollte nicht länger warten, weil er in Rußland seine sportliche Entwicklung gefährdet sah. Und so kam Boti schon vor den Olympischen Spielen zu uns, nachdem auch die Einbürgerung von Vladimir Smirnov und Alexej Prokurorov kolportiert worden war. Botwinow war von Toni Innauer als Motivationsgeber für den Rest der Mannschaft gedacht worden. Seine Idee wurde von Walter Mayer umgesetzt (der als Sportler nicht wenige Probleme mit Tscharkowski gehabt hatte, doch später wurden sie dicke Freunde). Die Vorstellungen des Nordischen Direktors bewahrheiteten sich. Im Gesamt-Weltcup kam Bot-

winow auf den vierten Rang, eine Saison später auf den zweiten. Botwinow hat innerhalb von zwei Jahren fast alles gewonnen, von dem Langläufer träumen: den Wasa-Lauf (1997), WM-Gold in der Staffel und fast anschließend den 50-Kilometer-Lauf am Holmenkollen (beide 1999).

Auch (oder gerade) ohne Botwinow wurden die Olympischen Spiele in Nagano historische für den heimischen Langlauf. Markus Gandler Silbermedaillengewinner, Christian Hoffmann Bronzemedaillengewinner – Österreich jubelte über neue Heroen. Meine persönliche Stimmung war verständlicherweise nicht die beste. Andreas Schwab meldete sich Anfang März 1998 wieder, wie 16 Monate zuvor, und sprach mit mir über meine berufliche Zukunft. Sein Assistent bei den Hauser-Kaibling-Bahnen könnte ich werden, sagte er, mit der Aufgabe, Events zu organisieren, damit die Bahnen im Gespräch seien. Ich müßte lediglich einen Test und ein Vorstellungsgespräch in Graz absolvieren, und mit seiner Unterstützung hätte ich gute Chancen, den Posten zu erhalten. Ich befand mich gerade beim Weltcup in Skandinavien, und es war eigentlich von Anfang an klar, daß ich ablehnen würde. Der Job erschien mir nicht reizvoll genug, und die Weltmeisterschaft in Ramsau rückte schön langsam in den Mittelpunkt meiner Gedanken. Die gesamte Szene, die Aufmerksamkeit der Öffentlichkeit, alles drehte sich um das Duo Gandler/Hoffmann. Ich konnte nicht aufhören, im Abseits stehend, o nein, ich nicht. Ich konnte mir nicht die Heimweltmeisterschaft, meine zweite nach Seefeld, entgehen lassen. Aber ich wußte auch: Das wird meine letzte Saison, meine letzte Großveranstaltung. Wenn ich in Ramsau keine Medaille gewinne, dann habe ich eben Pech gehabt.

Ich nahm mir für meine letzte Vorbereitung im Sommer 1998 vor, dem Reisestreß weitestgehend zu entkommen und trainierte daher sehr viel daheim. Ich flog im Frühsommer nicht nach Skandinavien (dafür war Kombinierer Mario Stecher mit den Langläufern unterwegs), ich fuhr auch nicht zum Höhentraining nach

St. Moritz. Ich arbeitete nach einem Programm vom Trainer Franz Weingartner, fuhr mit seiner Gruppe Mitte Juli zum ersten Kurs und war von Anfang an sehr gut in Form. Mit Weingartner hielt auch der Computer bei uns Langläufern Einzug. Alle Auswertungen, Statistiken, Trainingsumfänge, Vergleiche mit vergangenen Jahren waren nunmehr per Knopfdruck abrufbar. Da er, der gebürtige Kössener, nach Filzmoos heiratete, hatte ich aufgrund der räumlichen Nähe guten und engen Kontakt zu ihm. So war ich meistens mit ihm unterwegs, wenn es zu einem Rennen oder einem Trainingskurs ging. Weingartner war auch der Mann, der für den Trainingsbetrieb verantwortlich war.

Im Herbst fuhr ich dann mit Emil Hoch auf den Gletscher, während sich die anderen in Vuokatti aufhielten. Meine medizinischen Werte waren optimal – die besten, die ich je hatte. Sogar die Kurve der maximalen Sauerstoffaufnahme führte noch nach oben und erreichte 88,9 ml/kg Körpergewicht. Damit lag ich nur hinter Gerhard Urain (91). Zum Vergleich: Die Sauerstoffaufnahme eines Nicht-Ausdauersportlers liegt ungefähr bei 45. Auch die sportlichen Sommertests liefen bestens. Beim Skiroller-Bewerb im klassischen Stil von Pichl bei Schladming zur Talstation der Gletscherbahnen, den wir seit 1993 jährlich machten, stellte ich den Rekord von Gerhard Urain ein. Beim Skatingtest in Lohnsburg blieb ich nur drei Sekunden hinter Christian Hoffmann. Walter Mayer schüttelte ungläubig den Kopf: „Der Hund ist heuer saumäßig gut drauf."

Das Sommertraining verlief super. Ich war nie krank, nie verletzt, fast immer am schnellsten, und dies im richtigen, vorgegebenen Trainingsbereich. Meine Motivation ergab sich aus der Tatsache, daß ich wußte: Es ist der letzte Juli, den ich hart durchtrainiere. Es ist der letzte August als Wettkampfsportler. Es ist das letzte Mal, daß ich nach Lohnsburg fahre. Es ist das letzte Mal von allem. Diese „letzten Male" mobilisierten bei mir die letzten Nuancen. Im Laufe meiner Karriere habe ich mir nie vorwerfen müssen, zuwenig für meine Disziplin getan zu haben. Ich war immer ein überaus fleißiger Sportler. Doch in diesem Sommer war ich noch fleißiger.

Umso erschreckender also, daß der Weltcupauftakt im finnischen Muonio komplett in die Hose ging. Mit meinem 42. Rang hatte ich mich nicht einmal für die erste Staffel qualifiziert und hätte in der zweiten antreten müssen. Ich war nicht unter den vier besten Österreichern. Mir hätte diese Degradierung nichts ausgemacht (sie wäre im nachhinein sogar erstrebenswert gewesen), doch Mayer sprach ein Machtwort: Der Luigi startet in der ersten Staffel. Weil wir aber alle einen schlechten Tag hatten und Markus Gandler gleich auf der ersten Schleife als Letzter mit großem Rückstand übergab, wurden wir von Österreich II geschlagen. Das wurmte uns Arrivierte, doch es war ein positives Zeichen, daß sich in unserem Sport bezüglich Dichte und Mannschaftsstärke einiges getan hatte.

Auch nach diesem verpatzten Saisonauftakt ließ ich den Kopf nicht hängen. Es war nicht das erste Mal, daß ich zu Weltcupbeginn nicht meine Form ausspielen konnte. Erstmals abgerechnet, sagte ich mir immer wieder, wird erst zu Weihnachten. Dann werde ich auch sehen, ob meine Zielsetzung, ein Weltcup-Gesamtrang unter den ersten Zehn, realistisch ist oder nicht.

Zwei Wochen später traf sich der Weltcuptroß in Toblach vor dem Hotel Santer zu zwei Rennen, denen ich nicht gerade in freudiger Erwartung entgegensah: 10 Kilometer Skating und dann 15 Kilometer klassisch Verfolgung. Ich kam in Südtirol an in der Hoffnung, daß zumindest die Strecke eine andere sein möge als 1993, als ich auf dem leichten Gelände 42. wurde. Mir lagen schwere und langsame Verhältnisse eher als eine schnelle Strecke wie in Toblach. Und was sollte ich über zehn Kilometer Skating schon erreichen, ich, der ich nicht gerade der überschnelle Sprinter war? Als das Wetter dann auch noch schön und kalt war, schien für mich klar: Das ist eine Hoffmann-Runde, da kann er auftrumpfen. Mir setzte ich bescheidenere Ziele: Weltcuppunkte erringen; zufrieden sein mit einem Rang unter den ersten zwanzig; jubeln

über einen Platz unter den ersten zehn. Ich stand unter geringem Druck, denn für meine erste gute Plazierung in dieser Saison hätte ich auch noch in Davos, bei meinem Lieblingsrennen, eine Woche später über 30 Kilometer klassisch gute Chancen gehabt.
So lief ich locker los, mit einem Ski, der in der Mannschaft heißbegehrt war. Doch weil er zu meinem Repertoire gehörte, nahm ich ihn (klarerweise), während Markus Gandler mein zweitbestes Paar Ski wählte. Wir hatten getan, was wir die gesamte Saison über tun sollten: unsere Ski zusammengelegt und getestet. Jeder seine eigenen und alle der anderen. Sowohl Hoffmann als auch Gandler stimmten mit mir in der Beurteilung überein, daß ich die schnellsten Ski hatte. Vor mir war Björn Daehlie gestartet, und als ich ihn nach eineinhalb Kilometern immer noch sah, wußte ich, daß ich auf den ersten, unrhythmischen Kurven so viel nicht verloren haben konnte. Ich lief an Franz Weingartner vorbei, der mir zurief, daß ich unter den ersten zehn sei. Bei Kilometer vier stand Walter Mayer: „Du bist fast gleichauf mit Boti!" In der Folge verbesserte ich mich immer weiter nach vorne, doch ich wußte nicht, daß ich auf Rang drei lag und als Dritter ins Ziel kam – 0,5 Sekunden hinter Michail Botwinow. Einer der ersten, der bei mir stand, war Franz Gattermann, der mir auch gleich den Überblick über die Situation im Rennen gab. „Drei sind es noch, die dich vom Podest stürzen können, Hoffmann und die beiden Schweden Elofsson und Fredriksson." Ich begann zu zittern, zu hoffen, zu beten, zu hadern. Sollte ich jetzt meinen ersten Podestplatz im Laufe meiner Weltcupkarriere verspielen, um eine läppische halbe Sekunde, an Botwinow. So sehr ich dich mag, Boti, das wäre eine Gemeinheit.
Hoffmann kam ins Ziel als aktueller Vierter, 7,2 Sekunden hinter mir. Ein Drittel des Steins bröckelte von meinem Herzen, doch ich wagte nicht, daran zu denken: Sollte ich jetzt gar unbedankter Vierter werden, 0,5 Sekunden hinter Botwinow? Dann war Fredriksson da, als neuer Vierter, 6,4 Sekunden hinter mir. Ich hoffte weiter. Und dann war Elofsson im Ziel, um 2,8 Sekunden

zu langsam, um meinen dritten Platz gefährden zu können. Dritter, hinter Daehlie und Botwinow. Dritter: Erstmals auf dem Weltcup-Podest! Dritter! Ich tanzte durch den Toblacher Schnee, und plötzlich fand ich die Loipe wunderbar und die Ortschaft und die Tatsache, daß mich Michail Botwinow innerhalb von einer Woche zweimal knapp geschlagen hatte. 0,5 Sekunden waren es in Südtirol, zuvor in Ramsau bei einem Testrennen war es doppelt soviel. „Boti, hättest du mich um diesen dritten Rang gebracht, ich hätte dich wieder heimgeschickt", scherzte ich mit ihm. Ich war glücklich wie ein kleines Kind, dem zu Weihnachten ein Herzenswunsch erfüllt worden ist. Ich hatte bewiesen, immer noch wer zu sein und mit jüngeren Läufern mithalten zu können. Achim Walcher indes ging es weit schlechter. Er wurde 43. und konnte das Ziel von Trainer Mayer nicht realisieren. „Ich möchte, daß der schlechteste Österreicher besser ist als der beste Österreicher von 1993", hatte er vor dem Rennen gesagt. Während ich jubelte, lief Walcher mit finsterer Miene durch das Mannschaftsquartier.

Später, in unserem Mannschaftshotel, beschäftigte ich mich nochmals eingehend mit dem Rennen, nachdem ich mich über die Glückwünsche meiner Mannschaft, über die vielen Gratulationen am Telefon und über die vielen „Anrufe in Abwesenheit" auf meinem Handy gefreut hatte. Ich telefonierte mit Roswitha, meinen Eltern, meinen Brüdern. Ich bedankte mich bei ihnen, teilte meinen Erfolg – denn sie waren es, die immer hinter mir gestanden waren, in schlechteren Zeiten. Sie hatten maßgeblich Anteil an meinen besseren. In Momenten wie jenen in Toblach ist der Sport nur schön. Kein Gedanke wird an negative Ereignisse der Vergangenheit verschwendet. Man befindet sich nur im Freudentaumel.

Es war eines der knappsten Rennen, die ich je bestritten hatte im Laufe meiner Karriere. Bei Kilometer 7,1 lag ich an dritter Stelle, hinter Hoffmann, aber 0,6 Sekunden vor Botwinow. Den zweiten trennten zu diesem Zeitpunkt 1,8 Sekunden vom Fünften und lediglich 7,1 Sekunden vom Neunten. Zwischen Rang zwei und elf lagen im Ziel lächerliche 16,3 Sekunden. Hinzu kam, daß der Bewerb in Toblach das schnellste Zehn-Kilometer-Rennen war, das es in der Geschichte des Weltcups je gegeben hatte. Ich war stolz auf mich und meine Leistung. Auch, weil sie mir nicht zugetraut worden war. So meinte Walter Mayer einmal, daß ich sicher das Zeug hätte, unter die ersten drei bei einem Weltcuprennen zu laufen, aber nur bei einem Sauwetter und mit dem richtigen Wachs. Mit Glück also. Ich schätzte seine Offenheit, doch in Toblach jubelte ich innerlich. Auch ihm hatte ich das Gegenteil bewiesen!

Auch im Verfolgungsrennen am Tag danach, zu dem mein Vater, mein Bruder Sepp und dessen Freund Hannes unangemeldet nach Toblach kamen, lief es für Österreich sehr gut. Das Terzett Botwinow, Stadlober, Hoffmann landete auf den Rängen fünf, sechs und neun. Nach dem Wettbewerb läutete das Handy, und Wolfgang Mitter, Generalsekretär der Nordischen Weltmeisterschaft, bedankte sich bei mir, bei uns, für die „beste Werbung", die wir für die WM machen konnten. Und als Dank sagte er mir die vierte VIP-Karte, um die ich mit ihm lange gefeilscht hatte, zu. Drei waren bereits vorher fix gewesen, die vierte erhielt ich als Zeichen, daß er als Organisator von mir und meinen Leistungen überzeugt war, daß er mir zutraute, ähnliches in Ramsau zu leisten. (Wobei ich hinzufügen muß, daß ich nie schlecht im Aushandeln von Prämien war und nebenbei auf leistungsbezogene Verträge Wert legte.)

In Südtirol wurden erstmals in diesem Winter drei Sportlerinnen mit Startverbot belegt, weil bei ihnen ein zu hoher Hämoglobinwert gemessen worden war. Dies hatte zur Folge, daß in Zukunft der Sportler nicht wie bisher eine Stunde, sondern nur mehr 15 Minuten Zeit hat, um, wenn aufgefordert, zur notwendigen Kontrolle zu erscheinen. Denn in einer Viertelstunde sind die Möglichkeiten, den zu untersuchenden Wert zu manipulieren, gering. Es hatte auch zur Folge, daß in Davos bei der nächsten "buderus" FIS World Cup Cross Country 1998/99

3rd World Cup Competition Men

Official Result

Buderus

Toblach (ITA)		Distance	10 km F
December 12th 1998		Starting time	11:45:00

Jury		Data of Course	
TD FIS	Enqvist, Hans (SWE)	Height Difference (HD)	50 m
Chief of Competition	Walder, Karl (ITA)	Maximum Climb (MM)	50 m
Chief of Course	Walder, Albert (ITA)	Total Climb (MT)	342 m
Jury-Member	Hänel, Lutz (GER)	Length of lap	5 km
Jury-Member	Kyrö, Kari-Pekka (FIN)	Laps	2

Rk	StNo	FIS-Code	Name Club	NAT	2,1 km 5,0 km	Rg. Rg.	7,1 km	Rg.	Finish	Diff.	FIS-Pnts
1	82	1006181	**DAEHLIE, Bjoern**	**NOR**	4:29.2 10:35.4	1 1	15:21.4	1	**22:50.7**	0.0	0.00
2	80	1022089	**BOTWINOV, Mikhail**	**AUT**	4:37.0 10:51.6	11 4	15:45.1	4	**23:05.3**	14.6	6.39
3	83	1011128	**STADLOBER, Alois**	**AUT**	4:41.1 10:53.4	32 7	15:44.5	3	**23:05.8**	15.1	6.60
4	93	1239078	**ELOFSSON, Per**	**SWE**	4:37.6 10:52.7	13 5	15:45.5	5	**23:08.6**	17.9	7.83
5	92	1066224	**FREDRIKSSON, Mathias**	**SWE**	4:33.8 10:54.4	4 8	15:49.9	8	**23:12.2**	21.5	9.41
6	85	1094839	**HOFFMANN, Christian**	**AUT**	4:33.3 10:47.2	3 2	15:43.7	2	**23:13.0**	22.3	9.76
7	97	1011516	**ISOMETSA, Jari**	**FIN**	4:40.4 10:54.8	26 9	15:48.3	7	**23:13.4**	22.7	9.93
8	91	1059628	**ALSGAARD, Thomas**	**NOR**	4:39.9 10:59.0	23 13	15:50.8	9	**23:15.7**	25.0	10.94
9	78	1092511	**HETLAND, Tor Arne**	**NOR**	4:36.0 10:57.7	8 12	15:52.9	11	**23:19.8**	29.1	12.73
10	59	1028588	**ASCHWANDEN, Wilhelm**	**SUI**	4:42.0 11:01.8	38 18	15:57.5	14	**23:21.3**	30.6	13.39

Weltcupstation, die besten 15 der aktuellen Weltcupliste, zur Kontrolle mußten. Die 15-Minuten-Regel traf Michail Botwinow und mich.
Mit einem dritten und einem sechsten Rang in der Verfolgung sowie einem achten Platz in Davos fand ich mich am sechsten Platz im Gesamt-Weltcup wieder, mit dem ich in die Weihnachtspause ging. Ich war ruhig und gelassen. In Toblach hatte ich bewiesen, nicht zum alten Eisen zu gehören – selbst wenn ich in Ramsau bei der Weltmeisterschaft keine Medaille erringen sollte. Bewiesen hatte ich auch, daß die Olympischen Spiele psychologisch verarbeitet waren. Und klar war: Ich mußte nur gesund bleiben, dann würde ich in Ramsau dabeisein, nicht als Statist, sondern als feste Größe.
Gesund bleiben – als ob das so einfach wäre. Ich gewann ein Rennen zum Pfanner-Vereinscup in Hall bei Admont am 30. Dezember, kränkelte und lag am 2. Jänner des WM-Jahres mit 39,5 Grad Celsius Fieber im Bett. Ich hatte mir einen Grippevirus eingefangen, der gerade über den Britischen Inseln sein Unwesen trieb und lediglich erste Vorboten nach Mitteleuropa geschickt hatte. Ich war eines seiner ersten Opfer. Zusammen mit Teamarzt Peter Baumgartl kam ich zum Entschluß, den Weltcup Weltcup sein zu lassen, die nächsten Rennen nicht zu bestreiten und nur danach zu trachten, in Hinblick auf den Saisonhöhepunkt wieder fit zu werden.
Die bestechende Form, die ich hatte, war aufgrund des Fieberanfalls, meines zweiten in rund 20 Jahren Spitzensport, wie weggeblasen. Der Körper hatte ganze Arbeit geleistet und alles vertrieben: die Viren, die Bakterien, leider auch meine Form. Deshalb war ich nicht in der Weltcupstaffel dabei, die in Nove Mesto von Gandler, Marent, Botwinow und Hoffmann bestritten und gewonnen wurde. Es war ein Highlight für unseren Sport – und ich fehlte. So wie auch Gerhard Urain fehlte. Ihm sagte Trainer Mayer, als er die Startnummer seinem Zimmerkollegen Marent brachte: „Tut mir leid, Uri, morgen bist du in der Siegerstaffel nicht da-

bei ..." Mayer behielt recht. Urain, aber auch ich haderten mit dem Schicksal. Doch der Stich ins Herz hielt sich in Grenzen, auch wenn sich die Medien auf das Quartett von Nove Mesto stürzten und so taten, als hätte es mich nie gegeben: aus den Augen, aus dem Sinn. Es freute mich allerdings, daß Alexander Marent mich nicht vergessen hatte. „Ich bin Stadlobers Ersatz", hatte er den Journalisten nach dem Staffelsieg gesagt, „und wenn er wieder im Team ist, wird wohl er laufen." In mir überwog fast zeitgleich das Gefühl, daß Ramsau vor der Tür stehe, daß es der Saisonhöhepunkt sei, und daß dort nur die Leistung zähle.

Weil ich krank war, fuhr ich nicht auf die Tauplitzalm ins Trainingslager, wo die Höhenlage eine Belastung für meinen Körper bedeuten hätte können, sondern bezog mein Quartier in Ramsau im Kobaldhof, dem mitteleuropäischen Langlaufhotel Nummer eins, in dem sich die Weltelite unseres Sports die Türklinke in die Hand gab und immer noch gibt. Ich arbeitete am WM-Schauplatz in Ramsau und genoß den Vorteil, an freien Nachmittagen nach Radstadt zur Familie fahren zu können.

Der Dolomitenlauf am 24. Jänner war mein erster Härtetest. Es gewann Michail Botwinow vor dem Deutschen Johann Mühlegg und – Alois Stadlober. Aber: Bei den Sprintwertungen um Prämien schnitt ich schlecht ab und gestand mir ein, daß meine Form noch nicht WM-tauglich war. Eine Woche später wollte ich den Tauernlauf bestreiten und hatte mit den Veranstaltern schon vereinbart, daß ich die 42-Kilometer-Schleife laufen würde. Es schaltete sich Manfred Zeilinger ein, der mir empfahl, nur die kurze Route über 20 Kilometer zu laufen, da die Belastung sonst zuviel werden könnte. Ich ging meinen eigenen Weg, zeigte Eigeninitiative und hörte nicht auf andere (was man gerade als Spitzensportler zuweilen tun muß, denn niemand kennt den eigenen Körper besser als der Betroffene selbst). Ich wurde Zweiter und spürte einen Formanstieg. Doch ich war auch Realist genug, um zu wissen, daß ich mit dieser Form in Ramsau chancenlos im Kampf um die Medaillen gewesen wäre. Der „Turbo", dieser letzte

Qualitätssprung, zündet eben nach einer Krankheit nicht so schnell.

Vom Tauernlauf waren es genau 19 Tage bis zum Auftakt der Titelkämpfe. Es war der 31. Jänner, an dem ich, und mit mir die gesamte Langlauf-Nationalmannschaft, einen psychologischen Tiefschlag hinnehmen mußte, den wir so schnell nicht verarbeiten konnten und vielleicht immer noch nicht haben. An jenem Tag verunglückte Alois Schwarz, Freund, Leistungssportler, Konkurrent in sehr vielen Loipenduellen und zuletzt unser Servicemann, bei einem Autounfall tödlich. Er war 33 Jahre alt, hinterließ seine schwangere Frau Greti und zwei kleine Kinder. Als ich es erfuhr, war ich gerade in einem Nacht-Langlaufsprint in Irdning in der Steiermark ausgeschieden. Ich war beim Umziehen, als Markus Gandler vor mir stand. Leichenblaß sagte er mit monotoner Stimme: „Der Blacky ist tödlich verunglückt."

Es dauerte einige Sekunden, bis ich die Tragweite dieser Worte realisierte. Hunderte von Bildern schossen mir durch den Kopf. Der Tag, an dem wir uns kennengelernt hatten. Das Rennen um irgendeinen österreichischen Meistertitel. Das Duell um den Platz des besten Österreichers bei internationalen Großveranstaltungen. Das Zusammentreffen wenige Tage vor seinem Unfall. Er war nach Ramsau gekommen, um mir und Markus Gandler Ski zu bringen, wollte dann weiter zu Christian Hoffmann auf die Tauplitzalm und dann selbst noch ein Landescup-Rennen bestreiten. Doch obwohl er es eilig hatte, nahm er sich die Zeit und die Muße, auch Roswitha ein Paar Ski sehr genau zu präparieren. Sie hatte sich an diesem Montag gerade in Ramsau aufgehalten und wollte einige Runden auf den WM-Loipen drehen.

Wir hatten geplant gehabt, in Irdning nach getaner Tat gemeinsam essen zu gehen, doch die Hiobsbotschaft änderte unsere Stimmungslage urplötzlich. Wir waren alle wie erschlagen. Kein Gedanke mehr, etwas zusammen zu unternehmen: Mit leeren Blicken fuhren wir alle heim, jeder gedankenversunken, manche auch mit Tränen in den Augen. Wir alle hatten einen Freund verloren. Blacky und ich hatten in derselben Woche geheiratet und einen gemeinsamen Polterabend für uns beide inszeniert. Meine Kinder und seine sind etwa gleich alt, so hatten wir auch privat einen sehr engen Kontakt. Und ich mußte mir immer wieder vorstellen: Was wäre, wenn meine Kinder ihren Vater verlieren würden?

Die Gesetze des Leistungssports, des Lebens sind hart. Sie erlauben nicht, daß man eine Auszeit nimmt, um persönliche Schicksalsschläge oder Krisenmomente allein und in Abgeschiedenheit verarbeiten zu können. Eine Woche nach dem Tod von Alois Schwarz standen in Walchsee in Tirol die österreichischen Meisterschaften auf dem Programm, und meine Teilnahme war, quasi als vorletzte Leistungsüberprüfung, Pflicht. Ich gewann über zehn Kilometer klassisch vor Botwinow und Gandler. Und ich siegte auch im Verfolgungsrennen, wobei ich schneller als Botwinow und Gandler skatete. Es waren meine österreichischen Meistertitel 35 und 36.

Vom Walchseer leistungssportlichen Abstecher ging es zurück in das reale Leben. In Zwettl wurde unser Freund zu Grabe getragen, und die Österreichische Langlauf-Nationalmannschaft geleitete ihn zur letzten Ruhestätte.

Hoffentlich bleibe ich gesund. Hoffentlich verwachse ich in Ramsau nicht. Gesund bleiben? Verwachsen? Der Tod eines Freundes verschiebt die Wertigkeiten. Es ist der einzelne, der jene Umstände, die ihm persönlich nahegehen, dramatisiert. Alois Schwarz war während der Weltmeisterschaft in Ramsau ständig präsent, und wir hatten uns gesagt, daß wir Medaillengewinne, so es welche geben sollte, unserem Blacky widmen würden.

„Du Trottel, was tust du? Mist, was ist jetzt passiert?“

Interview mit **Michail Botwinow,** der als eingebürgerter österreichischer Athlet in Ramsau 1999 Staffel-Weltmeister und Gewinner von WM-Bronze über 50 Kilometer wurde.

Michail Botwinow, Sie haben in Ramsau bei der Weltmeisterschaft 1999 zwei Medaillen gewonnen. Aber sind Sie tatsächlich zufrieden?

Ich bin zufrieden, weil ich Staffelgold gewann und mit diesem nicht gerechnet habe. In den Einzelrennen, speziell über 30 Kilometer, hatte ich mir allerdings mehr erwartet. Denn in Seefeld war ich Zweiter geworden und wußte, daß ich mich in sehr guter Form befinde. Doch in Ramsau herrschten an jenem Tag Temperaturen um den Gefrierpunkt, und es war sehr schwer, den richtigen Ski zu finden. Mit Michael Grossegger diskutierte ich lange, welche der beiden in der engeren Auswahl befindlichen Latten ich nun nehmen sollte, und entschied mich erst kurz vor dem Start. Doch weil sich die Wetterbedingungen änderten und der Ski langsamer wurde, konnte ich meinen dritten Rang, den ich nach zehn Kilometern belegt hatte, nicht halten. Ich wurde 18., und das war eine große Enttäuschung.

Hatten Sie überlegt, das Rennen aufzugeben?

Ja, hatte ich. Ich habe mit einer Medaille in diesem Bewerb spekuliert, doch als es im zweiten Teil des Rennens schlecht für mich lief, habe ich tatsächlich überlegt, die Konkurrenz aufzugeben. Dann lief ich das Rennen zu Ende und sagte mir, daß es zumindest ein gutes Training gewesen sei.

Wie haben Sie die Ereignisse der Tage vor dem Staffelrennen und an jenem Tag, an dem die Mannschaft Weltmeister wurde, miterlebt?

Wie gesagt, ich wußte, daß ich in guter Form war, war aber auch verzweifelt, weil ich kein gutes Ergebnis zustande gebracht hatte, auch über zehn Kilometer klassisch nicht. In dieser Zeit war mir Walter Mayer eine große Stütze. Er hat mich immer wieder darauf verwiesen, daß der Ski schuld war und nicht ich, daß meine Kondition ohnehin paßt. Seine Worte waren bestes mentales Training für mich, psychologisch ging es mir immer besser. Und auch die zahlreichen Skitests zwischen dem Zehn-Kilometer-Rennen und dem Staffelbewerb beruhigten mich, ich erkannte, daß ich wirklich gut drauf war.

Am Renntag selbst habe ich zuerst nicht viel mitbekommen, denn der Streß war sehr groß. Ich hörte allerdings, daß zuerst Gandler und dann Stadlober gut unterwegs waren, und das beruhigte mich. Als ich in die Loipe ging, war meine Taktik klar: den Vorsprung auf Norwegen, auf Björn Daehlie ausbauen. Er begann sehr schnell und holte acht, zehn Sekunden auf. Dies teilten mir unsere Betreuer mit, die bei jedem Kilometer standen und uns optimal mit Informationen über den Rennverlauf versorgten. In der zweiten Hälfte der zehn Kilometer sah ich dann, daß der Ski optimal lief und forcierte das Tempo. So gewann ich verlorene Sekunden zurück und baute den Vorsprung auf fast 40 Sekunden aus.

Und dann sind Sie gestürzt, einen Kilometer vor dem Wechsel zu Christian Hoffmann, in einer Abfahrt bei Kilometer neun. Wie kam dieses Mißgeschick zustande? Und was haben Sie sich in welcher Sprache – deutsch oder russisch – gedacht?

Ich wollte unseren Vorsprung einfach noch vergrößern, ich hatte es eilig, zu eilig eben. Deshalb fuhr ich mit beiden Skiern in dieselbe Spur ein und stürzte. Sicher, ich war schon etwas müde, aber sicher nicht dermaßen müde, daß ich mich nicht kontrolliert bewegen hätte können. Die Gedanken, die mir kamen, faßte ich auf deutsch und sie lauteten unge-

fähr: Du Trottel, was tust du? Scheiße, was ist da passiert? Ich wußte, daß ein Staffelrennen ein ganz besonderer Bewerb ist, denn in diesem läuft man nicht nur für sich, sondern für die Mannschaft. Deswegen ist die Verantwortung auch viel größer. Ich war als Jugendlicher, als es an Einzelplazierungen noch haperte, immer ein zuverlässiger und mannschaftsdienlicher Staffelläufer gewesen. Umso mehr tat es mir weh, gerade bei der WM in der Staffel zu stürzen.

Sie verloren einen Stock?

Ja, und Michael Grossegger reichte mir einen anderen, denn er stand just an dieser kritischen Stelle. Doch er war zu kurz, genauso wie jener, den ich wenig später von Herbert Seidl erhielt.

Wären Sie nicht gestürzt, dann ...?

Dann wäre es für die Zuschauer und für uns Beteiligte nicht mehr so spannend und interessant geworden. Dann hätte ich mit mehr als 40 Sekunden Vorsprung auf Christian Hoffmann übergeben, und diesen hätte er, weil sehr gut in Form, locker über die Runden gebracht. Aber ich stürzte und dachte nicht, als es zum Zielsprint kam, daß Hoffmann gegen Thomas Alsgaard gewinnen könnte. Umso glücklicher war ich, als er es dann doch tat!

Wenn Sie heute, Monate nach der WM in Ramsau, von Fans und Freunden angesprochen werden – steht Ihr Sturz oder der Staffelsieg im Mittelpunkt?

Ach, die Leute schildern mir zuerst, was sie gefühlt und was sie empfunden haben, als ich zu Fall kam. Ich glaube, daß ich mit diesem Mißgeschick in Österreich, in meiner neuen Heimat, noch bekannter geworden bin als mit einem einfachen Staffelsieg.

Sind Sie glücklicher über Staffelgold oder über Ihre Bronzemedaille, die Sie zwei Tage später über 50 Kilometer errungen haben?

Ich weiß nicht, welche Medaille wertvoller ist. Das Staffelergebnis beweist, daß wir ein Superteam waren, daß vier Läufer sehr stark waren und daß die Betreuer perfekt gearbeitet haben. Mir liegt sehr viel an dieser Medaille, weil ich in Österreich sehr gut aufgenommen worden bin und gerade in diesem Bewerb meine Dankbarkeit zeigen wollte. Doch auch die Bronzemedaille ist sehr wichtig für mich, weil ich sie bei schwierigen Verhältnissen gewonnen habe.

Sie sprechen von Dankbarkeit, aufgenommen wurden Sie aber in der Mannschaft nicht mit offenen Armen.

Das stimmt, die Stimmung mir gegenüber war eher gleichgültig. Aber ich verstand es, denn ich war lange genug Konkurrent der Österreicher. Ich glaube, daß sich darüber die Funktionäre weniger Gedanken gemacht haben als die Sportler, als ich nach Österreich kam. Und umgekehrt hat Toni Innauer bereits an die Weltmeisterschaft im eigenen Land gedacht, während die Sportler immer im Hier und Jetzt leben. Doch in der Saison 1997/98 kam ich in die Nationalmannschaft, und die Stimmung unter uns Athleten wurde immer besser.

Alois Stadlober hat seine Karriere beendet. Was sagen Sie über ihn?

Die meisten Langläufer sind gute Leute, patente Typen. Aber der Luis ist ein ganz besonders netter Kerl. Nicht nur, weil er viel für den österreichischen Langlauf gemacht hat. Ohne ihn wäre diese Disziplin hierzulande wahrscheinlich gestorben. Der Luis war nicht ein Weltstar im Langlauf, aber in Österreich immer schon wichtig. Ich habe mich ganz ehrlich mit ihm gefreut, daß er Silber gewinnen konnte in Ramsau, ich habe mich mit ihm gefreut über Staffelgold, und dann nochmals, als er Zweiter wurde beim Wasa-Lauf. Wir haben alle gewußt, daß es seine letzten Rennen waren, und ich empfand wirklich keinen Neid.

Wann sind Sie das erste Mal mit Stadlober in Kontakt gekommen?

Das war, glaube ich, 1988, als ich mit der russischen Mannschaft auf der Tauplitzalm trainierte. Doch in der Folge hatte Alexej Prokurorow mehr mit Luis zu tun als ich. Alexej hat mir nur immer wieder gesagt, was für ein feiner Kerl der Stadlober sei, und als ich ihn dann besser kennenlernte, wurde dieser Eindruck bestätigt. Irgendwie habe ich einen ähnlichen Charakter wie Stadlober, und wir haben letztlich sehr gut zueinander gepaßt. Mit Luis war es immer lustig, und ich nehme an, daß mir seine Gesellschaft in den kommenden Weltcupjahren sicher ein bißchen fehlen wird.

Motivation im Langlauf

DAS ZIEL IST DAS ZIEL

Über 20 Jahre meines Lebens habe ich Leistungssport betrieben, sehr bald mit dem großen Ziel vor Augen, Weltklasse zu werden. Das war klarerweise nicht immer so. Denn am Anfang machte der Sport Spaß, und das Training war einzig dem Ziel untergeordnet, einfach besser zu werden. Ich wurde steirischer Jugendmeister, kam in den ÖSV-Jugendkader, in die Nationalmannschaft und wurde gleich österreichischer Staatsmeister. Meine ersten Ziele habe ich sehr schnell realisiert. Doch als ich dann zwei, drei, vier Jahre lang keinen Platz im Weltcup belegen konnte, der mir Weltcuppunkte gebracht hätte, als ich mich noch nicht einmischen konnte in den Kampf um die Medaillen bei Weltmeisterschaften und Olympischen Spielen, als ich Durchhänger hatte und an meinem Tun zweifelte, kam es auf die Motivation an. Meine Motivation, die mich seit Anfang meiner Karriere begleitete, und aus der ich Kraft schöpfte, läßt sich mit drei Sätzen definieren:

WICHTIG IST DIE FREUDE AM SPORT
WICHTIG IST, EIN ZIEL VOR AUGEN ZU HABEN
NUR ANALYTISCHE VORGANGSWEISE FÜHRT ZUM ERFOLG

Im Skilanglauf ist von den Umfängen her enorm viel zu trainieren. Es ist ein Ausdauersport mit hohem Kraftanteil, bei dem auch der Oberkörper Leistung bringen muß, viel mehr, als dies beispielsweise bei Marathonläufern oder Radsportlern der Fall ist. Das notwendige Ganzkörpertraining ist sehr zeitintensiv, und gearbeitet muß auch bei sengender Sonne oder bei schlechtem Wetter werden. 25 Trainingsstunden pro Woche sind gar nicht so wenig, wenn die Sonne in den Nacken brennt oder wenn es an vier aufeinanderfolgenden Tagen regnet. Die Ausrede, daß diese eine Trainingseinheit, geschwänzt aufgrund widriger Wetterverhältnisse, letztlich irrelevant sein dürfte für den Erfolg, darf es nicht geben! Um ein Ziel zu erreichen, ist ein Trainingsplan vonnöten, den es einzuhalten und zu befolgen gilt. Nur analytisches Denken führt zum Ziel. Denn Weltmeisterschafts-Medaillengewinner wird man nicht mit ein bißchen Training, das wird man nur mit knallharter Arbeit. Sicher hatte auch ich in all den Jahren meiner aktiven Laufbahn immer wieder den inneren Schweinehund zu überwinden. In diesen schwierigen Momenten fragte ich mich dann: Willst du oder willst du nicht eine Medaille erreichen? Willst du oder willst du nicht gewinnen? Wenn ja, dann gib Gas und laß dich nicht hängen, Luigi!

Besonders bei schlechten Ergebnissen kamen Zweifel hoch: Vielleicht schaffe ich es überhaupt nicht. Vielleicht habe ich doch nicht Talent, vielleicht sollte ich besser aufhören. Doch es hat neben schlechteren Ergebnissen auch wieder bessere gegeben. Bei den österreichischen Staatsmeisterschaften beispielsweise, und meine sportmedizinischen Werte waren auch im internationalen Vergleich sehr, sehr gut. Daran habe ich mich immer wieder aufgebaut und konnte mir sagen: Luigi, du schaffst es!

Immer wieder heißt es, daß wir Langläufer gerade vor der Weltmeisterschaft in Ramsau am Dachstein, und insbesondere ich als Ältester der Mannschaft, Druck von außen, von der Presse, den Fans, der Öffentlichkeit, erhalten hätten. Ich persönlich habe diesen nie an mich herangelassen, er hat mich nicht tangiert – ich habe mir Druck immer selbst erzeugt. ICH wollte bestimmte Ziele erreichen, was auch nur allzu verständlich ist, wenn ich mein Leben ganz dem Sport unterordne. Denn wenn professionell trainiert wird, werden Medaillengewinne angestrebt und nicht Plazierungen vom 30. Rang aufwärts ... So erwartete ICH mir eine Medaille in Ramsau – für mich und nicht für irgend jemand anderen, der mir vielleicht Druck gemacht hätte.

Nicht die Öffentlichkeit zwang mir ihren Willen und ihren Druck auf; eher tat ich der Presse, den Medien meine Erwartungshaltung kund. Und wer sagt, daß er bei diesem oder jenem Rennen unter den ersten Zehn oder ersten 15 landet, wird später beim Wort genommen. Als Sportler steht man dann zur eigenen Leistung kritischer als Außenstehende. Eines kann ich jedoch festhalten: Ich habe nie ein schlechtes Resultat schöngeredet – und darauf bin ich stolz.

Mit Druck umgehen zu können, war für mich nie ein besonderes Problem. Bereits 1986 war meine mentale Stärke gefordert, als sich der Skatingstil breitmachte und ich in der österreichischen Mannschaft nicht mehr die unumschränkte Nummer eins war. Ich zerbrach daran nicht, ich nahm die Herausforderung an: immer mit Spaß an der Sache und dem Ziel vor Augen, die Freistiltechnik zu erlernen, sie vielleicht nicht lieben zu können, aber doch ein friedliches Zusammenleben mit ihr zu ermöglichen. Der dritte Rang im Weltcuprennen von Toblach 1998 hat letztendlich meine Anstrengungen dafür belohnt.

Wäre das Umfeld für mich als Spitzensportler bereits in den achtziger Jahren so gut gewesen, wie es nach 1993 dann effektiv war – ich hätte meine Laufbahn sicher nicht bis zu meinem 37. Lebensjahr fortgesetzt. Zum einen, weil ich vielleicht früher zu meinen Traumzielen als Spitzensportler vorgestoßen wäre, zum anderen, weil ich vielleicht auch früher „verbraucht" gewesen wäre, aufgrund noch härteren, konsequenteren Trainings, trotz trainingsbegleitender Maßnahmen und Regenerationsphasen. In all diesen Jahren als Leistungssportler habe ich nie etwas von Psychologen, Gurus, Motivationskünstlern und Mentaltrainern gehalten. Ich stand ihrem Treiben ablehnend gegenüber. Für mich war das reiner Hokuspokus ohne Sinn und Zweck. Wenn du dich nicht selbst motivieren kannst, wenn du dir nicht selbst mentale Stärke aneignen kannst, dann wird es auch kein anderer bei dir schaffen, sagte ich mir immer und dachte: Die Sätze, die dir eingeredet werden, sind ohnehin sinnlos. Ich brauchte keine Antriebsfeder von außen. Mein Wollen, mein Streben nach dem Sieg, das Definieren meiner Ziele loderten wie ein Feuer in mir. Angst

vor dem Gegner, Angst vor der Niederlage war mir unbekannt. Wieso hätte ich also einen Mentaltrainer brauchen sollen? Sogar der Trainer kann dem Sportler nicht druckerzeugend sagen: „Du mußt! Trainiere härter! Überwinde dich mehr!“ Auf Dauer werden diese Aufforderungen nicht zielführend sein. Der Sportler muß SELBST die richtige Einstellung mitbringen. Der Trainer kann den Athleten nur motivieren, indem er für ein gutes Umfeld, sprich: gute Trainingsmöglichkeiten, gutes Essen, gute Stimmung, sorgt. Das beste Druckmittel eines Trainers: wenn er teamintern die Konkurrenz fördert.
Was ich als einer von wenigen Spitzensportlern nicht benötigte, kann für andere jedoch überaus wichtig und hilfreich sein. In diesem Fall ist es selbstverständlich, daß ein Athlet sich an einen Mentaltrainer oder Qi-Gong-Lehrer wendet: Jeder muß wissen, was für ihn selbst das Beste ist!
Mich hatte man nie motivieren müssen, mich hatte man nie unter Druck setzen brauchen. Es war kein Problem für mich, im finnischen Muonio in der Vorbereitungszeit 60, 70 Kilometer am Tag zu laufen, zehn Tage in Serie. Diese Umfänge wurden nicht von heute auf morgen erreicht, sie waren mit dem Verstreichen der Jahre notwendig geworden. Doch der Sport ist für mich auch zur Sucht geworden, ich habe ihn gebraucht wie die Luft zum Atmen und das Wasser zum Trinken. Ich bin nie der Typus von Sportler gewesen, der sich aufraffen mußte, um trainieren zu gehen, und der die Zeit nur irgendwie, lustlos heruntergespult hätte. Vor allem war ich aber ehrlich zu mir selbst: Wenn ich gesund war, ließ ich keine einzige Trainingseinheit aus. Das war ich meinen Zielen, meiner Einstellung schuldig.
Wenn ich Hunderte und Tausende Kilometer durch skandinavische oder österreichische Wälder lief, der Vorbereitung auf die anstehende Saison zuliebe, dann gingen mir alle möglichen Gedanken durch den Kopf. Zuallererst war ich darauf bedacht, technisch sauber und konzentriert zu laufen, besonders dann, wenn ich schon etwas müde war und die Bewegung an sich schlampig

hätte werden können. Doch in den langen, monotonen Trainingseinheiten führte ich auch Selbstgespräche, dachte an tagespolitische Themen, an eventuelle Meinungsverschiedenheiten mit den Trainern, diskutierte im Geiste angeregt mit den Funktionären des Österreichischen Skiverbandes, warum diese nicht mehr für uns Langläufer tun wollten, sinnierte darüber, wie der Langlauf populärer und medienwirksamer zu gestalten wäre. Fühlte ich mich nicht besonders gut, spürte ich nicht nur eine verminderte Qualität beim Laufen, sondern es kamen auch Selbstzweifel in Hinblick auf die Wettkämpfe des Winters. Fühlte ich mich gut, genoß ich es, auf einer gut präparierten Loipe auf glitzerndem Schnee, in der Schönheit der Natur meine Runden zu ziehen. Und das waren jene Momente, in denen ich mir sagte: Heuer machst du die Medaille!

In Augenblicken, in denen der Körper Schwächen zeigt, muß der Geist Größe beweisen: Bei harten, vielleicht ungewohnten Trainingseinheiten soll die Motivation Reserven frei machen. Doch neben dem harten Training ist es genauso wichtig, die Arbeit im nachhinein möglichst objektiv zu analysieren: In welchen Bereichen war ich schlecht? In welchen habe ich Aufholbedarf? Aber Achtung. Analyse allein reicht nicht. Deren Ergebnisse und Erkenntnisse müssen in die Tat umgesetzt werden! Sport ist auch in diesem Fall ein Spiegelbild des Lebens. Im Leben verfolgen wir auch Ziele, haben auch Strategien, analysieren auch Vorgänge und versuchen, daraus zu lernen für die nächsten Aufgaben.

Bei den Wettkämpfen war ich immer das, was gemeinhin als „hochmotiviert" bezeichnet wird. Doch aus Erfahrung sage ich: Wenn es im Rennen schlecht läuft, kann Motivation nur begrenzt helfen. Natürlich, wer innerlich aufgibt, wird Letzter. Ich hingegen war nie der Typ, der einen Wettkampf abschrieb und ohne Einsatz ins Ziel lief. Ich habe immer um jeden Platz gekämpft, auch wenn es schlußendlich nur der 30. oder 40. Rang geworden ist. Vielleicht war es schlecht für die nächstfolgenden Wettkämpfe, diese Plagerei für nichts und der damit verbundene Substanzverlust. Der Zehn-Kilometer-Lauf bei der Weltmeisterschaft in Ramsau hat jedoch mein Kämpferherz belohnt; dort fühlte ich mich schlecht und schwerfällig, lag bei der ersten Zwischenzeit schon 15 Sekunden hinter der Spitze. Es ist meiner Willenskraft, meiner Einstellung zuzuschreiben, daß ich mich nicht aufgab, mich vorwärtspeitschte und schlußendlich die Silbermedaille eroberte!

Den Gewinn meines ersten österreichischen Meistertitels habe ich euphorisch gefeiert. Der sechste Rang bei der Weltmeisterschaft 1991 war eine Riesensache. Die beiden neunten Plätze bei der WM 1997 waren nicht schlecht, aber auch nicht das, was ich angestrebt hatte. Doch letztlich haben mir diese Plazierungen lediglich gezeigt, daß ich auf dem richtigen Weg zu höheren Zielen war. Gib nicht auf, kämpfe weiter, du bist knapp dran, du kannst es schaffen, sagte ich mir oft. Meine Anstrengungen, mein Kampf haben sich gelohnt, in Ramsau, mit Silber im Einzel- und Gold im Staffelrennen.

„Ich hatte zu feilschen wie ein armenischer Markthändler"

Interview mit **Peter Elstner,** Mister Langlauf des ORF, über den Stellenwert des Langlaufs in vergangenen Jahrzehnten.

Sie kennen die Szene seit Jahrzehnten in- und auswendig. Haben Sie persönlich an die Worte Toni Innauers geglaubt, der Langlaufmedaillen bei der WM 1999 prognostizierte?

Habe ich, um ganz ehrlich zu sein, nicht. Erst in der Saison 1996/97, als ich die Burschen bei einem Trainingslager sah, dachte ich, daß das Konzept des Nordischen Direktors aufgehen könnte, mit etwas Glück. Denn die Trainingsergebnisse und die medizinischen Werte waren sehr gut, und die Körpersprache der Sportler drückte Zuversicht aus. In diesen Tagen habe ich persönlich auch daran zu glauben begonnen, daß Medaillen bei Weltmeisterschaften kein Ding der Unmöglichkeit sein müssen.

Worauf führen Sie die Erfolge des österreichischen Langlaufs zurück?

Durch gute Ideen, durch Einsatz ist in einer Disziplin, die hierzulande sicher nicht eine Volkssportart ist, etwas erreicht worden, was noch vor zehn Jahren als undenkbar erschien. Man hat es geschafft, indem den Sportlern das richtige Umfeld geboten wurde. Wenn der Vergleich aus dem Kriegswesen gestattet ist: Ein Stoßtrupp kann auch erst dann Erfolg haben, wenn die Kommunikation paßt, die Nahrungsversorgung klappt, wenn Unterstützung da ist aus der Luft, mit leichter und schwerer Artillerie. Das war im österreichischen Langlauf nicht immer so, da gab es kein Know-how, keinen hundertprozentigen Einsatz, da gab es im

Training Ausreden wie das schlechte Wetter, da wurden nicht eineinhalb Millionen Schilling aufgewendet, um einen besonderen Stein zu finden, der für guten Schliff auf den Skibelägen sorgen könnte. Und doch haben die Brüder Werner und Josef Vogel, Reinhold Feichter, Herbert Wachter, Andi Janc und andere auf ihre individuelle Art viel getan für den Langlauf in Österreich. Ohne diese wäre es der darauffolgenden Generation nicht möglich gewesen, aus ihrem eigenen Schatten zu treten.

Sie beschäftigen sich seit 30 Jahren mit dem nordischen Skisport, auch jetzt noch, als Ressortleiter Fußball im ORF. Während der Sprunglauf immer schon erfolgreich, also auch ein Thema für Fernsehen und Printmedien war, ist der Langlaufsport oft schwer zu verkaufen gewesen. Wie haben Sie sich in dieser Situation verhalten?

Ich verdanke dem nordischen Skisport meinen Durchbruch als Fernsehreporter, da ich 1975 in Bischofshofen den Triumph von Toni Innauer kommentieren durfte. Am Erfolg des Sportlers wächst auch der Journalist – aber ich glaube, daß ich auch eine gute Arbeit geleistet habe. Für den Langlauf habe ich bei unseren Themenkonferenzen gekämpft und gefeilscht wie ein armenischer Markthändler, zumeist mit Erfolg. Denn vor 20 Jahren gab es noch den „Sport am Montag", ein wunderbares Gefäß, eine geeignete Sendung für Hintergrundgeschichten. So haben wir über die neuen Ski aus Kunststoff berichtet, Aufnahmen von Langlauf-Gleittests am Dachstein gemacht, haben Skifirmen besucht, haben neue Gesichter, neue Hoffnungen des österreichischen Langlaufs vorgestellt. Da ist einer, hat man mir einmal gesagt, der wird ganz gut. Es war Alois Stadlober.

Die Zeiten haben sich geändert. In Hakuba bei den Olympischen Spielen holten Markus Gandler und Christian Hoffmann Medaillen, in Ramsau bei der Weltmeisterschaft Maria Theurl, Alois Stadlober, Michail Botwinow und die Staffel.

In Nagano habe ich bei der Live-Berichterstattung fast geheult. Ich war 30 Jahre dabei, habe immer gehofft, von einem Erfolg berichten zu dür-

fen und es letztlich doch nie wirklich geglaubt. Als Gandler ins Ziel kam, brachen bei mir die emotionalen Dämme. Es war tief empfundene Freude. Denkwürdig war der Gold-Lauf der Staffel in Ramsau. Damit haben die österreichischen Langläufer Sportgeschichte geschrieben. Und, etwas pathetisch, sage ich, daß es für mich eine Ehre war, dabeigewesen zu sein. Wir vom ORF haben es uns verdient, weil wir immer treu zum Langlauf standen, auch dann, wenn der Sportart die Momente der Glorie fehlten.

Welchen persönlichen Zugang haben Sie zum Langlaufsport?

Es war 1970 in Visoke Tatry in der damaligen Tschechoslowakei, als Heini Wallner, Olympia- und WM-Teilnehmer und aktueller Kommandant des Bundesheer-Leistungszentrums Hochfilzen, mich überredete, an einem Journalistenrennen teilzunehmen. Ich war bis dahin noch nie auf Langlauflatten gestanden und wurde von Wallner, der hinter mir lief und sich einen Spaß machte, unbarmherzig angetrieben – so lange, bis ich erbrach. Getaugt hat es mir dennoch, und Wallner hatte mir dann auch anständigen Technikunterricht gegeben. Seitdem ist Langlauf neben Fußball eine meiner Lieblingssportarten. Ich habe immer einen Nowax-Ski im Auto und kommentiere teilweise im Trainingsgewand, damit ich nach Ende der Übertragung gleich in die Loipe gehen kann. Bei Großereignissen laufe ich die Runde, die am darauffolgenden Tag auf dem Programm steht. Somit tue ich Gutes meinem Körper und meiner Arbeit: Ich lerne die Strecke kennen und komme mit allen Läufern in Kontakt, die mir ihre Meinung zur Loipe sagen. Und das ist wichtig für meine Philosophie des Kommentierens. Ich wollte und will immer dem Zuschauer das Gefühl vermitteln, daß er selbst am Streckenrand inmitten der finnischen Wälder steht.

Mit Alois Stadlober sind Sie selbst fast 20 Jahre durch finnische und andere Wälder gezogen ...

Was mich bei ihm beeindruckt hat, war der Umstand, daß es Stadlober trotz anfänglicher Schwierigkeiten geschafft hat, doch noch ein sehr guter

Skatingläufer zu werden. Und fasziniert hat mich auch, daß er es verstand, Sport und Studium zu verbinden, wie der Fußballer Gerhard Hanappi, der sein auf dem grünen Rasen verdientes Geld in ein Architekturstudium steckte. Die meisten Athleten, die zielgerichtet arbeiten, haben eben auch außerhalb ihrer sportlichen Tätigkeit Erfolg.

RAMSAU 1999

Endlich am Ziel

Es war bereits von vornherein klar und stand nicht zur Diskussion wie bei den Olympischen Spielen: Die Nordische Weltmeisterschaft in Ramsau würde mein letzter Auftritt bei Großveranstaltungen werden. Ohne Wenn und Aber. Es gab für mich keine weitere WM, keine zusätzlichen Olympischen Spiele. Ramsau war für mich, um einen juridischen Ausdruck zu gebrauchen, der Oberste Gerichtshof, ohne weitere Berufungsmöglichkeit. Entweder jetzt – oder eben nie. So lautete meine Devise, als der Zeitpunkt der Weltmeisterschaft gekommen war.

Dienstag, 16. Februar. Wir waren fast direkt vom Weltcuprennen in Seefeld am vorangegangenen Sonntag angereist; in Tirol hatte der Finne Mika Myllylä das Zehn-Kilometer-Skatingrennen gewonnen vor Michail Botwinow und seinem Landsmann Jari Isometsä. Ich selbst war nicht topfit, klagte über Halsweh, bereitete mich nicht optimal vor, auch aus Angst, wieder krank zu werden. Chiropraktiker Volker Müller war wieder einmal gefordert, er spritzte mir zur besseren Auflösung des Schleims homöopathische Mittel direkt in den Rachen- und Brustbereich sowie in das Gesicht unter die Haut. Beim Rennen belegte ich Rang zwölf, mir fehlten eben die Spritzigkeit und Lockerheit. Doch im Vergleich zu Christian Hoffmann und anderen mußte ich nicht am Dienstag nach Wien zu „Vera". Das war vielleicht für Prestige und Bekanntheitsgrad schlecht, für die Vorbereitung auf das erste Rennen am Freitag hingegen gut.
Botwinow und ich blieben in Ramsau, Hoffmann mußte, wenn auch etwas verärgert, fahren. So akkreditierte ich mich am Vormittag zusammen mit meiner Frau, und die Mädchen in Ramsau-Kulm strahlten, als sie uns die Unterlagen in die Hand drück-

ten. „Viel Erfolg", sagten sie, und schon zu diesem Zeitpunkt spürte ich die Euphorie, die um uns Langläufer herum herrschte. Roswitha hatte an diesem Tag genügend Streß, mußte sie doch gleich zurück nach Radstadt, um unsere Tochter Teresa aus dem Kindergarten zu holen und unseren Buben Luis, der aus der Schule nach Hause kam, zu versorgen. Ich hingegen trainierte locker und beobachtete mein Kratzen im Hals. Wird es stärker? Wird es schwächer?

Mittwoch, 17. Februar. Der letzte Tag vor der Eröffnungsfeier und der vorletzte vor dem ersten Rennen. In der Nacht war Markus Gandler, mit dem ich im Erzherzog Johann in Ramsau das Zimmer teilte, aus Wien zurückgekommen. Wir hatten noch ein bißchen geplaudert, die Nacht war dementsprechend kurz. Doch als ich erwachte, spürte ich kein Kratzen, kein Zwicken, kein Beißen. Ich war kerngesund, topfit, bereit für die Aufgaben, die mich erwarteten. Aber ich mußte mich gedulden. Ein paar Skitests, eine flottere Trainingseinheit, Massagen, Dehnübungen, Spaziergänge und geistige Vorbereitung auf das Rennen standen an diesem Tag auf dem Programm.

Donnerstag, 18. Februar. Zuerst die Skispringer. Nein, zuerst die Langläufer: Hoch ging es her bei der Pressekonferenz des Österreichischen Skiverbandes, an dem sowohl Skispringer als auch Langläufer und Kombinierer teilnehmen mußten. Denn die einen wollten schnellstmöglich nach Bischofshofen auf die Paul-Ausserleitner-Schanze, die anderen auf die Loipe zum Skitesten. Und spätestens, als Walter Mayer mit der ihm eigenen Ausdrucksweise zu verstehen gab, daß Langlauf die Königsdisziplin des Wintersports sei, schien Paul Ganzenhuber, Referent der Sprungläufer, durchzudrehen. Mayer fühlte sich jedenfalls wohl in seiner Haut, und seine Aussprüche regten zum Schmunzeln an. Wie: „Klar hat sich Botwinow mit seinem Wechsel nach Österreich verbessert. Kein Wunder, wenn du das ganze Jahr russischen Fraß

hast." Oder wie: „Bei Achim Walcher spekuliere ich beim 30-Kilometer-Rennen mit einem Platz zwischen zehn und zwanzig. Ich traue ihm sozusagen keine Medaille zu." Oder wie auch: „Ich erhalte das dreifache Geld von meinem Vorgänger, und das ist immer noch zuwenig. Das könnte man nachbessern."
Es war aber auch der Tag der Eröffnungsfeier der Nordischen Skiweltmeisterschaft in Ramsau. Doch als die Granden des nationalen und internationalen Sports diese für die Steiermark so bedeutungsvolle Veranstaltung offiziell für eröffnet erklärten, stand ich nicht mit anderen Tausenden von Interessierten und Sportlern im Auslauf der Normalschanze, sondern saß im Quartier vor dem Fernseher. Auch Christian Hoffmann, Michail Botwinow, Achim Walcher, Maria Theurl (die zusammen im Café Herold untergebracht waren) stellten sich nicht stundenlang dem Zeremoniell. Lange stehen ist ein Fehler, wenn tags darauf eine Konkurrenz ansteht. Diese Erfahrung hatte ich ja schon 1982 in Murau gemacht, und Fehler sollten nicht wiederholt werden.
Ebenso interessant wie der WM-Song „I believe in me" (hatte man dabei an mich gedacht!?) war jedoch auch die Nummernvergabe für den 30-Kilometer-Bewerb. Ich erhielt die Startliste am Abend von unserem Referenten Dieter Böhm, zog mich nach dem Essen auf das Zimmer zurück und studierte sie über eine Viertelstunde lang. Immerhin kann die Startnummernverteilung über Bronze oder Blech entscheiden, und sie beantwortet erste Fragen. Unklar war, ob Björn Daehlie laufen würde. Er lief. Unklar war, ob ich eine Nummer vor den Stars erhalten hatte. Denn wenn diese zu mir aufgelaufen wären, hätten sie mich eventuell ins Ziel zu einer Medaille ziehen können. Dem war nicht so.

Freitag, 19. Februar. Um 10.10 Uhr begann mein Rennen, mein erster Auftritt bei meiner letzten Weltmeisterschaft. In der Regel nehme ich das Frühstück drei Stunden vor dem Start zu mir, und das war in Ramsau nicht anders. Ich mochte den gekochten Haferbrei von Gerlinde Mayer, ich aß Brot mit Butter, Honig, Marmelade dazu, trank Kaffee, verzichtete auf Käse und Ei. Und dann wurde es gleich hektisch: rüber in den Start-Ziel-Bereich, in dem Emil Hoch, unterstützt von dem an diesem Tag zusehenden Markus Gandler, bereits erste Ski für die Schnee- und Wetterlage herausgefiltert hatte. Auch Alexander Marent half bei den Tests; das war in unserer Mannschaft immer so üblich, daß diejenigen, die nicht laufen, die Läufer unterstützen.

Ich lief mit dem Ski, den ich bereits in Seefeld benützt hatte und den ich in Toblach im Dezember nach meinem dritten Rang freudestrahlend in die Höhe gerissen hatte. Ich trug eine hintere Nummer und hatte nicht das Glück eines Fulvio Valbusa, der vor dem späteren Sieger Mika Myllylä starten durfte. Der Finne lief zum Italiener auf, zog ihn mit und auf Rang vier. Ich hingegen holte den Schweden Matthias Frederiksson ein und zog an ihm mühelos vorbei.

Nach zehn Kilometern war ich Vierter, mit 0,5 Sekunden Rückstand auf den Drittplazierten, der zu diesem Zeitpunkt mein Mannschaftsgefährte Michail Botwinow war. Nach zwei Dritteln der Renndistanz war ich Fünfter, hinter Myllylä, Daehlie, Valbusa und Thomas Alsgaard, der sehr schlecht gestartet war. Und im Ziel lag ich 1,5 Sekunden hinter dem Viertplazierten Valbusa, die ersehnte Medaille war hingegen 29 Sekunden weit weg und gehörte Daehlie. „Hätte der Luigi die Startnummer von Valbusa gehabt, dann hätte er Silber geholt", sagte Cheftrainer Walter Mayer später. Ich konnte diese Ansicht nur teilen.

Doch auch wenn nichts aus einem Podestplatz wurde, war ich mit meinem Skatingrennen sehr, sehr zufrieden. Aus mehreren Gründen. Erstens: Ich hatte meine beste WM-Plazierung verbessert. In Val di Fiemme war ich 1991 Sechster geworden. Und meine beste WM-Plazierung nach einem Rennen, in dem sowohl Michail Botwinow als auch Christian Hoffmann vor mir erwartet worden waren, war bis zu diesem Zeitpunkt auch die beste Österreichs. Zweitens: Ich hatte gezeigt, daß ich mithalten konnte, daß ich nicht ein WM-Tourist war. Drittens: Ich hatte mich mit dieser fei-

nen Leistung bereits für das Staffelrennen empfohlen, und mit der Mannschaft wollte ich meinen Medaillentraum realisieren. Und viertens, nicht ganz ernst gemeint, sondern mehr ein Gag für die anwesenden Medienleute: Ich war noch nie Fünfter geworden in einem Weltcuprennen. Die WM-Bewerbe waren ein Teil des Weltcups. „So leicht", scherzte ich mit den Journalisten, „ist das auch wieder nicht. Du darfst weder Vierter noch Sechster werden." Und einmal in Fahrt, fuhr ich gleich fort: „Eigentlich habe ich nun alle Plazierungen von Rang drei aufwärts. Lediglich eins und zwei fehlen noch."
Der Schmäh zog nicht ganz. Man konnte sich nicht so richtig mit mir freuen, da man auf Botwinow gesetzt hatte. Dieser war in Nove Mesto just über 30 Kilometer Skating als Erster vor Björn Daehlie ins Ziel gekommen, dieser hatte davon gesprochen, gerade über diese Distanz in Ramsau Weltmeister werden zu wollen. Der Botwinow, der kann fünf Medaillen holen, hatte ich kurz vor WM-Beginn zu Markus Gandler gesagt, und er hatte zustimmend genickt. Doch so grausam kann Langlauf sein: Falsche Skiwahl, und du bist nicht auf dem Podest, sondern im Niemandsland.
Als ich im Zielraum im Schneegestöber stand, mußte ich instinktiv an ein Gespräch zurückdenken, das ich mit Walter Mayer wenige Wochen zuvor geführt hatte. Wir waren auf dem Weg nach Lienz zum Dolomitenlauf, einem zum Worldloppet zählenden Bewerb. Ich als Sportler, er als Trainer der österreichischen Läufer, um der Veranstaltung zusätzlichen Glanz zu verleihen. Wir sprachen über die bevorstehende Weltmeisterschaft. Geplant war, daß ich die 30 Kilometer, die Staffel und die 50 Kilometer bestreiten würde. Doch ich machte Mayer darauf aufmerksam: Wenn ich im ersten Rennen eine Medaille hole, dann möchte ich auch die zehn Kilometer klassisch und das Verfolgungsrennen bestreiten. Denn dann bin ich gut in Form und will sie ausnutzen. Mayer grinste vor sich hin, dachte einen Augenblick nach und antwortete. „Ich tät' anders. Wenn du über 30 Kilometer eine Medaille

machst, dann bist du ohnehin schon der Star. Dann würde ich mich schonen für die 50 Kilometer. Und dort würde ich versuchen, Weltmeister zu werden. Die kurzen Rennen würde ich an deiner Stelle nur bestreiten, wenn du über 30 Kilometer knapp dabei, aber nicht auf dem Podest bist."
Ein Gespräch, das ich prophylaktisch gesucht hatte. Denn sonst hätte es mir womöglich passieren können, daß der Trainer die Plätze in anderen Rennen bereits fix vergeben hätte und ich nur Zuschauer gewesen wäre. So stand ich im Zielraum, dachte an Mayers Aussagen und konnte damit rechnen, über zehn Kilometer antreten zu dürfen. Denn nun war genau jene Situation eingetreten, die Mayer selbst prognostiziert hatte.
Meine Eltern und meine Frau, meine Kinder, meine Schwiegereltern, meine Brüder waren an jenem Tag in Ramsau dabei, fielen mir um den Hals, nachdem ich den Zielbereich verlassen und mich umgezogen hatte. Zuschauer klopften mir auf die Schulter, wollten Autogramme vom besten Österreicher in diesem Bewerb. So kam ich spät, aber nicht zu spät zurück ins Quartier, ging auf das Zimmer, wo Markus Gandler schon vor dem Fernseher klebte. Ich war noch nicht bei der Tür herein, als er mir zurief: „Die Mary läuft um eine Medaille!" Selbstverständlich verfolgte ich ihren Auftritt bis hinter die Ziellinie, ehe ich mich unter die Dusche stellte. Unvorstellbar, dachte ich mir, als mir das Wasser den Körper herunterrann. Unvorstellbar. Maria Theurl steht auf dem Siegespodest. Was hat der Mayer vor der WM gesagt? Bevor Theurl eine Medaille bei der Weltmeisterschaft gewinnt, wird der Hans Krankl Trainer bei Barcelona? Mayer, du Schlau-Mayer.
Theurl war das logische Tagesthema. Doch weil sie nicht mit dem Rest der Mannschaft logierte, wurden ihr die Glückwünsche erst später persönlich überbracht. Jeder von uns redete ihr auf die Mobilbox des Handys, niemand fuhr allerdings zu ihr (auch, weil die Straßenverhältnisse schlecht waren und schlechter wurden). Vergönnt hat ihr die Medaille aber jeder. Soviel Sportsleute sind und waren wir. Ich persönlich gratulierte ihr am Abend, bei der

Siegerehrung, zu der ich als Fünftplazierter auch erscheinen durfte. Viele der österreichischen Sportler und Betreuer waren nicht dort, als Theurl Bronze umgehängt erhielt. Was aber auch verständlich ist. Ein jeder der Sportler geht seinen eigenen Trott, jeder ist mit sich selbst beschäftigt, und wenn nicht gerade der Busenfreund gewinnt, dann geht man eben nicht zur Siegerehrung. Im Sport ist jeder sich selbst der Nächste, die Vorbereitung auf den nächsten Bewerb wichtiger als die Siegesfeier mit dem Teamkollegen.
Nach der Siegerehrung ging es in das WM-Studio des ORF, wo ich meine gute Laune gleich nochmals ausspielte. „Eine Bronzemedaille haben wir im Langlauf bereits erobert", sagte ich. „Danke, Mary. Und danke, daß du Gold und Silber noch für uns Männer übriggelassen hast." Wer hätte an diesem Abend erahnen können, daß es tatsächlich so eintreten und daß Botwinow gar noch eine Bronzemedaille drauflegen würde?

Samstag, 20. Februar. Wie angekündigt, verschlechterte sich die Wetterlage in Ramsau weiter. So stand mir eine Stunde Langlauf im strömenden Regen bevor, um die Klassisch-Ski zu testen. Immerhin hatte der Tag auch seine schönen Seiten. Am Nachmittag kam es in einem von Markus Gandlers Onkel und Großeltern angemieteten Bauernhaus zu einem geselligen Beisammensein mit Sportskollegen, Betreuern, Medienvertretern, ORF-Journalisten und Kasnock'n. In diese Runde platzte das Telefonat des Nordischen Direktors Toni Innauer, der bei Walter Mayer nachfragte, ob es wohl Sinn machte, mich in die beiden Rennen über zehn und 15 Kilometer zu schicken. Ob ich dann nicht für die Staffel ausgelaugt wäre. „War's der Toni?" fragte ich, nachdem Mayer sein Handy ausgeschaltet hatte, und erkundigte mich nach positiver Antwort, wie es denn nun weitergehe. „Du läufst", sagte Mayer und grinste. Eine mutige Entscheidung für mich, gegen Innauer und gegen die Mehrzahl der Betreuer in der Mannschaft, die gerne Allgemeininteresse (die Staffel) vor Ein-

Trainer Walter Mayer mit zuversichtlichem Blick auf die WM in Ramsau
Foto: Alois Furtner

Zielsprint der Staffel: Alsgaard links, Hoffmann rechts

Hoffmann Millimeter vor dem Norweger

Letzte Anstrengung vor der Ziellinie

Ein Sturz, der Gold bringt

Fotos: Alois Furtner

Jubel bei Österreichs Goldquartett
Foto: Alois Furtner

Rechtes Bild: Überschwengliche Siegerehrung
Foto: Alois Furtner

„Wir haben es geschafft": Stadlober und Gandler
Foto: Alois Furtner

FISCHER
ATOMIC
91
RAMSAU
94
92
SPORT
adidas
NORDISCHE SKI-WM 1999

Bei viermal Gold strahlen auch Landeshauptfrau Klasnic und Sport- und Tourismus-Landesrat Hirschmann
Foto: Alois Furtner

Vier Sportler und ihr Trainer – ganz in rotweißrot
Foto: Alois Furtner

Österreich Erster, Norwegen Zweiter, Italien Dritter
Foto: Alois Furtner

Das Goldquartett I
Foto: Alois Furtner

Das Goldquartett II (mit ÖSV-Präsident Peter Schröcksnadel)
Foto: Alois Furtner

Rechtes Bild: Biß auf Silber: Alois Stadlober
Foto: Alois Furtner

TV-Interview im Menschenauflauf
Foto: Alois Furtner

pfanner
uvex
uvex
FIS
adidas
UNSER HEER
2006
KLAGENFURT
97
FISCHER
FISCHER
SWIX
classic plus

Freude im Ziel

Belohnte Anstrengung

Endlich geschafft! Fotos: Alois Furtner

Auf dem Podest mit der Familie: Frau Roswitha, Sohn Luis und Tochter Teresa
Foto: Alois Furtner

Auf dem Podest mit Mika Myllylä und Odd-Björn Hjelmeset
Foto: Alois Furtner

Pfanner
INTER
SPORT
RAMSA
AUSTRIA

Informationen über den Rennverlauf von Trainer Mayer an Stadlober
Foto: Alois Furtner

Linkes Bild: Staffel-Kämpfer Stadlober
Foto: Alois Furtner

Im Schnee nach 30 Kilometern, dem ersten WM-Rennen
Foto: Alois Furtner

Großer kleiner Fan: Luis Stadlober, dahinter Landeshauptfrau Klasnic

Dreimal: Alois Stadlober sen., Alois Stadlober jun., Luis Stadlober

Alois Stadlober mit Eltern und Familie

Strahlen um die Wette: Roswitha, Alois, zwei Medaillen

Rattenberger Fans sorgten in Ramsau für Stimmung

zelinteresse (das Zehn-Kilometer-Rennen) gestellt gesehen hätten. Doch Mayer blieb stur. „Der Luigi läuft."

Als ich am Abend nach Radstadt fuhr, war ich mit dem Auto von Alexander Marent unterwegs. Da unser Haus auf einer Anhöhe liegt und ich nicht wußte, ob das letzte Stück des Weges tags darauf überhaupt befahrbar sein würde, ließ ich Vorsicht walten, parkte und stapfte die letzten hundert Meter durch den Schnee zur Haustür hinauf. Dort angelangt, suchte ich in den Taschen nach dem Schlüssel, allerdings vergeblich. Ich hatte ihn in Ramsau vergessen. Meine Frau war politisch engagiert und unterwegs, und so blieb mir nichts anderes übrig, als meine Schwiegereltern aufzusuchen, die einen Reserveschlüssel haben.

Endlich im Haus, ließ ich den Fernseher laufen, las Zeitungen nach und mußte Walter Mayer recht geben, der immer wieder betont hatte: „Es tut gut, aus dem Trott gerissen zu werden, abzuschalten, an etwas anderes zu denken." Und spätestens dann, als Roswitha mit den Kindern bei der Tür hereinkam, war die Weltmeisterschaft in Ramsau, 20 Kilometer nah, ganz, ganz weit weg.

Sonntag, 21. Februar. Die Nacht war kurz und schön, das Frühstück genüßlich in entspannter Atmosphäre. Doch spätestens als ich zu Mittag wieder auf der Strecke stand, um zur Wettkampfzeit zu trainieren, hatten private Angelegenheiten keinen Platz mehr in meinen Gedanken. Ich testete Ski, spazierte ein wenig durch den Ort und besorgte mir, was am Abend für die Geburtstagsfeier von Alexander Marent benötigt wurde: Rubbellose.

Marent heißt in der Mannschaft Lexi, ist aus Vorarlberg und ein ganz feiner Kerl. Und er ist heiß auf Rubbellose. Die Verkäuferin in Ramsau starrte mich ganz schön dumm an, als ich für 1500 Schilling einkaufte. Es war unser aller Geschenk an den Teamkollegen, das ich überreichen durfte. Wie ein Schal hingen mir die Lose über die Schultern, als ich den Speisesaal am Abend betrat. „Einige haben bei mir allerdings noch nicht ihren Anteil bezahlt", sagte ich, als Lexi zu rubbeln begann. Ich mußte nicht lange warten, bis das „Geschäftliche" dieser Geburtstagsfeier geregelt war und wir „Happy Birthday" anstimmten.

Bereits am Nachmittag hatten wir im Fernsehen den Großschanzenbewerb der Skispringer in Bischofshofen mitverfolgt. Es war eine Ablenkung, nicht mehr. Große Rivalität zwischen den beiden Disziplinen hat es nie gegeben, dazu war der Skilanglauf in Vergangenheit einfach viel zu rückständig. Doch ich gebe zu: Der Neid hat mich schon gepackt, früher, als ich die Skispringer feiern sah und wir daneben standen wie begossene Pudel, unbeachtet, weil eben nur Zehnte oder Zwanzigste. Ich hätte Stefan Horngacher oder Andreas Widhölzl eine Medaille vergönnt in diesem Bewerb, auch, weil sie in dieser Konkurrenz zu den Favoriten gezählt und im Saisonverlauf bereits ihre Klasse unter Beweis gestellt hatten. Als nichts daraus wurde, hoffte ich mit ihnen: auf das Teamspringen.

Nach dem Abendessen machte die Startliste für den Zehn-Kilometer-Bewerb des darauffolgenden Tages die Runde. Du hast die letzte Nummer, rief mir einer vom Tisch zu, und ich dachte: Mist, wieder keiner der Titelanwärter, der zu mir auflaufen und mir Unterstützung geben könnte. Dann hielt ich die Startliste selbst in den Händen und mußte zweimal hinblicken. 97. Ich hatte Startnummer 97.

97. Das ist eine jener Zahlen, die ich ein Leben lang nicht vergessen werde. 97 ist wie 11. 4., mein Geburtstag, oder 29. 9., mein Hochzeitstag, oder wie 1. 2. und 23. 7., die Geburtstage meiner Kinder. 97 war meine Wäschenummer im Heim der Benediktinerschule in Seckau. Dort mußten alle Kleidungsstücke mit dieser Nummer markiert sein, damit sie nicht verwechselt wurden. Meine Mutter hatte diese Nummer einnähen müssen, und acht Jahre lang blieb sie mir erhalten. Nummer 97. Sie wurde mir mitgeteilt, bevor ich noch in das Heim gezogen war. Nummer 97. MEINE Nummer, die Nummer mit der besonderen Beziehung. Und so sah ich meinem zweiten WM-Start wieder eine Spur posi-

tiver entgegen, als ich es nach dem fünften Rang über 30 Kilometer ohnehin schon getan hatte.
Nicht, daß ich abergläubisch bin. Doch ich weiß, daß ich die meisten meiner Rennen gewonnen habe, wenn ich am gleichen Tag vor dem Start einen Song von Neil Diamond hörte. Aha, mein Neil, dachte ich mir, und drehte das Volumen des Autoradios oder der Stereoanlage automatisch höher. Oder früher, zu Jugendzeiten, lief ich immer mit demselben weißen Paar Stutzen. Nein, kein Aberglaube. Und wenn, dann nur ein bißchen. In Ramsau war indes alles anders. Nummer 97. Das war meine Nummer, meine exklusive Zahl. Doch ich gestehe ein: Wäre das Rennen anders verlaufen, hätte ich sie für mich behalten und nicht kundgetan. Aberglaube, Wunder, Zeichen machen ja nur dann Sinn, wenn sie zum Erfolg führen.
Ich setzte mich vor den Fernseher und verfolgte die Geburtstagssendung von Niki Lauda, der 50 Jahre alt geworden war, und die vom ORF-Sportchef Elmar Oberhauser geleitet wurde. Hochinteressant, sagte ich mir, doch durch meinen Kopf schwirrte nur ein Zahlengewirr: lauter Neuner und lauter Siebener.

Montag, 22. Februar. Es war Minuten vor meinem Start um 13.03 Uhr. Es schneite, die Spur mußte zugeweht sein, dort draußen auf der Wiese. Ein Sauwetter, ein Katastrophenschnee für Läufer und Serviceleute. Habe ich wohl das richtige Wachs auf meinen Latten, fragte ich mich. Noch ehe ich in die Loipe ging, erhielt ich Antwort. Denn auf der Großleinwand im Zielbereich war Markus Gandler bei Kilometer 1,6 zu sehen. Mit einer Bombenzeit.
Ich war um halb neun Uhr beim Frühstück gesessen, die Maxime beherzigend, daß, je kürzer das Rennen ist, umso länger die Pause zwischen der Mahlzeit und der Startzeit sein sollte. Zehn Kilometer werden mit einer anderen Frequenz gelaufen als 50. Zehn Kilometer können auf den Magen schlagen. Ich blickte aus dem Fenster und sah es schneien und stürmen. Ein Tag, den man

normalerweise im Bett vor dem Fernseher oder hinter dem warmen Ofen mit einem guten Buch verbringen sollte. Ein Tag, an dem man nicht einmal einen Hund vor die Tür setzt.

Aber Langläufer sind harte Typen. Vielleicht war es der Gedanke, daß heute besonders für mich die Sonne scheinen könnte, der mich leichter vor die Tür treten ließ. Vielleicht waren es die letzten Neuner und Siebener, die sich in den Nischen des Geistes aufhielten, die mir zuriefen: Wir sind mit dir! Es ist dein Rennen! Es ist deine Chance! So begab ich mich in die Wachshütte und stand vor dem Rätsel, welche Ski wohl bei diesen Bedingungen zu wählen seien.

Es gibt Minustemperaturen, Plusgrade und den Nullgradbereich. Dieser letztgenannte ist bei Schneefall für die Serviceleute am schwierigsten zu behandeln und bewerten. In diesem Problembereich werden sie am meisten gefordert, in diesen Momenten sind Routine und Erfahrung gefragt. Nach sechs Paar probierten Skiern und 15 Minuten vor meinem Start wußte ich immer noch nicht, ob ich zu den Nowax-Latten greifen sollte, zu Skiern, die vorne und hinten einen glatten, in der Mitte aber einen aufgerauhten Belag aufweisen, oder zum neueren Modell meines Ausrüsters Fischer, mit dem ich drei Wochen zuvor die österreichischen Meisterschaften gewonnen hatte und von dem ich wußte, daß es von der Steifigkeit her gepaßt hätte.

Ich war ratlos. Es war eine Lotterie, und ich wußte nicht, auf welche Zahl setzen, welches Rubbellos kaufen, welche Karte ziehen. Dennoch blieb ich ruhig, zu ruhig vielleicht. Gedanken wie: Wenn du die falsche Wahl triffst, bricht alles zusammen, kamen mir nicht. Letztlich griff ich zu den Nowax-Latten und dem gewachsten Paar Ski und eilte mit Emil Hoch in den Zielraum. Die letzte Entscheidung stand noch aus, und bei dieser kam mir Walter Mayer zu Hilfe. „Auf alle Fälle Klister“, rief er mir zu. Es hatte zu schneien aufgehört, und das Flüssigwachs Klister war von Vorteil bei diesen nunmehr veränderten Bedingungen. Emil agierte richtig und bewies einmal mehr, ein goldenes Händchen zu besitzen: Er riß mir die gewachsten Ski aus der Hand, schmierte das Wachs in richtiger Dosierung auf die Beläge und gab mir die Sportgeräte zurück. Ich hatte nicht einmal die Zeit, einen einzigen Schritt mit diesen zu machen. Eilends machte ich mich auf zum Start, wohl bewußt, daß es eine „Hopp- oder Trop-Aktion" war. Bis ich Markus Gandler sah.

Auch er war mit Klister unterwegs, und ich wußte: Der Ski paßt. Ich war beruhigt, als ich, angefeuert von Tausenden von Zuschauern, die ersten Stöße auf die Strecke hinaus machte. Aber was war das? Es lief nicht, wie es hätte laufen sollen, ich erreichte nicht die gewünschte Schrittfrequenz, ich kam nur schleppend voran. Die ersten Kurven, in die ich quasi hineinfliegen wollte, schienen kein Ende zu nehmen. Bei der ersten Zwischenzeit lag ich 15 Sekunden zurück, aber ich realisierte es gar nicht. Bei Kilometer zwei sagte mir unser Betreuer Jan Prokes, daß ich mich unter den ersten zehn befände. Und das war ein Wahnsinn, bedachte ich den schlechten Beginn. Bei Kilometer sechs rief mir Franz Weingartner zu: „Du liegst um Platz drei und vier." Zum erstenmal in diesem Rennen wurde mir bewußt, daß ich auf Medaillenkurs lag.

Die Aussichten auf einen Podestplatz trieben mich nach vorne, spornten mich an. Ich kämpfte um jeden Meter, um jede Zehntelsekunde. Die Zuschauer peitschten mich nach vorne, und mein Ski, schnell in den Abfahrten, unterstützte meine Bestrebungen. Dann jene Szene, an die ich heute noch mit Grauen zurückdenke. Beim Anstieg nach der letzten offiziellen Zwischenzeit bei Kilometer 7,6 lief ich zu Silvio Fauner auf, der dieses Stück hinaufgrätschen mußte. Doch weil die Spur an dieser Stelle sehr eng war, konnte ich nicht an ihm vorbeiziehen. Zwar brüllte ich, daß er Platz machen solle, aber der Italiener sah mich nicht und hörte mich nicht, weil die Zuschauer neben der Loipe für ordentlichen Krach sorgten. So verging eine Sekunde – aus dem Weg! – zwei Sekunden – Platz da! – drei Sekunden – verschwinde endlich! – vier Sekunden – wehe, wenn mir das die Medaille kostet! – fünf

FIS NORDIC WORLD SKI-CHAMPIONSHIPS 1999

Men's 10 Km (C) Cross Country

Official Result

RAMSAU '99

Ramsau (AUT)	Name of course	Kulm
February 22nd 1999	Starting time	12:15:00

Jury		Data of Course	
TD FIS	PETRICEK, Peter (SLO)	Height Difference (HD)	117 m
Chief of Competition	MIKLAUTSCH, Dietmar (AUT)	Maximum Climb (MM)	66 m
Chief of Course	SCHOLZ, Stefan (AUT)	Total Climb (MT)	344 m
Jury-Member	EKBLOM, Gudrun (SWE)	Length of lap	10 km
Jury-Member	BROGER, Barbara (SUI)	Laps	1

Rk	StNo	FIS-Code	Name	Nat	Finish	Diff.	FIS-Pnts
1	80	1011225	MYLLYLAE, Mika	FIN	24:19.2	0.0	0.00
2	97	1011128	STADLOBER, Alois	AUT	24:34.7	15.5	6.37
3	96	1059822	HJELMESET, Odd-Bjorn	NOR	24:37.1	17.9	7.36
4	76	1008218	PROKUROROV, Alexej	RUS	24:38.8	19.6	8.05
5	92	1006181	DAEHLIE, Bjoern	NOR	24:45.6	26.4	10.85
6	81	1010449	JEVNE, Erling	NOR	24:46.0	26.8	11.01
7	65	1098137	MAE, Jaak	EST	24:48.5	29.3	12.04
8	94	1149353	BJERVIG, Espen	NOR	24:52.0	32.8	13.48
9	50	1240339	IVANOV, Makhail	RUS	25:04.9	45.7	18.79
10	89	1033923	VALBUSA, Fulvio	ITA	25:05.6	46.4	19.07
11	74	1011516	ISOMETSAE, Jari	FIN	25:09.2	50.0	20.55
12	87	1006278	GANDLER, Markus	AUT	25:12.3	53.1	21.83
13	77	1029170	KIRVESNIEMI, Harri	FIN	25:16.2	57.0	23.43
14	59	1088534	VEERPALU, Andrus	EST	25:16.7	57.5	23.64
14	78	1059628	ALSGAARD, Thomas	NOR	25:16.7	57.5	23.64
16	83	1106091	BATORY, Ivan	SVK	25:21.6	1:02.4	25.65
17	88	1066224	FREDRIKSSON, Mathias	SWE	25:22.1	1:02.9	25.86
18	93	1067291	DI CENTA, Giorgio	ITA	25:27.8	1:08.6	28.20

Sekunden. Dann waren wir am höchsten Punkt, und im nächsten Moment war ich an Fauner vorbei. Ich lief über meine Verhältnisse, doch diese Episode und der Zuruf von Walter Mayer („Heute schaffst du es!") ließen in mir weitere Kräfte frei werden.

Ich hechtete ins Ziel. Der Blick auf die Anzeigetafel wurde mir zuerst verwehrt durch davorstehende Zuschauer, dann von den herbeieilenden Gandler und Alexander Marent. Ich sah Gandi mit erhobenen Händen, jubelnd. In diesem Augenblick wußte ich: Du hast es geschafft, du bist auf dem Podest. Ich riß die Arme in die Höhe und ließ jenen Schrei los, auf den ich jahre- und jahrzehntelang gewartet hatte. Der Schrei des Triumphs, der Erlösung. Ich hatte es geschafft, ich hatte es wirklich geschafft. Endlich.

Ich hatte immer noch eine beträchtliche Geschwindigkeit auf den Skiern, so daß ich meine Teamkollegen quasi im Vorbeifahren fragte, was ich geworden sei, Zweiter oder Dritter? Marent rief mir nach: „Zweiter!" Silbermedaillengewinner. Vizeweltmeister. Erst dann sah ich meinen Namen auf der Anzeigetafel. Der letzte, der ins Ziel gekommen war, hatte sich eingereiht zwischen Mika Myllylä und dem Norweger Odd-Björn Hjelmeset. Und Björn Daehlie war gar nur Fünfter geworden. Ich kämpfte mit den Tränen, als ich meine Ski unserem Servicemann Franz Gattermann übergab und ihn ersuchte, gut darauf aufzupassen. Es war ein Tausch: Gattermann übergab mir andere, die ich für die Fotografen in die Höhe hielt, die ich bei der ersten Siegerehrung, der „Flower Ceremony", bei mir hatte.

15,5 Sekunden trennten mich von Mika Myllylä. Jene Sekunden also, die ich gleich zu Beginn des Rennens verloren hatte. Doch darf jemand, der in seiner Karriere noch nie eine wichtige Medaille gewonnen hat, hadern über verlorenes Gold, wenn er Silber errungen hat? Nein. Tat ich auch nicht. Mir war ein perfekter Lauf geglückt, ich war am Ziel meiner Träume. WM-Silbermedaillengewinner. Vizeweltmeister. Wie schön Buchstaben, in der richtigen Reihenfolge zusammengesetzt, doch klingen können!

Dem Schrei der Erlösung folgten andere Schreie, gekünstelte, für die Fotografen. Fernsehjournalisten und deren Kollegen von der schreibenden Zunft stürzten sich auf mich. Zu diesem Zeitpunkt hatte nicht mehr ich die Tränen in den Augen, sondern mein Vater, meine Mama und meine Frau. Ich indes hatte mein inneres Gleichgewicht sehr schnell wiedererlangt. Meine innere Zufriedenheit und Befriedigung überwogen. Es war nicht notwendig, meiner Freude sprachlich, gestisch und emotional Ausdruck zu verleihen. „Haben Sie realisiert, was Sie erreicht haben?" wurde ich gefragt. „Ja", antwortete ich. Ich habe das erreicht, was ich mir ein Sportlerleben lang vorgenommen hatte.

Mir tat es leid, daß nicht alle meine Brüder an meinem Triumph teilhaben konnten. Lediglich mein jüngster, der Sepp, war für dieses Rennen nach Ramsau gekommen. Die anderen waren beim 30-Kilometer-Bewerb zugegen und hatten geplant, für die Staffel wieder anzureisen. Mein Silbermedaillengewinn hat ihre Planungen etwas durcheinandergebracht: Am Abend, bei der Siegesfeier im Steirer-Treff, war meine Familie vollzählig versammelt.

Doch bevor der Abend kam, hatte ich ein Programm zu bewältigen, das ich mir in dieser Intensität und in dieser Fülle nie vorgestellt hätte. Ich mußte zur Pressekonferenz und zur Dopingkontrolle, und ich ging immer durch Spaliere von Fans, denen ich Autogramme schreiben mußte: auf Jacken, auf Gesichter, auf Hände und Arme. Ein nackter Frauenbusen wäre die nächste Steigerung gewesen. Ein ORF-Kamerateam begleitete mich auf Schritt und Tritt, um Bilder meines Triumphzuges durch Ramsau einzusammeln. Klarerweise war ich der letzte bei der Pressekonferenz, und klarerweise gingen dort die meisten Fragen an mich. Dann wurden uns die Medaillen ausgehändigt, der Pressefotografen willen. Hätten diese ihre Bilder erst am Abend bei der offiziellen Siegerehrung machen können, wäre es für die meisten Zeitungen mit dem Redaktionsschluß nur schwerlich ausgegangen. So biß ich am frühen Nachmittag auf Silber – und war tags darauf auf den Titelblättern fast aller österreichischen Publikationen.

Bei der Dopingkontrolle, zu der ich von unserem Teamarzt Peter Baumgartl begleitet wurde, war ich der erste der Medaillengewinner, beeilte mich, denn ich wollte ins Quartier zum Essen. Bis ich dort war, waren allerdings nur mehr Reste des Mahles übrig. Ich stieß mit meinen Teamgefährten auf meinen Erfolg an (vor laufenden TV-Kameras und im Blitzlicht der Fotografen) und mußte dann, nach einem Blick in den ersten Stapel der eingelangten Telefax-Glückwünsche, anschließend wieder weg: zur Siegerehrung. Die Euphorie, meine und die der anderen, war greifbar, als ich als erster in Podestnähe trat und dann als zweiter meine Medaille umgehängt erhielt. Es waren erhebende Momente im Anblick der österreichischen Fahne: Jene Medaille, der du so lange hinterhergehechelt bist, sie gehört dir, hier hängt sie, an deinem Hals. Und weil der Zeremonienmeister mir zuvor zugeflüstert hatte: „Heute machen wir ein größeres Feuerwerk als üblich", genoß ich den Anblick der Leuchtraketen ganz besonders. Schau, dachte ich mir, das machen sie heute ganz besonders deinetwegen.
Im Steirer-Treff ging es mit den Feiern weiter. Maria Theurl war auch dort, und gemeinsam stießen wir auf unsere Medaillen an. Eine Uhr erhielt ich als Geschenk, einen Hut, Lobesreden und Dankeshudeleien. Ich blickte auf die Uhr und verabschiedete mich um halb zehn. Auf dem Weg ins Quartier dachte ich mir: Dieser Tag heute ist ein Todesprogramm für jemanden, der am nächsten Tag ein Rennen zu bestreiten hat. Ich hatte. Am nächsten Tag stand der 15-Kilometer-Skatingbewerb in der Verfolgung an.
Um mit einem einigermaßen ruhigen Gewissen schlafen gehen zu können, machte ich spätabends noch eine Jogging-Runde. Dann ging ich auf das Zimmer (das diese Nacht mir allein gehörte, weil Markus Gandler die Verfolgung nicht bestritt und bei seiner Freundin Katrin übernachtete) und las die eingegangenen Telefaxe. Eines aus dem Bundeskanzleramt war auch dabei. „Ich bedanke mich für Ihre Größe, den Medaillengewinn dem verstor-

benen Alois Schwarz gewidmet zu haben“, schrieb mir Bundeskanzler Viktor Klima. Ich hatte an Blacky gedacht beim Siegerinterview, und ich hatte an Gespräche gedacht, die wir in der Mannschaft geführt hatten. Wenn wir eine Medaille gewinnen, dann widmen wir sie unserem Freund, Partner und Servicemann. Kurz vor elf Uhr ging ich schlafen. Es war meine erste ruhige Minute nach zwölf Stunden, aber es wurde nicht meine ruhigste Nacht. Denn auch wenn ich todmüde war, stand mein Körper immer noch unter Strom. Und ich wußte, wo meine Medaille baumelte: gerade über dem Nachtkästchen. Denn über meinem Bett war ein Verbau angebracht, der links und rechts hervorstand. Dort hing ich das Edelmetall auf, was zur Folge hatte, daß in den nächsten Tagen einige Sportler, Betreuer, Funktionäre sich sagten: „Gemma Medaille schau'n“.

Dienstag, 23. Februar. In der Nacht, in der ich den Lohn meines Strebens bewunderte und mich ergötzte an den vielen „Anrufen in Abwesenheit“ auf meinem Handy, passierte wenige Kilometer entfernt ein Autounfall, der meine Glücksgefühle sehr schnell und sehr leicht relativieren hätte können. Denn meine drei Brüder und zwei ihrer besten Freunde hatten gegen vier Uhr früh den Steirer-Treff verlassen, standen dann mit ihrem Wagen an der Kreuzung und hatten zu entscheiden, ob sie nach Ramsau hinein fahren sollten oder in die andere Richtung, auf der Suche nach weiterer Unterhaltung. Die Straße war frei, doch die Diskussion zog sich in die Länge. Plötzlich fuhr einer der Freunde unmotiviert los – und wurde just in diesem Moment vom Fahrer eines auf der Hauptstraße fahrenden Autos vorne seitlich voll getroffen. Als ich dies am darauffolgenden Tag erfuhr, lief es mir kalt den Rücken hinunter. Mein Freudentag hätte mit Verletzten, gar mit Toten enden können.
Das Schicksal hatte es gütig mit mir gemeint, was machte es da noch aus, daß der Wettergott der Weltmeisterschaft in Ramsau, also auch mir, ungnädig gestimmt war? Als ich beim Frühstück

saß, spürte ich die schweren Füße nicht, und den Sturm, der eine Konkurrenz fast nicht mehr zuließ, registrierte ich auch nur so im Vorübergehen. Normalerweise hätte bei solchen Wetterverhältnissen aber kein Verfolgungsrennen ausgerichtet werden dürfen. Streß kam erst auf, als mich Walter Mayer im Zielraum suchte und mich zur Hämoglobinkontrolle brachte. Denn zuvor hatte unser Referent Dieter Böhm uns mitgeteilt, daß keiner der Österreicher ausgelost worden sei zu diesem Gesundheitscheck. Nun mußte ich also dennoch hin, und die Zeit lief mir davon. Zeit, die mir später beim Skitest fehlte. Zeit, die mich um meine Ruhe brachte. So griff ich, bestärkt durch die Meinung von Marent, zu jenem Ski, mit dem ich bereits die 30 Kilometer bestritten hatte. Beim Start ließ ich mir etwas Zeit, denn ich wollte im Paket mit Björn Daehlie marschieren. Daß Thomas Alsgaard noch aufholen könnte, hatte ich bereits am Vortag fast definitiv ausgeschlossen. Immerhin betrug sein Rückstand auf mich 42 Sekunden, auf Myllylä 57 Sekunden. So lief ich gemeinsam mit Daehlie, Odd-Björn Hjelmeset und Alexej Prokurorow. Daehlie machte die Führungsarbeit, und mir fiel unangenehm auf, daß mein Ski nicht richtig lief. In den Abfahrten beispielsweise konnte ich den Windschatten der anderen nicht halten. In der zweiten Runde brauste bereits Alsgaard heran, der mit einem Superski erfolgreich Jagd auf Myllylä und den inzwischen zweitplazierten Daehlie machte. Ich selbst quälte mich bei den schwierigen Bedingungen ins Ziel und wurde Achter, mit 5,3 Sekunden Rückstand auf Platz drei. Zeitmäßig zwar kein großer Unterschied, von der Plazierung her jedoch Welten.
Ich war enttäuscht, denn es wäre mehr möglich gewesen. Es war das einzige Rennen während der Weltmeisterschaft in Ramsau am Dachstein, in dem ich nicht geeignetes Material hatte. So wurde dieser Tag auch mein ruhigster während der gesamten WM, weil ich nicht zur Siegerehrung mußte. Termine hatte ich indes noch zur Genüge. So gingen Walter Mayer und ich am Nachmittag ins VIP-Zelt, wo wir nicht nur ÖSV-Präsidenten Peter Schröcks-

nadel trafen, sondern auch unseren Termin mit einer Schulklasse wahrnahmen. Für diesen wäre Maria Theurl vorgesehen gewesen, doch aufgrund von Halsschmerzen hatte sie das Krapfenessen absagen müssen. Autogramme schrieb ich im und vor dem VIP-Zelt. Jemand hielt mir gar einen 100-Mark-Schein hin, auf den ich meinen Namen kritzeln sollte. Schöner Trottel, dachte ich mir. Und immer wieder dasselbe, wenn man beglückwünscht wird: danke, ja es war optimal, danke, ja es hat alles gepaßt, danke, ja ich bin sehr glücklich, danke und „Pfiati". Nach einer Massage studierte ich dann im Quartier weitere Telefax-Nachrichten. Mir schien fast, als hätte ganz Österreich in diesen Tagen nichts anderes zu tun, als einem gewissen Alois Stadlober ein Fax zu schikken. Aber ich fühlte mich geehrt. Am Abend war ich bei Adidas bei einem Empfang und traf dort mit dem deutschen Überflieger Martin Schmitt zusammen. „Gratuliere", sagte ich ihm. „Gratuliere auch", antwortete er mir. Mit Roswitha brach ich später dann Richtung Radstadt auf, aber weil meine Frau ihr Auto in Pichl stehen gelassen hatte, wollten wir ein Taxi rufen. Als sich keines fand, wurde Walter Mayer seinem Namen als „wilder Hund" einmal mehr gerecht. Er fuhr uns bei schlechtestem Wetter hinunter nach Pichl – ohne Ketten, die in diesen Tagen zur Standardausrüstung gehört hatten für Reisende nach oder von Ramsau.

Mittwoch, 24. Februar. Dieter Böhm brachte mich zu Mittag wieder in den WM-Ort, wo ich meine Momente der Ruhe fortsetzte. Ich ging eine Stunde laufen, widmete mich diversen Fernsehsendungen und Zeitungsartikeln. Es war die Ruhe vor dem Sturm, in der ich auch Zeit für eine Massage bei Markus Kürschner fand. Kürschi war in Ramsau aber nicht nur für lockere Muskeln verantwortlich, er testete auch Ski, reichte während der Rennen uns Sportlern die Verpflegung, sagte uns, wie wir bei den Zwischenzeiten lagen – und arbeitete somit fast rund um die Uhr.

Donnerstag, 25. Februar. Walter Mayer war bei der Pressekonferenz im Buffet des Pressezentrums nachdenklich und philosophisch geworden. „Es gibt im Leben Situationen, die nicht beschrieben werden können, die zu Schock oder zu übergroßer Euphorie führen. Und diese bringen Adrenalinschübe und machen zusätzliche Kräfte frei. Es sind Situationen, bei denen über die psychische und physische Grenze gegangen wird." Ich wußte, wovon er sprach. Ich hatte diese Situation miterlebt, am Tag, an dem ich Vizeweltmeister wurde. Ich verstand auch, warum es der Cheftrainer in Anwesenheit seiner Mannschaft sagte. Er wollte ausdrücken, daß, wenn jeder von uns das Letzte gebe und wenn alles perfekt ablaufe, der Gewinn des Staffelrennens möglich sei. Und wenn nicht, dann könnten wir vielleicht Bronze oder Blech oder gar nichts gewinnen. Norweger und Schweden schienen favorisiert im Kampf um Platz eins und zwei. Wir hätten uns mit Italien und Finnland um Rang drei balgen sollen. Und auch Rußland wurde von Mayer erwähnt.

Als ich am Nachmittag mit Markus Gandler spazierenging, sprachen wir über den Wasa-Lauf, den wir wenige Tage nach Ende der WM bestreiten wollten, und über die Staffel am darauffolgenden Tag. Wir waren beide konzentriert, wir hofften beide auf ein positives Resultat. Aber wir sprachen nicht über Gold.

Am Abend wurden die Startnummern ausgeteilt; die Reihenfolge war klar. Markus Gandler, Olympia-Silbermedaillengewinner 1998, war unser Startläufer. Er hatte die Aufgabe, zumindest mit der Spitzengruppe ins Ziel zu kommen und falls er dies nicht schaffen würde, den Abstand möglichst gering zu halten. Ich, Vizeweltmeister 1999, hätte Österreich wieder an die Ersten heranführen sollen oder Tempo machen, damit aus einer größeren eine kleinere Spitzengruppe würde. Michail Botwinow, mit Rußland Staffel-Dritter bei der WM 1993 in Falun, hätte die alleinige Führung übernehmen sollen. Und Christian Hoffmann, Olympia-Bronzemedaillengewinner 1998, als Schlußläufer hatte den Auftrag, im Zielsprint seine bekannten Stärken auszuspielen. Sein norwegischer Gegner war Thomas Alsgaard, der getönt hatte: „Ich habe noch nie einen wichtigen Zielsprint verloren." Hoffmann hat dieser Satz eher noch motiviert als eingeschüchtert.

Freitag, 26. Februar. Staffelrennen. Rennen der Rennen. Bewerb, in dem nicht die Qualität eines einzelnen Sportlers dargestellt wird, sondern in dem es um die Qualität einer Langlaufnation überhaupt geht. Bewerb, in dem es irrelevant ist, ob der Zuschauer an der Disziplin an sich interessiert ist oder nicht. Ein Staffelrennen schaukelt Emotionen hoch. Es läuft nicht Gandler oder Stadlober oder Botwinow oder Hoffmann. Es läuft Österreich. Soweit die Theorie. Doch als Markus Gandler und ich uns in der Früh aufmachten, waren wir dennoch beeindruckt von den Zuschauermassen, die nach Ramsau gekommen waren. Das Wetter spielte wieder mit, es war ein wunderschöner Wintertag, und 45.000 Fans sollen es gewesen sein, die Österreich siegen sehen wollten.
Es war nicht schwer, die richtigen Ski für die herrschenden Bedingungen herauszufiltern – auch wenn ich über einen Umstand schmunzeln mußte. Drei von vier Staffelmitgliedern liefen mit Fischer-Latten (Botwinow hingegen mit Atomic) – und alle drei hatten Ski aus meinem Bestand ausgewählt. Ein Beweis, daß ich das ganze letzte Wettkampfjahr meiner Karriere auf hervorragendes Material zählen konnte, und ein Beweis, daß ich mit Emil Hoch einen zuverlässigen, kompetenten Trainer und Servicemann an meiner Seite hatte. Ihm gebührt mein besonderer Dank.
Als Gandler in die Spur ging, blieben mir noch rund 25 Minuten für die letzten Vorbereitungen. Ich sah ihn loslegen und beneidete ihn ein wenig. Er hatte den größten Teil seiner Vorstart-Nervosität bereits abgelegt. Ein Staffelrennen ist nämlich etwas ganz anderes als ein Einzelbewerb. Man läuft nicht für sich, sondern für eine Mannschaft, eine Nation. Niemand von den Teamgefährten würde es einen anderen spüren lassen, daß er es war, der versagt hat, daß er der Staffel eine Medaille gekostet hat. Aber

das ist auch nicht notwendig. Die Öffentlichkeit, die Medien, machen den Schuldigen sehr schnell und gnadenlos aus.
Bis zu 20 Sekunden Rückstand hätte ich Markus Gandler zugestanden. Diesen Rückstand auf die Spitzengruppe hielt ich mich für fähig zu schließen. Doch was geschah? Gandler lief ein Rennen wie in Nagano, kam als Erster in den Start-Ziel-Bereich, und was noch besser war: Die schärfsten Verfolger waren der Este und der Slowake, also Läufer aus Nationen, die nicht unbedingt mit einem Medaillengewinn spekulieren durften. Norwegen hatte 18 Sekunden Rückstand, Rußland 24, Italien 32, Finnland 38 und die ach so hoch dotierten Schweden 1:04 Minuten. Für sie war das Staffelrennen eigentlich schon gelaufen.
Ich lief weg und ließ keinen an mir vorbei. Ich weiß auch nicht, wo meine direkten Konkurrenten abfielen. Es interessierte mich einfach nicht. Wichtiger war, was Norweger, Finnen und Italiener machten. Sie holen auf, hörte ich nach drei Kilometern, aber nicht wesentlich. Nach der ersten der beiden Schleifen wußte ich, daß ich nicht mehr eingeholt werden könnte. Befriedigung machte sich breit. Ich kämpfte aber weiter um jeden Meter, um mit einem möglichst großen Vorsprung auf die Norweger Michail Botwinow in die Loipe schicken zu können. Es war eines meiner besseren Rennen, ich hatte den Job im Dienste der Mannschaft erfüllt und nur noch zu Ende zu bringen. Als ich an Michail Botwinow übergab, lag Norwegen 31 Sekunden zurück, Deutschland überraschenderweise 32 und Italien 36 Sekunden. War es schon gelaufen, nach den Rundenbestzeiten von Gandler und mir?
Ein Superrennen attestierte ich mir bei den ersten Interviews. Zu diesem Zeitpunkt war ich mir bereits sicher, daß wir eine Medaille gewinnen würden. Wenig später zog ich mich um, und jemand sagte mir beiläufig, daß Michail Botwinow gestürzt sei. Ich fragte zurück, ob er denn noch in Führung liege und zuckte nach bejahender Antwort lediglich mit den Schultern. Kein Problem, wird nicht so tragisch sein. Ich konnte nicht ahnen, daß Sport-Österreich einen kollektiven Herzinfarkt erlitt in diesem Mo-

ment. Ich realisierte auch nicht, daß ORF-Reporter Peter Elstner bei der Live-Übertragung in das Mikrophon schrie: „Boti, steh auf! Bitte, steh auf! Steh auf!" Erst viel, viel später im ORF-Studio wurde mir bewußt, welche Tragweite der Sturz Botwinows haben hätte können. Er war nämlich an der dümmsten Stelle des ganzen Kurses in den Schnee gegangen, dort, wo er mit einem Schlag 20 Sekunden verlieren konnte (und auch tat). Und ich sah in der Aufzeichnung, daß sein Stock brach und er von Michael Grossegger, zufälligerweise auch sein Betreuer das ganze Jahr über, einen anderen gereicht bekommen hatte. Nicht auszudenken, wie rapide sich unsere Medaillenträume verflüchtigt hätten, wenn auch der Ski Botwinows gebrochen wäre. Denn Stöcke hatte Grossegger glücklicherweise bei sich, Ersatzski aber nicht.

Wie auch immer. Botwinow kam ins Ziel, war immer noch Erster, wenn auch Österreich nach diesem seinem Mißgeschick an Vorsprung verloren hatte. Als Thomas Alsgaard auf der letzten Schleife zu Christian Hoffmann aufgeschlossen hatte, stand ich gerade bei meiner Familie und erklärte meinen Kindern, daß noch alles ganz, ganz offen sei. „Da kann noch jeder jedem weglaufen", sagte ich und spekulierte nicht mit Gold.

Dann der Zielsprint. Zusammen mit Gandler und Botwinow beobachtete ich im Zielraum, genau hinter der Ziellinie stehend, wie sich unser Schlußläufer verhielt, wie er agierte und nicht reagierte. Wir zitterten vor Aufregung. Schafft er es, schafft er es nicht? Was tut er, was macht er? Die Nervosität wuchs, je näher das Duo kam. Zehn Meter fehlten noch, ehe Hoffmann über den in den Schnee gezogenen roten Strich stürzen sollte, als wir bereits wußten: Wir sind Weltmeister, Alsgaard kann nicht mehr an Hoffi vorbeikommen. Christian Hoffmann lag noch auf dem Boden, als sich Botwinow freudestrahlend über ihn warf und ihm die erste Skibrille an diesem Tag zerbrach. Ich feierte auch, ich jubelte auch, doch mir war als vielleicht einzigem in diesem Moment klar, daß wir uns mit unseren Latten genau in jenem Bereich befanden, in dem es verboten ist, die Ski abzulegen. Womöglich werden wir noch disqualifiziert, dachte ich mir und zog das Trio hinter die zweite rote Linie zurück (was gar nicht so einfach war). Später unterhielt sich Markus Gandler über diesen Punkt mit Bengt Erik Bengtsson, dem Langlauf-Verantwortlichem im Internationalen Skiverband (FIS), der seine und meine Bedenken zerstreute. Nein, gerade richtig hätten wir uns verhalten und unserer Euphorie Ausdruck verliehen.

Erste Gratulanten waren die geschlagenen Norweger, denen 0,2 Sekunden zur Goldmedaille gefehlt hatten, und die drittplazierten Italiener. Was sich dann abspielte im Skistadion in Ramsau, war der reine Wahnsinn. Fotografen wollten Bilder in Masse, und wenn möglich von allen vier der Staffel. „Wo ist Botwinow?“ hieß es, „wo ist Hoffmann? Und wo Gandler?“ Ich tanzte auf der Absperrung, eine rot-weiß-rote Fahne in der Hand. Mein Glück war unbeschreiblich und wurde durch herbeieilende Betreuer und Trainer noch verstärkt. Auf der Strecke war Mayer in die Knie gesackt vor lauter Freude, die Hände zu Fäusten geballt, ein Siegerstrahlen auf dem Gesicht. Und wie in Nagano hatte er auch in Ramsau den geeigneten Spruch auf den Lippen: „G'wunnen haben's, de Trotteln.“ Im Zielraum fragte indes Markus Gandler, die Pfeif'n von Nagano: „Wo ist der Mayer, de Pfeif'n?“ Wenn das Herz voll ist, geht der Mund über ...

Es waren Momente, in denen niemand von uns realisierte, wie knapp der Staffelbewerb vor dem Abbruch stand. Denn nachdem Italien im Ziel war, wollten die ersten, übereuphorischen Fans die Strecke stürmen. Unter diesen befand sich auch der größte Teil von 50 Rattenbergern, denen ich persönlich die Eintrittskarten offeriert hatte – aus Dankbarkeit für ihre Unterstützung in Jahren, in denen es nicht so gut gelaufen war für mich. Sie wollten auf die Strecke, sie wollten zu mir. Die Ordnungshüter waren vollkommen überfordert, WM-Generalsekretär Wolfgang Mitter und ÖSV-Präsident Peter Schröcksnadel höchstpersönlich mußten sie zurückpfeifen: „Wollt ihr heute nichts mehr zum Feiern haben, wenn der Staffelbewerb annulliert wird?“

NORDISCHE FIS-SKI-WELTMEISTERSCHAFTEN 1999
NORDIC FIS-WORLD-SKI-CHAMPIONSHIPS 1999
RAMSAU AM DACHSTEIN

RAMSAU · DACHSTEIN TAUERN · ORF

FIS NORDIC WORLD SKI-CHAMPIONSHIPS 1999

Men's Relay 4x 10 Km (C/F) Cross Country

Official Result

RAMSAU '99

Ramsau (AUT)		Name of course	Forst / Wiese
February 26th 1999		Starting time	10:30:00

Jury		**Data of Course**	
TD FIS	PETRICEK, Peter (SLO)	Height Difference (HD)	71 m / 75 m
Chief of Competition	MIKLAUTSCH, Dietmar (AUT)	Maximum Climb (MM)	39 m / 43 m
Chief of Course	SCHOLZ, Stefan (AUT)	Total Climb (MT)	350 m / 362 m
Jury-Member	BJOERKESTOEL, Hermod (NOR)	Length of lap	5 km / 5 km
Jury-Member	EKBLOM, Gudrun (SWE)	Laps	2x 2 (C) / 2x 2 (F)

Rk	StNo	Team / Name	lap time	Rk	Finish	Rk	Diff.
1	**9**	**AUSTRIA (AUT)**			**1:35:07.5**	**1**	**0.0**
	9-1	GANDLER, Markus	24:29.7	1	24:29.7	1	
	9-2	STADLOBER, Alois	24:02.8	1	48:32.5	1	
	9-3	BOTWINOV, Mikhail	23:24.7	2	1:11:57.2	1	
	9-4	HOFFMANN, Christian	23:10.3	2	1:35:07.5	1	
2	**1**	**NORWAY (NOR)**			**1:35:07.7**	**2**	**0.2**
	1-1	BJERVIG, Espen	24:47.3	4	24:47.3	4	
	1-2	JEVNE, Erling	24:16.5	5	49:03.8	2	
	1-3	DAEHLIE, Bjoern	23:03.8	1	1:12:07.6	2	
	1-4	ALSGAARD, Thomas	23:00.1	1	1:35:07.7	2	
3	**2**	**ITALY (ITA)**			**1:36:38.1**	**3**	**1:30.6**
	2-1	DI CENTA, Giorgio	25:01.7	8	25:01.7	8	
	2-2	VALBUSA, Fulvio	24:06.6	2	49:08.3	5	
	2-3	MAJ, Fabio	23:43.4	4	1:12:51.7	3	
	2-4	FAUNER, Silvio	23:46.4	4	1:36:38.1	3	
4	**8**	**GERMANY (GER)**			**1:36:53.9**	**4**	**1:46.4**
	8-1	SCHLUETTER, Andreas	24:47.7	5	24:47.7	5	
	8-2	TEICHMANN, Axel	24:16.5	5	49:04.2	3	
	8-3	NEUBER, Janko	23:55.7	5	1:12:59.9	4	
	8-4	KIRCHNER, Mark	23:54.0	6	1:36:53.9	4	
5	**3**	**FINLAND (FIN)**			**1:36:56.3**	**5**	**1:48.8**
	3-1	KIRVESNIEMI, Harri	25:07.0	9	25:07.0	9	
	3-2	MYLLYLAE, Mika	24:11.6	4	49:18.6	6	
	3-3	REPO, Sami	24:06.2	6	1:13:24.8	5	
	3-4	ISOMETSAE, Jari	23:31.5	3	1:36:56.3	5	

Es herrschte jedenfalls Volksfeststimmung, wie im Fußball im ausverkauften Ernst-Happel-Stadion, oder vielleicht noch besser, weil es ja in Ramsau keine Leichtathletik-Laufbahn gibt, die Zuschauer von Akteuren trennt. Harri Kirvesniemi, der älteste WM-Teilnehmer, kam zu mir und gratulierte. Fabio Maj, der Italiener, der mir schon vor dem Staffelfinale Gold gewünscht hatte, „und nicht den Norwegern", kam und umarmte mich. Ich schüttelte Dutzende von Händen und konnte es immer noch nicht wirklich fassen: Weltmeister! Staffel-Weltmeister! Die Prognose, auf einem Transparent im Ramsauer Skistadion in Worte gefaßt und in Anlehnung an die Junioren-WM 1982, war eingetreten:

Es flüstern alle Geister:
Österreich wird Weltmeister

Bei der Blumenzeremonie standen wir mit der österreichischen Fahne auf dem Podest und entschieden spontan, von dort weg eine Ehrenrunde den Zuschauertribünen entlang zu laufen, so daß wirklich jeder die Helden von Ramsau hautnah vor sich sehen könnte. Es kam nicht dazu. Als wir vom Podest hinuntersteigen wollten, waren die Zuschauer schon da. Wir mußten nicht mehr zu ihnen kommen. Was sich abspielte, waren fast schon Wildwest-Szenen. Jeder wollte uns berühren, mit uns reden, jeder wollte ein Foto, ein Autogramm. Hoffmann wurde auch die zweite Skibrille, die er vorsorglich von seinem Ausrüster erhalten hatte, zerstört. Gandler trug aufgrund zu nahen Kontaktes mit den Fans eine Beule an der Schläfe davon. Es wurde uns zuviel. Wir flüchteten vereint, retteten uns über die Absperrungen in den Bereich der Fernsehanstalten.

Es war nicht leicht, das Gold-Quartett zusammenzuhalten. Wir mußten zur Pressekonferenz, schossen die obligaten Fotos mit den Medaillen, die wir erst am Abend erhalten sollten. Botwinow mußte dann als Auserwählter zur Dopingkontrolle. Wir fuhren ins Quartier, wo wir von den anderen empfangen wurden, mit knallenden Sektkorken und Lobeshymnen. Es war so, als hätten wir alle einen

Lottosechser gemacht. Es war, wie es bei Staffelerfolgen immer ist: Da freuen sich mehrere zusammen, da freut sich die ganze Mannschaft. Ein Staffelsieg ist Zeichen der Stärke einer Nation. Ein Einzelsieg ist Zeichen der Stärke eines einzelnen.

Als hätten es Pfanner und Flaga, unsere langjährigen Hauptsponsoren, vorausgesehen. Gerade an diesem Nachmittag hatten wir eine Einladung ins VIP-Zelt, der wir, als Sieger, selbstverständlich überaus gerne Folge leisteten. Auch meine Rattenberger Freunde hatte ich hineingedrückt, und die Stimmung dort ging nahtlos über: Auf einer Bühne wurden wir einzeln präsentiert, und der Sekt floß in Strömen. Von dort ging es dann direkt zur Siegerehrung.

Es kann für einen Sportler nichts Schöneres geben, als bei einer WM oder bei Olympischen Spielen auf der höchsten Stufe des Podests zu stehen, die österreichische Fahne am höchsten Punkt zu erblicken und die Klänge der Bundeshymne zu hören. Ich war gerührt und dankte meinem Schicksal, daß ich diesen Moment in meiner Aktivenlaufbahn noch erleben durfte. Es hätte auch einen Abtritt ohne diese Augenblicke geben können. Aber dann hätte etwas gefehlt in meinen sportlichen Erinnerungen.

Wieder waren wir das Hauptmotiv für die Fotografen, wieder ging ein Blitzlichtgewitter über uns nieder, ehe wir im WM-Studio des ORF wahr machten, was angekündigt worden war. Sollte die Staffel Gold gewinnen, ließe er sich eine Glatze schneiden, hatte Walter Mayer angekündigt. ÖSV-Referent Dieter Böhm trieb diesen Gedankengang voran, wir Sportler setzten ihn in die Tat um. Die Glatze gelang nicht besonders gut, weil wir es eilig hatten. Ein Grund mehr für des Trainers Frau, sich zu ärgern. Sie war ja von Anfang an dagegen gewesen, doch Walter setzte sich durch. Sein Kommentar: „Gerlinde braucht sich nicht aufregen. Für einen Mann reicht es, ein bißchen schöner zu sein als ein Affe. Und diese Vorgabe erfülle ich allemal.“

Vom ORF wurden wir dann mit einem Skidoo zum norwegischen Fernsehen gebracht, das aus Ramsau live und ausführlich be-

richtete. Nochmals erhielten wir die Gratulationen unserer skandinavischen Rivalen, ehe wir uns den Fragen der TV-Reporter stellten. Was der Staffelsieg für Österreich bedeute, wollte man von mir wissen. „Sehr viel", antwortete ich. Und davon bin ich auch überzeugt. Es war fünf nach zwölf, als Christian Hoffmann unseren Triumph fixiert hatte. Fünf nach zwölf, aber nicht zu spät, um dem österreichischen Langlauf einen gehörigen Schub nach vorne zu geben: an Popularität, an Prestige, an Anerkennung. Langläufer sind wer in Österreich, spätestens seit dem historischen Staffelsieg in Ramsau am Dachstein.
Wir traten wieder ins Freie und waren sofort von Fans und Freunden umringt. Ganz privat feierten wir schließlich in Gandlers Bauernhaus und sahen uns dort den Ausgang des Nachtspringens an, das von den Japanern dominiert wurde. Was uns freute zu hören, war der Umstand, daß viele Zuschauer des Staffelrennens gar nicht mehr zum Springen gingen, weil sie einfach geschafft waren. Die Spannung der Staffel hatte ihnen geistige und körperliche Kräfte genommen, sie zogen es vor, sich in den diversen Zelten zu stärken. Dabei hatte es vor WM-Beginn immer wieder geheißen: Die Staffelkonkurrenz wird deshalb so gut besucht sein, weil viele des Nachtspringens wegen nach Ramsau kommen werden an jenem Tag.
Der Tag endete um halb elf Uhr. Getrunken hatte ich nicht allzuviel (auch wenn es der richtige Anlaß gewesen wäre, beschwipst zu Bett zu gehen). Doch ich dachte voraus, an Sonntag. An die 50 Kilometer.

Samstag, 27. Februar. Eine Schulklasse kam zu Besuch, wie vereinbart, für einen oberösterreichischen Radiosender gab ich ein langes Interview, stellte mich für Fotos für unsere Sponsoren und Ausrüster zur Verfügung – kurzum, der Streß der Erfolgreichen fand auch einen Tag nach unserer Heldentat kein Ende. Bewußt wurde mir aber immer noch nicht ganz, daß es sich um ein epochales Ereignis gehandelt hatte. Ich dachte an das 50-Kilometer-

Rennen am Sonntag, und gleichzeitig wußte ich: Etwas Größeres und Wichtigeres als den Staffelsieg kannst du am Schlußtag der Weltmeisterschaft nicht mehr erreichen.
Es war der Tag, an dem bekannt wurde, daß die gesamte Staffel zur Krone-Fußballgala am Montag eingeladen worden war. Das war noch vor wenigen Jahren unvorstellbar: daß Langläufer den Namen des Fußballers des Jahres verlesen. Als wir den Saal betraten, erhoben sich die Zuschauer und feierten uns mit „standing ovations". Didi Kühbauer stand im Mittelpunkt, als Fußballer des Jahres, sicherlich. Aber auch wir wurden sehr wohl beachtet. Dabei war ich im ersten Moment gar nicht so glücklich über diesen Termin, denn er bedeutete einen Tag nach WM-Ende gleich weiteren Streß.

Sonntag, 28. Februar. Doch bevor die großen Feiern und Ehrungen begannen, bevor wir zu unserer Freude herumgereicht wurden wie Puppen, stand für mich noch der 50-Kilometer-Bewerb im klassischen Stil an. Es schien die Sonne, und der Schnee wurde im Verlauf des Tages immer nasser. Wie immer halfen mir Markus Gandler und Alexander Marent bei der Auswahl der Ski, und ich erwischte gutes Material, als ich um halb elf Uhr auf die Strecke mußte. Favorit Mika Myllylä war mit Nummer 31 gestartet, Botwinow mit 32, ich mit 35. Die Zielsetzung war klar: einen Platz unter den ersten zehn erobern, wenn möglich gar eine Medaille. Aber die Luft war draußen nach vier bestrittenen Bewerben, ich wußte, daß es mir an Substanz fehlen könnte.
Unverständlich also, daß ich den Bewerb sehr gut begann, sehr schnell zu Alexej Prokurorov aufschließen konnte und ihm anbot, gemeinsam zu laufen. Aber er hatte an diesem Tag einen miserablen Ski erwischt und konnte in den Abfahrten das Tempo einfach nicht halten. Nach der ersten Runde lag ich mit winzigem Vorsprung auf die Nachfolgenden an der zweiten Stelle. Nach der zweiten von vier Schleifen war ich Fünfter, mit 3,5 Sekunden Rückstand auf Michail Botwinow. Nach der dritten war ich Sech-

ster, mit 69 Sekunden Rückstand auf Bronze. Das Rennen war gelaufen, Medaille würde ich keine gewinnen. Soviel war klar. Die Strecke, von Länge und Profil her die härteste der Weltmeisterschaft, forderte ihren Tribut. Einen Spitzenplatz wollte ich dennoch, und ich wollte heil ins Ziel, nicht enden wie Björn-Odd Hjelmeset, der auf den letzten 12,5 Kilometern von Rang vier auf Rang 28 zurückfiel und auf dieser Distanz fast acht Minuten auf den Führenden verlor. So leicht kann man „blau gehen", wie es in der Langlaufsprache heißt, so leicht kann man eingehen.
Dieses Los blieb mir erspart. Ich lief die Schlußrunde mit Fulvio Valbusa und erhielt vom Italiener bei seiner Verpflegungsstation auch seinen Kaffee angeboten. Ich lehnte ab, ich wollte meinen Magen nicht in Unordnung bringen. Grundsätzlich wird Kaffee getrunken, um für die letzten Kilometer noch einen zusätzlichen Kick zu erhalten. Ich hingegen trinke viel Tee, der mit Kohlenhydraten angereichert ist.
Als ich mich dem Ziel näherte, hörte ich aus dem Lautsprecher Rainhard Fendrich und sein „I am from Austria". Ich mußte in mich hineinlächeln und war glücklich. Michail Botwinow hat seine Einzelmedaille gemacht, sagte ich mir. Er hat sie sich wirklich verdient. Botwinow hatte in diesem Winter Weltcuprennen gewonnen, unsere Staffel in Nove Mesto zum Sieg geführt. Botwinow hatte in Ramsau fast alles nur erdenkliche Pech gehabt. Er war zweimal mit falschen Skiern unterwegs, und als ob das nicht reichte, stürzte er im Staffelbewerb. Botwinow hat sich diese Medaille mehr als verdient.
Diesen Gedanken nachhängend, erreichte auch ich das Ziel, mit 1:13 Rückstand auf den Teamgefährten, doch immerhin als Fünfter. Ich war sehr zufrieden, weil ich meine neunte und letzte WM-Teilnahme mit einer ausgezeichneten Plazierung beendet hatte. Niklas Jonsson war vor mir plaziert gewesen, doch er hatte davon profitiert, daß er von Mika Myllylä eingeholt worden war. Denn er verbesserte sich von Rang 23 nach der ersten Schleife auf Rang vier, 43 Sekunden hinter dem dritten Platz. Wie auch immer: Die

Schweden, die mit zwei verschiedenen Weltcupsiegern nach Ramsau gekommen waren, blieben ohne Medaillen. Für die positive Überraschung sorgte indes der Ramsauer Achim Walcher, der mit der hohen, schlechten Nummer 53 auf den zehnten Rang lief und das erste Top-Ten-Resultat seiner Karriere erreichte.

Nochmals gab es eine Siegerehrung, nochmals mußte ich Autogramme schreiben, nochmals stellte ich mich den Fotografen. Doch die WM-Atmosphäre hatte der Aufbruchstimmung Platz gemacht. Ich eilte ins Quartier, packte meine Koffer, wurde ins ORF-Studio gebracht, wo die aktuelle „Sport am Sonntag"-Sendung aufgezeichnet wurde, an der ich zusammen mit Toni Innauer, Walter Mayer, Michail Botwinow und dem gesamten Betreuerstab teilnahm. Von dort ging es fast direkt nach Radstadt, wo mir der erste von unzähligen Empfängen bereitet wurde. Was mich dabei besonders freute: daß einige meiner Staffelkollegen sich die Zeit nahmen, um ebenfalls dort aufzutreten. Das ist nicht selbstverständlich, immerhin geht doch für jeden eine Phase der allerhöchsten Anspannung zu Ende. Und jeder möchte möglichst schnell nach Hause.

In Radstadt mit dabei war auch der Nordische Direktor des ÖSV. Toni Innauer fand wunderschöne Worte, um den Wandel im österreichischen Skilanglauf zu beschreiben. „Auf diesem Platz", sagte er, „habe ich vor sechs Jahren eine Siegerehrung bei der österreichischen Langlaufmeisterschaft vorgenommen. Es gab keine Zuschauer, und es herrschte Grabesstimmung. Heute abend blicke ich auf Zuschauermassen, die die Helden der neuen ÖSV-Paradedisziplin bejubeln. Früher war es für andere eine Ehre, wenn der große Innauer vorbeischaute. Nun ist es für mich eine Ehre, dabeisein zu dürfen."

Ich war gerührt. Daß mein Tag wieder erst nach dem Festessen im Gasthaus Brüggler weit nach Mitternacht zu Ende ging, machte mir nichts mehr aus. Hätte mir aber vielleicht sollen. Die Zeit der Anspannung war nämlich noch lange nicht vorbei.

„Wer hartnäckig arbeitet, hat letztlich Erfolg“

Interview mit **Walter Mayer,** österreichischer Wasa-Lauf-Sieger und Langlauf-Cheftrainer bei der WM 1999 in Ramsau.

Sie kennen Alois Stadlober quasi seit Beginn seiner Karriere. Welchen Eindruck hatten Sie von ihm?

Der Luigi ist sicher nicht untalentiert zum Skilanglauf gekommen. Aber dann hat er zu spezifisch trainiert und ist untalentiert geworden. Deshalb schaute er als Sportler zuweilen auch etwas hilflos aus, vielleicht auch, weil er ein übervorsichtiger Mensch ist. Aber prinzipiell gilt: Er hatte für Langlauf Talent.

Alois Stadlober ist letztlich ein Sportlerleben lang dem Erfolg hinterhergelaufen ...

... was letztlich nur eines beweist: Wenn du hartnäckig bist, wenn du an etwas glaubst, wenn du hart arbeitest, dann kommt der Erfolg. Von seinen körperlichen Voraussetzungen her, von seiner „Maschine“, wie wir Langläufer zu sagen pflegen, wäre das Potential dagewesen, viel früher zu wichtigen Plazierungen zu kommen. Doch Stadlober war über Jahre hinweg nie optimal betreut worden. In Italien oder in Skandinavien wäre er vielleicht zu einem Star, auf alle Fälle aber zu einem absoluten Spitzenläufer geworden.

Muß Stadlober, provokant nachgehakt, trauern über eine Karriere, in der viel mehr möglich gewesen wäre?

Natürlich muß er das. Es wäre für ihn viel früher viel mehr möglich gewesen. Von seinen Voraussetzungen her hätte er ein Jahrzehnt früher eine Medaille bei wichtigen Veranstaltungen machen müssen. Das hätte sich auf sein Selbstbewußtsein ausgewirkt, auf die Erkenntnis, gut genug zu sein für Podestplätze bei Weltmeisterschaften oder Olympischen Spielen. Und dann, wer weiß? Vielleicht wäre dann Stadlober auch Olympiasieger geworden. Doch der ÖSV hat dem Langlaufsport immer wenig Beachtung geschenkt, bis Peter Schröcksnadel als Präsident kam.

Wie wichtig war Alois Stadlober für Ihre Planung, für Ihre Mannschaft?

Ungemein wichtig und nicht ersetzbar. Das Team wäre ohne den Luigi nicht machbar gewesen. Er und ich haben im Training den Ton angegeben, und dabei wollte mein Vorgänger Toni Hierschläger mich noch eliminieren. Weil es nämlich unzumutbar sei, daß ein Seriensieger von Volkslangläufen, der ich zu der damaligen Zeit war, im Teamkader mittrainieren dürfe. Doch der Schuß ging nach hinten los. Weil ich mich nicht mit der Nationalmannschaft auf den neuen Winter vorbereitete, folgte mir Stadlober nach Schweden und bereitete sich dort mit mir und jüngeren Sportlern auf die Saison vor. Besser wäre wohl gewesen, mich zu integrieren. Da war ja sogar Werner Schwarz, Hierschlägers Vorgänger, klüger, dieser duldete mich zumindest.

Stadlober war wie andere nicht gerade hocherfreut, als Michail Botwinow eingebürgert wurde.

Das war aber auch verständlich. Jeder der Arrivierten fürchtete in erster Linie um seinen Platz. Ich persönlich habe Botwinow auch nicht mit dieser Vehemenz gefordert, die Toni Innauer an den Tag legte. Botwinow wollte nach Italien oder Frankreich, sah sich aber dann in Österreich gut aufgehoben. Der Wendepunkt ihrer Gesinnung war meines Erachtens die Staffel zum Weltcupauftakt 1996/97. Dort lagen wir nach den Teilstücken von Gandler und Stadlober 20 Sekunden vor den anderen in Führung. Und die beiden Alten philosophierten: „Wenn wir jetzt den Botwinow da hätten, wäre hier auch der Sieg möglich.“ Das war für mich das Zeichen, daß er akzeptiert war.

Gerade Botwinow stürzte bei der WM-Staffel in Ramsau.

Wenn er nicht gefallen wäre, hätte er mit 45 Sekunden Vorsprung auf Daehlie und die Norweger übergeben, und Christian Hoffmann wäre mit der österreichischen Fahne eingelaufen. Er ist gefallen, und deshalb sage ich: Wir haben in Ramsau das Staffelrennen gleich zweimal gewonnen. Als es klar war, daß es zum Zielsprint kommen würde, hatte ich auf Hoffmann getippt. Er führt 2:1, dachte ich mir. Denn: Seinem direkten Gegner Thomas Alsgaard kommt das leicht fallende Gelände im Zielsprint entgegen, und das ist ein Pluspunkt für Norwegen. Für unseren Mann aber spricht der Umstand, daß er den schnelleren Ski hat und die Verfolgungs-Rennen nicht gelaufen ist. Alsgaard hatte sie bestritten und war vielleicht auch deshalb bei der Staffel etwas müde. Mein persönliches Glück war, daß wir bei der Weltmeisterschaft unser Wunschquartett zur Verfügung hatten. Einen Tag vorher hatte ich überlegt, welchen meiner Läufer ich mit jenem einer anderen Nation austauschen würde wollen. Ich wußte es nicht. Gandler war der schnellste Startläufer, Stadlober und Botwinow die „Maschinen“, Hoffmann Sprinter und „Maschine“. Unsere vier waren die Besten.

„Stadlober hatte für mich große Vorbildfunktion“

Interview mit **Christian Hoffmann,** Bronzemedaillengewinner bei den Olympischen Spielen 1998 und superschneller Staffelsprinter bei der WM 1999 in Ramsau am Dachstein.

Sie haben mit Ihrem Sprint die österreichische Langlaufstaffel zu Weltmeisterschaftsgold geführt. Ist dieser Titel oder Olympiabronze über 50 Kilometer für Sie persönlich wichtiger?

Das ist eine schwierige Frage, denn vom Umfeld, von der Aufmerksamkeit der Zuschauer und der Medien war Ramsau um einiges attraktiver als Nagano im Jahr zuvor. Doch in Japan habe ich meine erste wichtige Medaille gewonnen. Fast keiner hatte mich auf der Rechnung, und dann das: Nach zehn Kilometern lag ich in Führung. Es war das erste Mal für mich, daß ich bei einem sehr wichtigen Wettbewerb auf das Podest kam. Deswegen ist vom Erlebnis, von den Emotionen her Nagano etwas anderes als Ramsau. Worauf bei der Weltmeisterschaft jedoch das Augenmerk liegt, ist der Titelgewinn. Gold glänzt immer schöner als Silber oder Bronze, und nur Gold ist etwas Dauerhaftes. Auch zu Stadlober sagt man „Weltmeister“ und nicht „Silbermedaillengewinner“. Hinzu kommt, daß beim Staffelrennen nicht ein einzelner läuft, sondern Österreich. Es ist emotionaler und für das Publikum wichtiger als andere Konkurrenzen.

Am Ende lagen 0,2 Sekunden zwischen Ihnen und Thomas Alsgaard, oder wenn man so will, zwischen Österreich und Norwegen. Und wenn es umgekehrt gewesen wäre?

Wenn ich den Sprint verloren hätte, wären wohl so ziemlich alle verbal über den unglücklichen Botwinow hergezogen. Ihm ist ein Stein vom Herzen gefallen, er war auch der erste, der mich im Ziel unter sich begrub vor lauter Freude. Man hat jedenfalls an unserem Beispiel in Ramsau gesehen, daß ein Staffelsieg nicht planbar ist. Zuerst müssen vier Sportler laufen, dann erst kann abgerechnet werden. Wäre Botwinows Ski gebrochen, hätten wir nicht einmal Bronze geholt – dann wäre ich vielleicht gar nicht mehr zum Einsatz gekommen.

Wie haben Sie den Sturz Ihres Mannschaftsgefährten miterlebt?

Ich war im Staffel-Übergaberaum, wärmte mich auf, war nervös und hatte einigen Streß. Mit einem Auge verfolgte ich das Geschehen auf der Video-Wand. Als ich kurz nicht hinschaute, muß es passiert sein. Denn als ich meinen Blick wieder dorthin richtete, lag Botwinow regungslos im Schnee und stand ganz, ganz, ganz langsam auf. Ich fragte mich, ob er sich nicht etwas beeilen könnte, ehe ich realisierte, daß es bereits die Zeitlupenstudie war. Bis zu seinem Sturz hatten wir einen Vorsprung von rund 40 Sekunden, und meine Taktik wäre klar gewesen: voller Angriff, so daß Alsgaard keine Möglichkeit mehr gehabt hätte, zu mir aufzuschließen. Doch nach Botis Mißgeschick ging ich mit nur zehn Sekunden Vorsprung in die Spur. Ich startete verhalten und ließ Alsgaard herankommen.

Die letzte Schleife war eine etwas sonderbare ...

Richtig, keiner wollte Führungsarbeit übernehmen, zeitweise sind wir fast gestanden. Bei Kilometer acht wollte ich attackieren, da ich gesehen habe, daß Alsgaard einen schlechten Ski hat. Ein paar Meter beim Anstieg gewinnen, ein paar bei der Abfahrt, und weg wäre ich gewesen. Doch

Alsgaard lief Kampflinie den Stieg hinauf, ließ mich partout nicht vorbei – oben, vor der Abfahrt, machte er dann freiwillig Platz. Beim letzten Stieg attackierte ich nochmals, doch eher nur, um zu sehen, was der Norweger noch drauf hat. Ich erinnere mich, daß an just diesem Punkt Günther Wimmer, der Langlauftrainer an der Ski-Handelsschule Schladming, fast in der Spur kniete, mit gefalteten Händen, und mich anbettelte: „Bitte gewinne, bitte gewinne!" Normalerweise bekommt ein Läufer während des Rennens nicht mit, was ihm die Zuschauer zurufen. In diesem speziellen Fall aber hörte ich jedes Wort von Wimmer.
Mit einer leichten Linkskurve ging es hinein in die Zielgerade, und ich war fasziniert von mir, wie taktisch klug ich die Geschichte anging. Denn in gerade diesem Moment kam mir der Gedanke, nicht den linken Einlaufkanal zu nehmen, sondern den mittleren. Ich drängte Alsgaard regelkonform ab, er war verdutzt, verlor für einen Augenblick den Rhythmus. Kurz darauf war er wieder auf gleicher Höhe, ich konterte erneut und dachte mir 20 Meter vor dem Ziel: Ich schaffe es. Die Zeitnehmung, die sich 20 Zentimeter über dem Boden befindet, löste ich mit dem Schienbein aus, als ich mich über die Ziellinie warf.

Am Vortag waren Sie beim ORF zu Gast?

Ja, dort habe ich den Kombinations-Sprint gesehen, der über Bronze im Teambewerb entschieden hat, zwischen Rußland und Frankreich. Dort hat man mir erklärt, wie ich mich zu verhalten hätte, wenn es zu einer solchen Konstellation kommt. Sie trat ein, aber ich hätte auch ohne Hilfe des Fernsehens gewußt, was zu tun ist.

Ihr Sieg gewinnt an Prestige, wenn man bedenkt, daß Thomas Alsgaard bis zu jenem Freitag, dem 26. Februar 1999, keinen wichtigen Sprint verloren hat.

Sicher, aber Alsgaard hat im Vorfeld des Rennens auch erklärt, am meisten Angst vor mir zu haben. Dieser Satz hat mir seinen Respekt deutlich gemacht, und das war wichtig für mein Selbstbewußtsein. Beim Staf-

felrennen ist nicht nur der Körper wichtig, sondern auch der geistige Zustand des Sportlers. Ich weiß nicht, ob ich das Rennen ohne meinen taktischen Geistesblitz auch gewonnen hätte.

Die Resonanz auf diesen Triumph war und ist gigantisch.

Wie wahr. Im Skistadion wären wir fast erdrückt worden von den Menschenmassen. Es war zum Fürchten. Ich weiß nicht, wie viele Skibrillen ich an diesem Tag verlor, weil sie mir vom Kopf gerissen wurden in der ganzen Hektik. Aber auch jetzt noch kommen Leute auf mich zu und erzählen mir, wie sie diesen Bewerb erlebt haben, daß ihnen der Schweinsbraten auf dem Herd verbrannte, daß sie zu spät zu Terminen kamen – einfach, weil alle in den Bann der Staffel gezogen worden waren. Auch Personen, die nicht sportbegeistert sind, konnten wir begeistern. Und das ist ein schöner Erfolg, nicht nur für uns, sondern für den Langlaufsport überhaupt.

Einer von jenen, die den Langlaufsport in Österreich groß gemacht haben, beendete nach der WM-Saison seine Karriere. Wann haben Sie Alois Stadlober das erste Mal persönlich kennengelernt?

Ich habe 1989 mit dem Langlauf begonnen, zu einer Zeit, in der Stadlober zusammen mit Walter Mayer Sinnbild des Langlaufsports war. Er war auch mein großes Vorbild, und getroffen habe ich ihn 1994, nach der Junioren-Weltmeisterschaft in Breitenwang. In Obertauern wurden damals die österreichischen Meisterschaften ausgetragen, und als ich mit dem oberösterreichischen Landeskader vorfuhr und aus dem Bus stieg, kam Stadlober zu mir und gratulierte mir zu meinen Plazierungen bei der Junioren-WM. Neunter und Dreizehnter war ich geworden – und stolz, daß mein Vorbild diese Leistung registriert hatte. Immerhin war ich nach langer Zeit wieder derjenige, der Österreich in die Top-Ten-Plazierungen gebracht hatte. Ab der Saison 1993/94 waren wir dann Kollegen in der Nationalmannschaft. Der Altersunterschied hat in unserer Beziehung keine wesentliche Rolle gespielt, wir haben uns immer sehr gut verstanden.

Stadlober hat bis zuletzt auf seine Momente des Ruhms warten müssen ...

Deshalb habe ich sie ihm auch von ganzem Herzen vergönnt. Bereits in Toblach hatte ich zum Emil Hoch gesagt: „Am meisten freut mich der dritte Rang vom Luigi." Ich hatte mit ihm mitgefühlt in Nagano, als Markus Gandler und ich die Medaillen gewannen, er durch die Finger schaute und im Abseits stand. Deshalb vergönnte ich ihm auch die Medaillen in Ramsau, denn er hätte sie bereits Jahre früher holen müssen. Schön für ihn, daß es im allerletzten Moment noch geklappt hat. Vielleicht ist dies auch darauf zurückzuführen, daß er immer cooler wurde und daß ihm in Nagano teilweise der Druck genommen wurde. Plötzlich mußte nicht er etwas beweisen und Resultate erbringen, sondern andere. Doch ich wiederhole: Stadlober wäre schon Jahre früher reif für eine WM- oder Olympiamedaille gewesen.

Gefragte Helden

Unbeschreiblich war die Euphorie, die sich in den nächsten Tagen rund um die Staffel-Weltmeister von Ramsau abspielte. Bereits am Montag flog das Quartett nach Wien, um bei der Fußball-Gala der Kronen-Zeitung eine der Hauptrollen zu spielen. Doch bevor wir am Abend unseren Auftritt hatten, stellten wir uns in einem Übertragungswagen am Flughafen den Fragen der Hörer von Radio Wien. Dann mußten wir noch, schnell, schnell, zum Kabelsender W1, dann die Anzüge holen für den abendlichen Auftritt.

Nicht, daß es dabei geblieben wäre. Am Dienstag nachmittag schoß ein Fotograf Bilder für das Motorjournal der Kleinen Zeitung. Er kam extra nach Radstadt, und es ging tatsächlich um jene Art von Fahrzeug, die auch ich benutze, nämlich den Minivan. Ich stattete dem Kindergarten und der Sonderschule in Radstadt einen Besuch ab, wurde mit Blumen und Ständchen begrüßt, schrieb immerfort Autogramme und erkannte, daß ich auch diese Altersgruppe für mich gewonnen hatte. Für den „Treffpunkt Salzburg" war ich im ORF Salzburg, zusammen mit meinem Vater, meiner Frau und mit German Bauregger, Faktotum bei uns im Skiclub Radstadt, und dem Fanclub. Dann mußte ich nach Wien zur Ehrung und Verabschiedung durch den Österreichischen Skiverband und das Bundeskanzleramt. Ich nahm an einer Autopräsentation in Wien teil, und zweimal rief mich unser Sponsor Pfanner. Ingesamt werden es wohl 15 Fahrten und Flüge von Salzburg nach Wien und zurück gewesen sein.

Besonders gern erinnere ich mich an die Ehrung in Fohnsdorf und Rattenberg zurück. Im Ortszentrum von Rattenberg steht nun bei der Einfahrt zum Bauernhof meiner Eltern eine überlebensgroße Holzstatue eines Langläufers. War schon mein ganzer Hei-

matort auf den Beinen, so überraschte mich allerdings nach der Kutschenfahrt über die vier Kilometer, die die beiden Orte trennen, der Menschenauflauf in Fohnsdorf. Da blieb sogar dem Bürgermeister Hans Straner, der dies alles initiiert und organisiert hatte, die Spucke weg ... Diese Ehrung war keine lästige Verpflichtung, sondern hat echten Spaß gemacht.
Mein Weg zum Erfolg war Thema eines Referates, das ich beim ASVÖ in der Therme Gainberg bei Ried/Oberösterreich hielt. Vom Salzburger Landesskiverband wurde ich geehrt, wurde beliebtester Sportler des Jahres 1999 in der Steiermark, rief im dortigen Landesstudio des ORF zu Spenden für den Kosovo auf. Von Wüstenrot Salzburg wurde mir die Ehrenmitgliedschaft verliehen, wobei ich die Idee des bedeutendsten Salzburger Fußballvereins, mir ein Trikot mit der Nummer 97 zu überreichen, besonders originell fand. Ich warb für Sport im Heer und war beim Tag der offenen Tür des Bundesheers – richtig, wieder in Wien –, ich nahm am Rot-Kreuz-Treffen und am Ferrari-Treff in Radstadt teil und und und ...
Immerhin genoß ich zu Pfingsten auch eine Woche Urlaub in der Türkei, der einen attraktiven Nebeneffekt mit sich brachte: Im Hotelzimmer funktionierte mein Handy nicht. Ich weiß nicht, ob ein Störsender im Hotel eingebaut worden war oder woran es liegen konnte. Nur soviel: Es war mir nicht unangenehm, denn an den Strand nahm ich das Mobiltelefon nie mit, und so konnte ich einmal ruhige Tage verbringen. Es war eine angenehme, erholsame Zeit, die bereits im Zeichen des Wien-Marathons stand, den ich gemeinsam mit meiner Frau zu bestreiten im Sinne hatte. Und weil ich „der Stadlober" war, begleitete uns auch das Fernsehen. Ich erhielt einen weiteren Schub Popularität, und meine Sponsoren für dieses Ereignis freuten sich mit mir.
März, April, Mai waren schon schlimm und aufwendig genug, doch übertroffen sollten sie vom Hochsommer werden, der mir am meisten Termine und Verpflichtungen brachte. Ich war bei Fischers „Tag der Weltmeister", ich war bei der Landescup-Sie-

gerehrung des Salzburger Landesskiverbandes, ich war bei zwei Skirollerrennen, die beide zu Ehren von Alois Schwarz in Lohnsburg und Bad Leonfelden abgehalten wurden. Und selbstverständlich war ich am 26. Juni in Altenmarkt, wo die österreichische Langlauf-Nationalmannschaft den Referenten Dieter Böhm, Trainer Emil Hoch, Masseur Markus Kürschner und mich verabschiedeten. 180 geladene Gäste hatten sich beim Gasthof „Rosner" eingefunden, und es war ein Abend mit Erinnerungswert. ORF-Journalist Peter Elstner trat als Frank Sinatra auf, Showmaster war Markus Gandler, und die gespielten kabarettreifen Stücke hätten mit dem Oscar prämiert gehört. Und dann ging es mit vollem Programm weiter. Ich war auf Einladung des steirischen Landesrates für Sport und Tourismus Gerhard Hirschmann beim Formel-1-Rennen am A1-Ring, ich war bei der Siegerehrung der Paragleit-Weltmeisterschaft im Pinzgau, beim Ironman in Klagenfurt, mit meiner Familie beim Tennisturnier in Kitzbühel, aber auch bei der Premiere des „Un ballo in maschera" bei den Bregenzer Festspielen und bei „A tribute to ABBA" in Zell am See. Auch auf der Straße der Sieger im Wiener Generali-Center wurden die Mitglieder der siegreichen WM-Staffel verewigt, mit je einem Fußabdruck. Ich erhielt auch mehrere Auszeichnungen, wie das Goldene Verdienstzeichen des Landes Salzburg, das Silberne Ehrenzeichen der Republik Österreich, wurde als ASVÖ-Sportler des Jahrzehnts geehrt und erhielt den Ehrenlorbeer des Salzburger Sports in Gold.
Weiters kamen Einladungen, um an diversen Sportveranstaltungen aktiv teilzunehmen, wie beispielsweise beim Fuschlsee- oder Wolfgangsee-Lauf, bei Inline-Events oder beim Dolomitenmann in Lienz. Gottlob kann ich nicht Golf spielen, sonst wäre ich vor lauter Anfragen überhaupt nicht mehr zu Hause gewesen!
Ich war Spitzensportler und hatte einen anderen Ganztagesjob gefunden, den ich in dieser Form nicht haben hätte wollen: Ich war über Monate hinweg in eigener Sache unterwegs. Die Autogramme, die ich schrieb, wurden irgendwann zur Routine. Ich

versuchte allerdings, so gut es ging, auf alle individuellen Wünsche meiner Anhänger einzugehen. Aber wenn über 10.000mal der eigene Name gezeichnet werden muß, dann bleiben dazugehörige Widmungen oftmals auf der Strecke. Über 5000 Autogrammkarten verteilte ich, Zehntausende von Händen schüttelte ich. Und dann erst die Autogrammpost. Allein am Dienstag nach dem Ende der Nordischen WM kamen 29 Anfragen, insgesamt waren es Hunderte Briefe, die bei uns in Radstadt eingingen und in denen der Wunsch nach einer Autogrammkarte zum Ausdruck gebracht wurde.

Der finanzielle Erfolg dieser außersportlichen Aktivitäten war nicht dermaßen groß, wie viele glauben möchten. Bei vielen Terminen war ich unentgeltlich dabei, weil es entweder Ehrungen waren oder soziale Aktivitäten. Auch die Sponsoren, beispielsweise Adidas, Fischer, Flaga und Pfanner, legten Wert auf Anwesenheit – und ich kam diesen Anliegen sehr gern nach, da auch sie über Jahre hinweg loyal zu mir gestanden waren. Es lief weiters eine größere Werbegeschichte mit Intersport Eybl, so warb ein steirisches Mineralwasser mit meinem Konterfei auf der Flasche, so liefen andere kleinere Dinge. Hotel- und Thermalbad-Einladungen hatte ich zur Genüge, kam diesen aber kaum nach. Unter dem Strich sagte ich mir: Kleinvieh macht auch Mist. Der sportliche Erfolg selbst ließ sich nicht in überragender Art und Weise in bare Münze umsetzen, und zwar aus zwei Motiven. Einerseits wurde die Prämie für das Staffelgold geviertelt, andererseits beendete ich meine Laufbahn und konnte nicht, wie andere, um bessere Sponsoren- und Ausrüsterverträge pokern. Doch in einem wichtigen Punkt kam mir der Erfolg in meinen letzten Rennen zugute. Auf der Suche nach einem Beruf hatte ich sehr gute Karten, war umworben von Atomic als Langlaufchef, entschied mich dann aber für einen Job als Koordinator für den Nordischen Sport in der Steiermark. Landesrat Gerhard Hirschmann hatte sich in dieser Angelegenheit dankenswerterweise für mich stark gemacht.

Mein Fazit: Ramsau hat sich ausgezahlt, unter den geistigen Anschauungen von Ruhm und Ehre, aber auch unter den materiellen Aspekten. Aber ganz besonders, weil ich mein Lebensziel erreicht hatte.

MORA 1999

Mein letztes Rennen

In all den Trubel um meinen erfolgreichen Auftritt bei der Nordischen Weltmeisterschaft in Ramsau fiel ein Vorhaben, das ich gemeinsam mit Markus Gandler bereits im Herbst geplant hatte. Nachdem er wie ich seine Aktivenlaufbahn beenden wollte, hatte sich Gandler zum Ziel gesetzt, den bekannten Wasa-Lauf zu bestreiten. Mir kamen seine Überlegungen nur recht, denn bis dato war ich nur einmal in Schweden am Start, 1991, und wurde nach einem Wachsrennen enttäuschender 34. Diese Plazierung darfst du nicht einfach so stehen lassen, dachte ich mir. 5:14 Stunden hatte ich damals für die 90 Kilometer benötigt, der Ski war sowohl bergauf wie bergab nicht gelaufen. Heuer sollte alles besser werden, und so verpflichteten wir auch Emil Hoch als Betreuer.
Aber wer hätte gedacht, daß wir nach Ramsau herumgereicht würden von einer Ehrung zum nächsten Radiointerview, zur nächsten Autogrammstunde? Auch in Schweden empfing uns das Fernsehen, wir hatten eine Pressekonferenz zu geben und mußten Dutzenden von Kindern Autogramme schreiben. Dies alles kam unerwartet, auch wenn wir bereits zuvor erahnen konnten, daß wir als Mitglieder der weltmeisterlichen Staffel und ich als Silbermedaillengewinner im Mittelpunkt stehen würden. Meine Vorbereitung war gleich null, der Körper hatte seine Substanz auf 115 Rennkilometern in Ramsau verbraucht, das Unternehmen war, provokant formuliert, zum Scheitern verurteilt.
Daß ich letztlich Zweiter wurde, ist wohl jahrelangem Training und eher jener Erfolgswelle zuzuschreiben, auf der ich mich seit Beginn der Weltmeisterschaft befand. Die geistige Spannung war immer noch vorhanden, mein Körper befand sich immer noch unter Strom. Es ist ein schweres Rennen, und du wirst es schaffen, sagte ich mir.

Auf den ersten 30 Kilometern wollte ich allerdings schon aufgeben. Der Ski lief nicht wie gewohnt, ich fühlte mich müde und ausgelaugt. Die Schweden und Norweger machten von Beginn an Tempo, und ich sagte noch zu Markus Gandler: „Wenn das so weitergeht, sieht man mich nicht im Ziel in Mora." Ab Kilometer 35 hatte sich eine Spitzengruppe mit sechs Leuten herausgebildet, unter denen unverständlicherweise auch ich mich befand. Plötzlich lief es. Einer nach dem anderen brach weg. Ich gewann zwei Sprintwertungen, aß insgesamt rund einen Kilogramm Bananen, trank fünf oder sechs Liter von meinem kohlenhydratreichen Tee, lief aus Angst vor Krämpfen ökonomisch. Gerade bei einem derart langen Rennen muß man sehr viel und sehr oft in seinen Körper hineinhören und erkennen, ob „alles paßt". Immerhin sind nach 60 Kilometern immer noch 30 zu überstehen. Und auf 90 Kilometern kann es bis knapp vor dem Ziel gutgehen, ehe man einbricht und nach hinten durchgereicht wird. Mir blieb das Schicksal des Hungerastes erspart. Doch als der Schwede Staffan Larsson bei der letzten Sprintwertung zwölf Kilometer vor dem Ziel anzog und mich 3000 Meter später definitiv abhängte, wußte ich: Gewinnen wirst du nicht mehr. Im Ziel in Mora lag er 61 Sekunden vor mir, und er hat es sich fürwahr verdient. Denn im Vorjahr hatte Larsson das große Pech, um eine Sekunde den Wasa-Lauf zu verlieren und gleichzeitig auch einen Volvo, weil neuer Streckenrekord aufgestellt worden war.

Ich war trotz des verpaßten Erfolges überglücklich mit meinem zweiten Platz, auch wenn nur die Sieger auf der Ehrentafel eingraviert werden. Es hätte mir schon gefallen, meinen Namen dort zu lesen, dort, wo auch jener von Walter Mayer steht. Doch was soll's? Ich konnte nicht alles haben, und was ich hatte, war mehr als genug.

Am nächsten Tag ging es wieder zurück nach Österreich. Müde lag ich im Flugzeug auf meinem Platz, mit zerschundenem Körper, doch mit klaren Gedanken. Im Geiste ließ ich die letzten 17 Tage an mir vorüberziehen, sah mich nach dem Gewinn der

Silbermedaille jubeln, sah mich auf der Stadion-Absperrung tanzen, nachdem wir Staffel-Weltmeister geworden waren, sah mich beim Wasa-Lauf durch die Einöde Schwedens ziehen. Nochmals kam mir zu Bewußtsein, was für eine Riesensache der Skilanglauf sein kann. So viel Ruhm und Ehre hatte ich in nur 17 Tagen erlangt – 25 Jahre war ich dem allen mehr oder weniger erfolglos hinterhergehechelt. Alles vergessen: Ich schwebte auf einer rosaroten Wolke. Mein Körper produzierte Glückshormone, als hätte er in seinem Leben noch nie etwas anderes getan. Und bevor ich, von der Müdigkeit besiegt, einschlief über den Wolken Europas, mußte ich noch grinsen vor lauter emotionaler Selbstgefälligkeit. Luigi, sagte ich mir, ich gratuliere dir. Du hast das Richtige getan. Du kannst zufrieden sein!

Stadlober und ...

...Kindheit und Kindheitsträume

Ich hatte eine sehr schöne Kindheit verbracht, bin in einer Großfamilie auf einem Bauernhof aufgewachsen, in der Natur. Besonders schön war, daß meine Eltern sehr viel Zeit für meine Brüder und mich gehabt haben. Von klein auf war mein Traum, ein guter Sportler, ein bekannter Athlet zu werden.

...Schule und Studium

In der Schule war ich ehrgeizig, wobei meine Lieblingsfächer Turnen, Latein und Griechisch waren. Schwerer getan habe ich mich bei den lebenden Sprachen und bei darstellender Geometrie, bei der mir einfach das räumliche Sehen abging. Als ich mit dem Jus-Studium begann, sah ich mich in meinen Träumen als erfolgreicher Anwalt. Ich konnte 1980 nicht ahnen, daß mich der Sport noch weitere 20 Jahre in seinen Bann ziehen würde. Strafrecht und Öffentliches Recht waren meine Lieblingsmaterien im Studium, das für mich aufgrund meines Engagements im Sport sehr schwer war. Ich ärgere mich zuweilen, daß ich so viele Jahre bis zum Studienabschluß brauchte, andererseits bin ich stolz, sowohl im Langlauf wie an der Universität meine Ziele erreicht zu haben.

...Disziplin und Motivation

Ich war schon immer ein Typ, dem Disziplin wichtig war und der es auch von anderen abverlangt, die sich in meinem Umfeld aufhalten oder in diesem, beispielsweise meine Kinder, aufwachsen. Motivation gehört hingegen zu den wichtigsten Dingen im Sport – aber auch im Beruf, im Leben.

...Neutralität und NATO

Als vorsichtiger Typ wäre ich für die Neutralität: denn warum einen Status aufgeben, mit dem mein Heimatland bislang nicht schlecht gefahren ist? Andererseits sollten wir auch nicht den Kopf in den Sand stecken und sagen, daß all das, was rundherum um uns passiert, egal ist und uns nichts angeht. Der Beitritt zur NATO wird wohl über kurz oder lang die Sicherheitslösung für Österreich sein, ob sie dann NATO oder Europäisches Sicherheitssystem oder wie auch immer heißt. Prinzipiell kann man sagen, daß ich an der Innenpolitik sehr interessiert bin, an Außenpolitik weniger, und wenn, dann an der europäischen-nordamerikanischen Politik. Weil ich aber besonders innenpolitisch orientiert bin, verfolge ich die politischen „Sommergespräche" und die Diskussionsrunden der Spitzenkandidaten vor Wahlen sehr genau mit. Und bei den ersten Hochrechnungen bin ich selbstverständlich auch immer live dabei.

...Geld und Luxus

Auf Geld kann ich nicht verzichten, auf Luxus sehr wohl. Ich möchte mir nur das kaufen können, was notwendig ist. Aber ich brauche keine besonderen und exklusiven Urlaube, keine Designerklamotten, keine sonstigen Status-Symbole. Sicher, ich nächtige in guten Hotels, gehe zuweilen schick essen – aber ich muß nicht in den ersten Herbergen des Platzes absteigen und nicht immer á là carte speisen.

...Frau und Familie

Die wichtigsten Menschen in meinem Leben. Als ich noch jung war, war eine Familie für mich immer erstrebenswert, das wichtigste und schönste. Es ist die Zelle, in der es funktionieren muß, dann funktioniert in weiterer Folge auch die Gemeinschaft. Wenn ich höre, daß jede dritte Ehe in Österreich geschieden wird, dann berührt es mich innerlich. Ich finde dies schrecklich. Zu leichtfertig wird geschieden, zu wenig Rücksicht auf Kinder genommen.

...Rattenberg und Radstadt

Das eine ist ein 450-Seelen-Dörfchen, die andere eine Stadt mit 4700 Einwohnern. In Rattenberg ging mein Lebensabschnitt von der Geburt bis zur Heirat, dort begann ich auch mit dem Leistungssport. Radstadt versinnbildlicht für mich eine neue Lebenssituation: jene der Heirat, der Familie und der Vollendung im Spitzensport.

...Sieg und Niederlage

Jeder, der sich im Sport bewegt, hat beides mitgemacht. Der Sieg ist die Antriebsfeder, dem Sport alles unterzuordnen; Gold ist die Erfüllung der Träume eines jeden Athleten. In der Niederlage sehe ich hingegen, wer meine Freunde sind, und gewinne Erfahrung für das Leben. In der Niederlage lerne ich den Sieg wieder schätzen. Ich habe sehr viele Niederlagen gehabt, weil ich mir die Ziele immer sehr hoch angesetzt hatte und nie Resultate schöngefärbt oder schöngeredet habe. Trotz 36 Goldmedaillen bei österreichischen Meisterschaften zählte für mich immer nur der Sprung auf das Podest bei Olympischen Spielen oder Weltmeisterschaften.

...Internet und Medien

Das Internet gefällt mir, weil ich Zugang habe zu Themenkreisen, die mich interessieren. Meine Suchmaschine ist „Alta Vista", und besonders surfe ich sportlichen Ereignissen und medizinischen Dingen, wie den neuesten Doping-Erkenntnissen, hinterher. Das Internet ist schier unvorstellbar, es macht dir eine Welt auf, die man sonst nie in das Wohnzimmer stellen könnte. Als Spitzensportler habe ich immer den Kontakt zu den Medien gesucht. Mein Verhältnis zu ihnen war immer gut, ihr Interesse zuerst gering, aber es wurde von Jahr zu Jahr größer, wuchs proportional zum Erfolg. Medienrummel total herrschte dann in Ramsau. Ich bin immer sehr gut ausgekommen, über viele Jahre hinweg, mit

Peter Elstner, Roland und Michael Knöppel (alle vom ORF), Egon Rejc (Kronenzeitung), Josef Metzger (Presse), Joachim Glaser (zuerst SN, dann ORF Salzburg), Werner Sabbath und Harald Müllner (ORF Radio Steiermark), Herbert Lenz (Neue Zeit) und mit dem Fotografen Alois Furtner, der uns Langläufer treu begleitet, und mit vielen anderen.

...Kirche und Glaube

Ich bin ein gläubiger Katholik und glaube an ein Leben nach dem Tod, und ich bete auch jeden Tag. Ich bin auch etwas konservativ eingestellt, befürworte die Ehelosigkeit für Priester und spreche mich gegen die Abtreibung aus. Das rührt sicher auch von meiner Erziehung her. In anderen Dingen bin ich liberaler. Ich bin für die Pille und für Geschlechtsverkehr vor der Ehe. Aber eine Ehe muß für mich in der Kirche geschlossen werden, und Kinder müssen getauft werden. Ich bin aber nicht ein fleißiger Kirchgänger. Ich will nicht so tun, als würde ich beten, wenn ich nicht in der Stimmung dazu bin. Aber ich rede mit Gott, immer, zuweilen auch beim Training, da muß ich nicht am Sonntag zwangsmäßig zur Messe. Meine Gebete, mein Dank kommen aus meiner Stimmungslage heraus. Gedankt habe ich auch nach den Medaillen in Ramsau.

...Natur und Umwelt

Die Natur ist für mich sehr wichtig, weil ich sehr viel im Freien unterwegs war und bin. Sie ist unser wahres Kapital, nicht das, was wir auf dem Bankkonto haben. Deshalb müssen wir auf die Natur achten und aufpassen. Für mich persönlich gibt es nichts Schöneres, als wenn ich einfach Wasser aus der Leitung trinken kann. In vielen Ländern ist das schon nicht mehr möglich. Dort ist das Grundwasser teilweise dermaßen verschmutzt, daß man Wasser einkaufen und aus der Flasche trinken muß. Es gefällt mir, nach dem Regen die Sonne zu sehen und die aufreißenden Wolken, es fasziniert mich, auf einem Berggipfel zu stehen – das sind Momente, die mich emotional aufputschen. Ich möchte auch, daß meine Kinder naturverbunden sind und sporne sie dazu an. Positiv finde ich, daß sie, wie ich früher, auf dem Land aufwachsen und nicht mit Problematiken der Umweltverschmutzung, die das Leben in der Stadt mit sich bringt, konfrontiert werden. Die Natur ist wunderbar. Wir sollten mit ihr leben, sie nicht zerstören oder ausbeuten.

...Österreich und die Welt

Ich bin gerne in der ganzen Welt zu Wettkämpfen gereist und mache es immer noch gerne im Urlaub, weil ich durch das Kennenlernen anderer Kulturen meinen Horizont erweitern kann. Aber am schönsten ist es für mich immer wieder in Österreich. In meinem Heimatland schätze ich die Natur, Kultur und Geschichte, das Brauchtum und die Tradition, den hohen sozialen Lebensstandard. Es ergibt sich eine Kombination, die man selten so anderswo findet. Und deshalb bin ich nach langen Reisen immer wieder sehr gerne nach Hause zurückgekommen!

Stadlobers Langlauf-Lexikon

Blau gehen – Hungerast

Bedeutet nichts anderes, als daß der Körper die ihm zur Verfügung stehenden Kohlenhydrate verbraucht hat und der Blutzuckerspiegel unter einen gewissen Wert fällt. Dem Körper fehlt es an „Brennstoff". Koordinative Probleme und Sprechstörungen können ab diesem Moment im Extremfall auftreten; zu einem Leistungseinbruch kommt es aber allemal.

FIS-Punkte

geben Aufschluß über die Stärke eines Läufers oder einer Läuferin und sind Qualifikationsnorm für Weltmeisterschaften und Olympische Spiele. Je niedriger die Punkte sind, umso besser ist der Sportler. 0,00 ist somit die Idealnote. Alois Stadlober war bei seinem Karriereende Sechster in der FIS-Punktewertung.

Gemischte Staffel

Bedeutet nicht: Männlein und Weiblein, sondern steht für die Zusammensetzung von Staffeln bei Weltcup, Weltmeisterschaften und Olympischen Spielen. Eine Staffel besteht aus vier Läufern (bzw. Läuferinnen), wobei die ersten beiden Sportler im klassischen Stil, der dritte und vierte in der Skatingtechnik laufen müssen. Die Skatingtechnik wird auch freie Technik genannt, weil es rein theoretisch auch möglich ist, klassisch zu laufen. In diesem Fall ist die Staffel allerdings chancenlos.

Glatter Ski

Ist der Horror eines jeden Langläufers bei klassischen Rennen. Mit diesem hat man beim Diagonalschritt keinen Abstoß mehr, was zu Folge hat, daß man bei Anstiegen zurückrutscht. Wird auch „spitzer Ski" genannt.

Höhentraining

Hatte man früher geglaubt, daß Training in der Höhenlage, unter Sauerstoffmangel also, die Bildung roter Blutkörperchen beschleunige, so weiß man heute: Sie vermehren sich zwar, doch dieser Umstand ist in der Tallage gleich wieder dahin. Grundsätzlich geht es um jenen Stoff (2,3 DPG), der die Sauerstoffabgabe von den roten Blutkörperchen begünstigt, und um andere positive Effekte, die sich in der Höhe entwickeln. Am besten ist das Höhentraining in einer Lage zwischen 1700 und 2300 Metern. In der ehemaligen DDR simulierte man in Unterdruckkammern Bedingungen des Höhentrainings. Zu empfehlen ist Höhentraining lediglich voll austrainierten Sportlern, deren Organismus sich an den Sauerstoffmangel anpassen kann.

Internationaler Skiverband (FIS)

Ein eher unscheinbares Gebäude in Oberhofen am Thunersee in der Schweiz ist Schaltstelle des Wintersports; ausgenommen sind Biathlon und Skibob. Die Organisation, die von Präsident Gian Franco Kasper geleitet wird, besteht aus über 100 Mitgliedsverbänden. Betreut werden alpiner Skisport, Skispringen, Langlauf (Verantwortlicher ist der Norweger Bengt-Erik Bengtson) sowie Nordische Kombination, Freestyle, Snowboard und Grasski. Beim Internationalen Olympischen Komitee genießt die FIS eine sehr hohe Akzeptanz; immerhin werden bei Olympischen Winterspielen zwei Drittel der Medaillen in Sportarten vergeben, die vom Internationalen Skiverband betreut werden.

Klassischer Stil

Die althergebrachte Langlauftechnik wird zur Abgrenzung gegen das Skating als klassisch bezeichnet. Merkmale sind Diagonalschritt und Doppelstockschub (mit oder ohne Ausfallschritt). Die Skiführung ist parallel; diagonal ist die Bewegung, die von einem Arm zum gegengleichen Bein ausgerichtet ist.

Österreichischer Skiverband (ÖSV)

Vielleicht der einflußreichste Skiverband weltweit, weil sowohl bei Alpinen als auch nordischen Sportlern erfolgreich und finanziell frei von Sorgen. Das Rennbudget beträgt rund hundert Millionen Schilling! Doch nicht nur um den Spitzensport sorgt sich der ÖSV, dem Peter Schröcksnadel als Präsident vorsteht, sondern auch um Breitensport und Nachwuchsarbeit. Der ÖSV setzt sich aus den neun Bundesländerverbänden zusammen.

Nowax-Ski

Ein Rennski für klassische Technik (Diagonalschritt), der kein Steigwachs braucht. In der Mitte des Skis hat er einen speziellen Einsatz, eine weichere Gummimischung. Diese fungiert als Abstoßhilfe. Dieser Nowax-Ski ist aber nur im Nullgradbereich und bei Schneefall einsetzbar. Zur Gruppe der Nowax-Ski zählen auch Fell- und Schuppenski.

Laktat

ist Milchsäure, die sich im Muskel ansammelt, wenn Kohlenhydrate, die als Glykogen gespeichert sind, ohne Sauerstoff verbrannt werden. Das Laktat ist auch indirekter Parameter, welche Verbrennung vorliegt. Laktat 2 mmol/l (Mil-

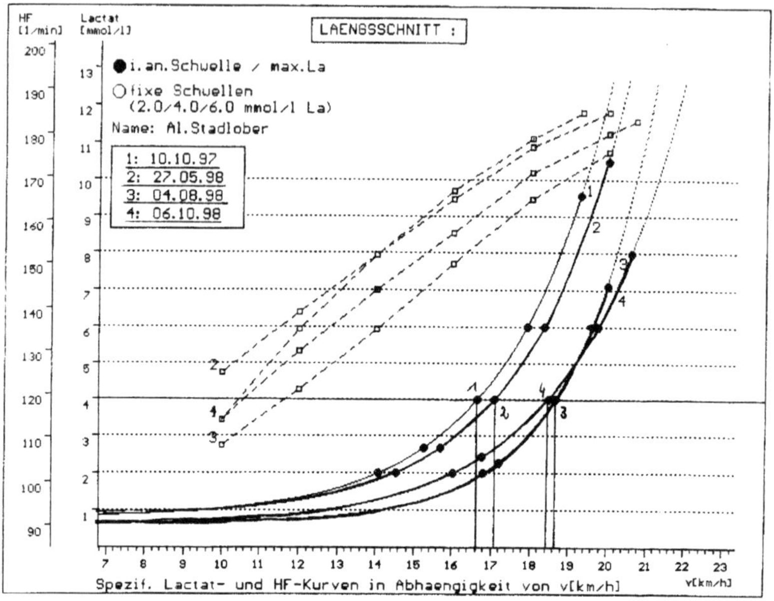

limol pro Liter Blut) bedeutet, daβ vornehmlich Fettverbrennung vorliegt. Laktat 4 mmol/l ist eine willkürlich angenommene Schwelle des intensiven Ausdauertrainings, bei der der Kohlenhydratanteil an der Energiebereitstellung hoch ist. Ab Laktat 4 mmol/l kann der Körper seine Muskeln nicht mehr mit genügend Sauerstoff versorgen; die Folge ist ein stark ansteigender Milchsäurespiegel.

Rote Gruppe

Damit werden die besten 30 Läufer des Weltcups bezeichnet; diese Gruppe darf bei den Rennen wählen, wann sie von den insgesamt vier Gruppen starten will. Grundsätzlich geht sie als letzte Gruppe ins Rennen. Die Reise- und Aufenthaltskosten dieser Sportler und Sportlerinnen sind vom Weltcup-Veranstalter zu tragen. Die Liste der Roten Gruppe wird rund dreimal jährlich aktualisiert.

Sauger

Kann bei feuchten oder nassen Schneeverhältnissen eintreten. Der Ski ist sehr langsam. Der Läufer hat das Gefühl, als ob sich der Ski in der Spur festsaugt, dort kleben bleibt.

Schnee

Ohne Schnee kein Langlauf. Man unterscheidet zwischen kristallinen und amorphen Schneearten. Kristalline Schneearten sind Neuschnee, trocken und pulvrig bzw. feucht, feinkörniger Schnee und trockener Schnee. Amorphe (umgewandelte, veränderte) Schneearten sind nasser Schnee, grobkörniger Schnee, Firnschnee und Eis.

Skatingtechnik

Entwickelte sich aus dem Siitonen-Schritt (nach dem finnischen Langläufer Pauli Siitonen, der mit einem Ski in der gezogenen Spur lief, mit dem anderen seitlich abstieß und damit die Geschwindigkeit erhöhte). Die Skatingtechnik wurde bei der Weltmeisterschaft 1985 in Seefeld endgültig salonfähig. Gelaufen wird auf einer glatt präparierten Piste. Aufgrund ihrer Affinität zum Eisschnellauf wird die Skatingtechnik auch als Schlittschuhschritt bezeichnet. Nur, daß der Langläufer aufrechter läuft als der Eisschnelläufer und mit Doppelstockeinsatz (symmetrisch oder asymmetrisch) arbeitet. Im Vergleich zur klassischen Technik bewegt sich der Sportler mit dem Skatingstil schneller vorwärts.

Struktur und Schliff

In den achtziger Jahren wurde der Belag mit Hilfe einer Drahtbürste mit Rillen versehen, damit er eine Struktur erhielt und der Ski bei nassen Verhältnissen nicht saugt. Das Wasser sollte in den Rillen quasi abrinnen. Die nächste Stufe war, mit einem Hobel diese Rillen in den Belag zu drücken. Heute spricht man vom Schliff, den der Ski bei allen, nicht nur nassen, Verhältnissen aufweisen soll. Die Beläge werden dabei mit einem Diamant-bearbeiteten Stein geschliffen. Es gibt verschiedene Schliffarten, feine oder grobe, für die unterschiedlichen Schneeverhältnisse.

Verfolgungsstart

wird seit 1989 im Langlauf ausgetragen, bei dem die Startreihenfolge des Bewerbs aufgrund des Ergebnisses vom Vortagsrennen festgelegt wird. Der Sieger läuft dabei als erster weg, der zweite mit dem Zeitrückstand aus dem Rennen des Vortags usw. Wer als Erster ins Ziel kommt, ist Gewinner. Wird die erste Konkurrenz in der klassischen Technik ausgetragen, so erfolgt das Verfolgungsrennen in der freien Technik (oder umgekehrt). Bis zur Weltmeisterschaft 1999 in Ramsau wurden bei Großveranstaltungen bei beiden Konkurrenzen Medaillen vergeben, ab der Saison 1999/2000 gelten beide Rennen aber nur mehr für eine einzige, gemeinsame Wertung. Die Verwendung des Ausdrucks „Gundersen"-Methode ist indes falsch; diese gibt es nur in der Nordischen Kombination.

Wachs

Unterschieden wird zwischen Gleit- und Steigwachsen. Zu ersteren zählen Paraffine (mit und ohne Fluor) und Cera, das das bekannteste und teuerste, weil fluorhaltig, ist. Sie werden beim Klassisch-Ski vorne und hinten am Belag aufgetragen, beim Skatingski auf der ganzen Länge. Zu den Steigwachsen zählen Trockenwachse, die auf den Belag aufgerieben und mit einem Kork geglättet werden, sowie Klister. Dieses flüssige Wachs wird in Tropfenform aufgetragen und mit dem Handballen gleichmäßig verschmiert. Trockenwachs wird grundsätzlich bei frischem Schnee und Minustemperaturen verwendet; Klister eignet sich bei eisigen oder nassen Schneeverhältnissen bei Plus- und Minusgraden.

Wasa-Lauf

Bekanntester und wichtigster aller Volkslangläufe. Erzählt wird, daß der schwedische König Gustav Wasa 1522 auf der Flucht vor dänischen Häschern fast 90 Kilometer von Mora nach Sälen auf Schneereifen zurücklegte. Er wurde von zwei Bauern auf Skiern eingeholt, da die Zeichen für einen Aufstand Schwedens gegen Dänemark nunmehr günstig standen. Mit einem Bauernheer schlug der König die Dänen und begründete so das schwedische Reich. Daran erinnert bis heute der Wasa-Lauf.

Weltcup

Wurde in der Saison 1981/82 erstmals ausgetragen und endete mit dem Sensationssieg des US-Amerikaners Bill Koch, der mit der Siitonen-Technik zum Erfolg kam; doch bis heute ist der Weltcup eine Domäne der skandinavischen und russischen Läufer und Läuferinnen geblieben. Bei den Männern gingen 14 Siege von 18 möglichen an Schweden (6) und Norwegen (8), bei den Frauen triumphierten Finninnen fünfmal, Russinnen achtmal. Als einzige mitteleuropäische Läuferin konnte Manuela Di Centa (Italien) den Weltcup gewinnen (1993/94 und 1995/96).

Worldloppet

ist der Weltpokal im Volkslanglauf und umfaßt traditionsreiche Bewerbe wie beispielsweise den Wasa-Lauf (siehe oben), den italienischen Marcialonga, den norwegischen Birkebeiner, den französischen Transjurassienne und den Dolomitenlauf in Lienz.

Bei der Matura im Abteigymnasium in Seckau 1980

Bei der Promotion an der Karl-Franzens-Universität in Graz 1993

29. 9. 1990 – der Hochzeitstag von Alois Stadlober und Roswitha Steiner

Mit den fotoscheuen Kindern

Eheglück: Roswitha, Alois, Teresa und Luis

Langlaufbegeisteter Nachwuchs beim Sumsi-Tauernlauf in Altenmarkt: Teresa links und Luis rechts

eybl
Reebok
BP
5877
BP
5878

Auch außerhalb der Loipe immer im Streß
Foto: Alois Furtner

Linkes Bild: Auf dem Weg zu einer Zeit von 3:11:36 Stunden: das Ehepaar Stadlober
Foto: Peter Heinz

Die Büromenschen: Stadlober und Hoffmann
Foto: Alois Furtner

Stadlober mit der Staffel verewigt auf der Straße der Sieger in Wien

Beliebtester Sportler der Steiermark 1999

Stadlober mit Salzburgs Landeshauptmann Franz Schausberger

Soldat Stadlober

Am A-1-Ring mit Myka Myllylä

Am A-1-Ring mit Gattin Roswitha

Fußballer Stadlober
Foto: Alois Furtner

Statistik

VON 1982 BIS 1999

WM 1982, OSLO

Männer

15 Kilometer
1. Oddvar Braa (NOR)
2. Alexandre Zavialov (UdSSR)
3. Harri Kirvesniemi (FIN)
25. Alois Stadlober (AUT)
26. Peter Juric (AUT)
33. Andreas Gumpold (AUT)
54. Hans Peter Schwendinger (AUT)

30 Kilometer
1. Thomas Eriksson (SWE)
2. Lars Erik Eriksen (NOR)
3. Bill Koch (USA)
24. Franz Gattermann (AUT)
54. Hans Peter Schwendinger (AUT)

50 Kilometer
1. Thomas Wassberg (SWE)
2. Jury Burlakov (UdSSR)
3. Lars Erik Eriksen (NOR)
16. Franz Gattermann (AUT)
26. Peter Juric (AUT)

Staffel
1. UdSSR (Nikitin, Batiuk, Burlakov, Zavialov) und
1. Norwegen (Eriksen, Aunli, Mikkelsplass, Braa)
3. Finnland (Härkönen, Karvonen, Kirvesniemi, Mieto) und
3. DDR(Bellmann, Wünsch, Schicker, Schröder)
10. Österreich (Gumpold, Stadlober, Gattermann, Juric)

Frauen

5 Kilometer
1. Berit Aunli (NOR)
2. Hikka Riihivuori (FIN)
3. Brit Pettersen (NOR)

10 Kilometer
1. Berit Aunli (NOR)
2. Hikka Riihivuori (FIN)
3. Kvetoslava Jeriova (CSSR)

20 Kilometer
1. Raisa Smetanina (UdSSR)
2. Berit Aunli (NOR)
3. Hikka Riihivuori (FIN)

Staffel
1. Norwegen (Boe, Nybraaten, Aunli, Pettersen)
2. UdSSR (Liadova, Zabolotskaja, Smetanina, Kulakova)
3. DDR (Sölter, Anding, Hesse, Petzold)

OLYMPIA 1984, SARAJEVO

Männer

15 Kilometer

1. Gunde Svan (SWE)
2. Aki Karvonen (FIN)
3. Harri Kirvesniemi (FIN)
26. Alois Stadlober (AUT)
55. Andreas Gumpold (AUT)

30 Kilometer

1. Nikolai Zimiatov (UdSSR)
2. Alexandre Zavialov (UdSSR)
3. Gunde Svan (SWE)
31. Franz Gattermann (AUT)
35. Peter Juric (AUT)

50 Kilometer

1. Thomas Wassberg (SWE)
2. Gunde Svan (SWE)
3. Aki Karvonen (FIN)
24. Alois Stadlober (AUT)
29. Franz Gattermann (AUT)
33. Peter Juric (AUT)

Staffel

1. Schweden (Wassberg, Kohlberg, Ottosson, Svan)
2. UdSSR (Batiuk, Zavialov, Nikitin, Zimiatov)
3. Finnland (Ristanen, Mieto, Kirvesniemi, Karvonen)
11. Österreich (Gumpold, Stadlober, Gattermann, Juric)

Frauen

5 Kilometer

1. Marja-Liisa Kirvesniemi (FIN)
2. Berit Aunli (NOR)
3. Kvetoslava Jeriova (CSSR)

10 Kilometer

1. Marja-Liisa Kirvesniemi (FIN)
2. Raisa Smetanina (UdSSR)
3. Brit Pettersen (NOR)

20 Kilometer

1. Marja-Liisa Kirvesniemi (FIN)
2. Raisa Smetanina (UdSSR)
3. Anne Jahren (NOR)

Staffel

1. Norwegen (Nybraaten, Jahren, Pettersen, Aunli)
2. CSSR (Svubova, Paulu, Svobodova, Jeriova)
3. Finnland (Määttä, Hyytiänen, Matikainen, Kirvesniemi)

WM 1985, SEEFELD

Männer

15 Kilometer

1. Kari Härkönen (FIN)
2. Thomas Wassberg (SWE)
3. Maurilio De Zolt (ITA)
27. Andre Blatter (AUT)
29. Alois Stadlober (AUT)
40. Hans Peter Schwendinger (AUT)
61. Manfred Nagl (AUT)

30 Kilometer

1. Gunde Svan (SWE)
2. Ove Aunli (NOR)
3. Harri Kirvesniemi (FIN)
31. Franz Gattermann (AUT)
35. Andreas Gumpold (AUT)
49. Hans Peter Schwendinger (AUT)
55. Peter Juric (AUT)

50 Kilometer

1. Gunde Svan (SWE)
2. Maurilio De Zolt (ITA)
3. Ove Aunli (NOR)
28. Alois Stadlober (AUT)
31. Franz Gattermann (AUT)
33. Andreas Gumpold (AUT)
41. Hans Peter Schwendinger (AUT)

Staffel

1. Norwegen (Monsen, Mikkelsplass, Holte, Aunli)
2. Italien (Albarello, Vanzetta, De Zolt, Ploner)
3. Schweden (Oestlund, Wassberg, Eriksson, Svan)
7. Österreich (Gumpold, Stadlober, Blatter, Gattermann)

Frauen

5 Kilometer

1. Annette Boe (NOR)
2. M.L. Kirvesniemi (FIN)
3. Grete Nykkelmo (NOR)
36. Cornelia Sulzer (AUT)
48. Margot Kober (AUT)

10 Kilometer

1. Annette Boe (NOR)
2. M.L. Kirvesniemi (FIN)
3. Grete Nykkelmo (NOR)
32. Cornelia Sulzer (AUT)
52. Margot Kober (AUT)

20 Kilometer

1. Grete Nykkelmo (NOR)
2. Brit Pettersen (NOR)
3. Annette Boe (NOR)
36. Cornelia Sulzer (AUT)
38. Margot Kober (AUT)

Staffel

1. UdSSR (Tikhonova, Smetanina, Vasil-tchenko, Romanova)
2. Norwegen (Boe, Jahren, Nykkelmo, Aunli)
3. DDR (Drescher, Nestler, Misersky, Noak)

WM 1987, OBERSTDORF

Männer

15 Kilometer

1. Marco Albarello (ITA)
2. Thomas Wassberg (SWE)
3. Michail Deviatiarov (UdSSR)

30. Alois Stadlober (AUT)
48. Alois Schwarz (AUT)

Walter Mayer (AUT) aufgegeben

30 Kilometer

1. Thomas Wassberg (SWE)
2. Aki Karvonen (FIN)
3. Christer Majbäck (SWE)

26. Alois Stadlober (AUT)
46. Markus Gandler (AUT)

Alois Schwarz (AUT) aufgegeben

50 Kilometer

1. Maurilio De Zolt (ITA)
2. Thomas Wassberg (SWE)
3. Torgny Mogren (SWE)

29. Alois Stadlober (AUT)

Andre Blatter (AUT) aufgegeben

Staffel

1. Schweden (Oestlund, Svan, Wassberg, Mogren)
2. UdSSR (Batiuk, Smirnov, Deviatiarov, Sachnov)
3. Norwegen (Aunli, Ulvang, Mikkelsplass, Langli)

9. Österreich (Blatter, Gandler, Stadlober, Schwarz)

Frauen

5 Kilometer

1. Marjo Matikainen (FIN)
2. Anfissa Reztsova (UdSSR)
3. Evi Kratzer (SUI)

37. Cornelia Sulzer (AUT)
38. Margot Kober (AUT)

10 Kilometer

1. Anne Jahren (NOR)
2. Marjo Matikainen (FIN)
3. Brit Pettersen (NOR)

23. Cornelia Sulzer (AUT)
32. Maria Theurl (AUT)
37. Margot Kober (AUT)

20 Kilometer

1. Marie Helen Westin (SWE)
2. Anfissa Reztsova (UdSSR)
3. Lina Ptitsyna (UdSSR)

25. Maria Theurl (AUT)
34. Cornelia Sulzer (AUT)

Staffel

1. UdSSR (Ordina, Gavriljuk, Ptitsyna, Reztsova)
2. Norwegen (Dahlmo, Skeime, Jahren, Boe)
3. Schweden (Wallin, Lamberg-Skog, Dahlmann, Westin)

10. Österreich (Theurl, Kober, Sulzer, Embacher)

OLYMPIA 1988, CALGARY

Männer

15 Kilometer

1. Mikhail Deviatiarov (UdSSR)
2. Pal Gunnar Mikkelsplass (NOR)
3. Vladimir Smirnov (UdSSR)
31. Alois Schwarz (AUT)
32. Andre Blatter (AUT)
36. Alois Stadlober (AUT)
42. Johann Standmann (AUT)

30 Kilometer

1. Alexej Prokurorov (UdSSR)
2. Vladimir Smirnov (UdSSR)
3. Vegard Ulvang (NOR)
18. Alois Schwarz (AUT)
33. Alois Stadlober (AUT)
44. Johann Standmann (AUT)

50 Kilometer

1. Gunde Svan (SWE)
2. Maurilio De Zolt (ITA)
3. Andi Grünenfelder (SUI)
19. Andre Blatter (AUT)
36. Johann Standmann (AUT)
41. Alois Schwarz (AUT)

Alois Stadlober (AUT) aufgegeben

Staffel

1. Schweden (Ottosson, Wassberg, Svan, Mogren)
2. UdSSR (Smirnov, Sakhnov, Deviatiarov, Prokurorov)
3. Tschechoslowakei (Nyc, Korunka, Benc, Svanda)
10. Österreich (Blatter, Schwarz, Standmann, Stadlober)

Frauen

5 Kilometer

1. Marjo Matikainen (FIN)
2. Tamara Tikhonova (UdSSR)
3. Vida Ventsene (UdSSR)
20. Cornelia Sulzer (AUT)
34. Maria Theurl (AUT)
36. Margot Kober (AUT)
45. Hildegard Embacher (AUT)

10 Kilometer

1. Vida Ventsene (UdSSR)
2. Raisa Smetanina (UdSSR)
3. Marjo Matikainen (FIN)
26. Cornelia Sulzer (AUT)
34. Margot Kober (AUT)
42. Hildegard Embacher (AUT)

Maria Theurl (AUT) aufgegeben

20 Kilometer

1. Tamara Tikhonova (UdSSR)
2. Anfissa Reztsova (UdSSR)
3. Raisa Smetanina (UdSSR)
37. Cornelia Sulzer (AUT)
50. Hildegard Embacher (AUT)

Margot Kober (AUT) aufgegeben

Staffel

1. UdSSR (Nagejkina, Gavriljuk, Tikhonova, Reztsova)
2. Norwegen (Dybendahl, Wold, Jahren, Dahlmo)
3. Finnland (Määttä, Kirvesniemi, Matikainen, Savolainen)

WM 1989, LAHTI

Männer

30 Kilometer klassisch
1. Vladimir Smirnov (UdSSR)
2. Vegard Ulvang (NOR)
3. Christer Majbäck (SWE)
19. Alois Schwarz (AUT)
35. Alois Stadlober (AUT)

15 Kilometer Freistil
1. Gunde Svan (SWE)
2. Torgny Mogren (SWE)
3. Lars Haland (SWE)
46. Markus Gandler (AUT)
48. Alexander Marent (AUT)
54. Andreas Ringhofer (AUT)

15 Kilometer klassisch
1. Harri Kirvesniemi (FIN)
2. P.G. Mikkelsplass (NOR)
3. Vegard Ulvang (NOR)
30. Alois Schwarz (AUT)
32. Alois Stadlober (AUT)

50 Kilometer Freistil
1. Gunde Svan (SWE)
2. Torgny Mogren (SWE)
3. Alexej Prokurorov (UdSSR)

Markus Gandler, Alois Stadlober (beide AUT) aufgegeben

Staffel
1. Schweden (Majbäck, Svan, Haland, Mogren)
2. Finnland (Karvonen, Kirvesniemi, Ristanen, Räsänen)
3. Tschechoslowakei (Svanda, Petrasek, Nyc, Korunka)
11. Österreich (Schwarz, Stadlober, Marent, Gandler)

Frauen

10 Kilometer klassisch
1. M.L. Kirvesniemi (FIN)
2. Pirkko Määttä (FIN)
3. Marjo Matikainen (FIN)
28. Jutta Mainhart (AUT)
32. Cornelia Sulzer (AUT)
35. Hildegard Embacher (AUT)

10 Kilometer Freistil
1. Elena Vaelbe (UdSSR)
2. Marjo Matikainen (FIN)
3. Tamara Tikhonova (UdSSR)
35. Maria Theurl (AUT)
46. Hildegard Embacher (AUT)
53. Katja Marent (AUT)

15 Kilometer klassisch
1. Marjo Matikainen (FIN)
2. M.L. Kirvesniemi (FIN)
3. Pirkko Määttä (FIN)
25. Cornelia Sulzer (AUT)

30 Kilometer Freistil
1. Elena Vaelbe (UdSSR)
2. Larissa Lazutina (UdSSR)
3. Marjo Matikainen (FIN)
38. Maria Theurl (AUT)

Staffel
1. Finnland (Määttä, Kirvesniemi, Savolainen, Matikainen)
2. UdSSR (Shamshurina, Smetanina, Tikho-nova, Vaelbe)
3. Norwegen (Nybraaten, Jahren, Skeime, Dahlmo)
10. Österreich (Mainhart, Embacher, Sulzer, Theurl)

WM 1991, VAL DI FIEMME

Männer

30 Kilometer klassisch

1. Gunde Svan (SWE)
2. Vladimir Smirnov (UdSSR)
3. Vegard Ulvang (NOR)
6. Alois Stadlober (AUT)
21. Alois Blassnig (AUT)
31. Alexander Marent (AUT)
32. Alois Schwarz (AUT)

15 Kilometer Freistil

1. Björn Daehlie (NOR)
2. Gunde Svan (SWE)
3. Vladimir Smirnov (UdSSR)
22. Alexander Marent (AUT)
44. Andre Blatter (AUT)
48. Andreas Ringhofer (AUT)
51. Markus Gandler (AUT)

10 Kilometer klassisch

1. Terje Langli (NOR)
2. Christer Majbäck (SWE)
3. Torgny Mogren (SWE)
26. Alois Stadlober (AUT)
29. Andreas Ringhofer (AUT)
31. Alois Blassnig (AUT)
37. Alois Schwarz (AUT)

50 Kilometer Freistil

1. Torgny Mogren (SWE)
2. Gunde Svan (SWE)
3. Maurilio De Zolt (ITA)
21. Alois Stadlober (AUT)
38. Alois Blassnig (AUT)
45. Markus Gandler (AUT)

Andre Blatter (AUT) aufgegeben

Staffel

1. Norwegen (Skaanes, Langli, Ulvang, Daehlie)
2. Schweden (Eriksson, Majbäck, Svan, Mogren)
3. Finnland (Kuusisto, Kirvesniemi, Isometsä, Räsänen)
6. Österreich (Schwarz, Stadlober, Ringhofer, Marent)

Frauen

15 Kilometer klassisch

1. Elena Vaelbe (UdSSR)
2. Trude Dybendahl (NOR)
3. Stefania Belmondo (ITA)
37. Jutta Mainhart (AUT)

10 Kilometer Freistil

1. Elena Vaelbe (UdSSR)
2. M.H. Westin (SWE)
3. Tamara Tikhonova (UdSSR)
49. Maria Theurl (AUT)
53. Hildegard Embacher (AUT)

5 Kilometer klassisch

1. Trude Dybendahl (NOR)
2. M.L. Kirvesniemi (FIN)
3. Manuela Di Centa (ITA)
25. Jutta Mainhart

30 Kilometer Freistil

1. Ljubov Egorova (UdSSR)
2. Elena Vaelbe (UdSSR)
3. Manuela Di Centa (ITA)

Staffel

1. UdSSR (Egorova, Smetanina, Tikhonova, Vaelbe)
2. Italien (Vanzetta, Di Centa, Paruzzi, Belmondo)
3. Norwegen (Pedersen, Nybraaten, Nilsen, Dybendahl)

OLYMPIA 1992, ALBERTVILLE

Männer

30 Kilometer klassisch
1. Vegard Ulvang (NOR)
2. Björn Daehlie (NOR)
3. Terje Langli (NOR)
19. Alois Stadlober (AUT)
22. Alexander Marent (AUT)
29. Alois Schwarz (AUT)
39. Martin Standmann (AUT)

10 Kilometer klassisch
1. Vegard Ulvang (NOR)
2. Marco Albarello (ITA)
3. Christer Majbäck (SWE)
8. Alois Stadlober (AUT)
19. Alexander Marent (AUT)
34. Markus Gandler (AUT)
35. Andreas Ringhofer (AUT)

15 Kilometer Verfolgung
1. Björn Daehlie (NOR)
2. Vegard Ulvang (NOR)
3. Giorgio Vanzetta (ITA)
10. Alois Stadlober (AUT)
24. Andreas Ringhofer (AUT)
27. Alexander Marent (AUT)
28. Markus Gandler (AUT)

50 Kilometer Freistil
1. Björn Daehlie (NOR)
2. Maurilio De Zolt (ITA)
3. Giorgio Vanzetta (ITA)
41. Markus Gandler (AUT)
42. Andreas Ringhofer (AUT)
52. Martin Standmann (AUT)

Alexander Marent (AUT) aufgegeben

Staffel
1. Norwegen (Langli, Ulvang, Skjeldal, Daehlie)
2. Italien (Pulie, Albarello, Vanzetta, Fauner)
3. Finnland (Kuusisto, Kirvesniemi, Räsänen, Isometsä)
9. Österreich (Schwarz, Stadlober, Marent, Ringhofer)

Frauen

15 Kilometer klassisch
1. Ljubov Egorova (GUS)
2. Marjut Lukkarinen (FIN)
3. Elena Vaelbe (GUS)

5 Kilometer klassisch
1. Marjut Lukkarinen (FIN)
2. Ljubov Egorova (GUS)
3. Elena Vaelbe (GUS)

10 Kilometer Verfolgung
1. Ljubov Egorova (GUS)
2. Stefania Belmondo (ITA)
3. Elena Vaelbe (GUS)

30 Kilometer Freistil
1. Stefania Belmondo (ITA)
2. Ljubov Egorova (GUS)
3. Elena Vaelbe (GUS)

Staffel
1. GUS (Vaelbe, Smetanina, Lazutina, Egorova)
2. Norwegen (Pedersen, Nybraaten, Dybendahl, Nilsen)
3. Italien (Vanzetta, Di Centa, Paruzzi, Belmondo)

WM 1993, FALUN

Männer

30 Kilometer klassisch

1. Björn Daehlie (NOR)
2. Vegard Ulvang (NOR)
3. Vladimir Smirnov (KAZ)
29. Alois Schwarz (AUT)

10 Kilometer klassisch

1. Sture Sivertsen (NOR)
2. Vladimir Smirnov (KAZ)
3. Vegard Ulvang (NOR)
37. Gerhard Urain (AUT)
51. Alois Schwarz (AUT)
58. Andre Blatter (AUT)

15 Kilometer Verfolgung

1. Björn Daehlie (NOR)
2. Vladimir Smirnov (KAZ)
3. Silvio Fauner (ITA)
44. Andre Blatter (AUT)
45. Gerhard Urain (AUT)
58. Alois Schwarz (AUT)

50 Kilometer Freistil

1. Torgny Mogren (SWE)
2. Hervé Balland (FRA)
3. Björn Daehlie (NOR)
48. Andre Blatter (AUT)

Staffel

1. Norwegen (Sivertsen, Ulvang, Langli, Daehlie)
2. Italien (De Zolt, Albarello, Vanzetta, Fauner)
3. Rußland (Kirillov, Badamshin, Prokurorov, Botwinow)

Frauen

15 Kilometer klassisch

1. Elena Vaelbe (RUS)
2. M.L. Kirvesniemi (FIN)
3. Marjut Rolig (FIN)
29. Jutta Mainhart (AUT)

5 Kilometer klassisch

1. Larissa Lazutina (RUS)
2. Ljubov Egorova (RUS)
3. Trude Dybendahl (NOR)
45. Jutta Mainhart (AUT)
69. Gudrun Pflüger (AUT)

10 Kilometer Verfolgung

1. Stefania Belmondo (ITA)
2. Larissa Lazutina (RUS)
3. Ljubov Egorova (RUS)
46. Jutta Mainhart (AUT)
54. Gudrun Pflüger (AUT)

30 Kilometer Freistil

1. Stefania Belmondo (ITA)
2. Manuela Di Centa (ITA)
3. Ljubov Egorova (RUS)
24. Gudrun Pflüger (AUT)
41. Maria Theurl (AUT)
51. Jutta Mainhart (AUT)

Staffel

1. Rußland (Vaelbe, Lazutina, Gavriljuk, Egorova)
2. Italien (Vanzetta, Di Centa, Paruzzi, Belmondo)
3. Norwegen (Dybendahl, Nybraaten, Moen, Nilsen)

OLYMPIA 1994, LILLEHAMMER

Männer

30 Kilometer Freistil
1. Thomas Alsgaard (NOR)
2. Björn Daehlie (NOR)
3. Mika Myllylä (FIN)

10 Kilometer klassisch
1. Björn Daehlie (NOR)
2. Vladimir Smirnov (KAZ)
3. Marco Albarello (ITA)
10. Alois Stadlober (AUT)

15 Kilometer Verfolgung
1. Björn Daehlie (NOR)
2. Vladimir Smirnov (KAZ)
3. Silvio Fauner (ITA)
11. Alois Stadlober (AUT)

50 Kilometer klassisch
1. Vladimir Smirnov (KAZ)
2. Mika Myllylä (FIN)
3. Sture Sivertsen (NOR)
15. Alois Stadlober (AUT)

Staffel
1. Italien (De Zolt, Albarello, Vanzetta, Fauner)
2. Norwegen (Sivertsen, Ulvang, Alsgaard, Daehlie)
3. Finland (Myllylä, Kirvesniemi, Räsänen, Isometsä)

Frauen

15 Kilometer Freistil
1. Manuela Di Centa (ITA)
2. Ljubov Egorova (RUS)
3. Nina Gavriljuk (RUS)

5 Kilometer klassisch
1. Ljubov Egorova (RUS)
2. Manuela Di Centa (ITA)
3. M.L. Kirvesniemi (FIN)

10 Kilometer Verfolgung
1. Ljubov Egorova (RUS)
2. Manuela Di Centa (ITA)
3. Stefania Belmondo (ITA)

30 Kilometer klassisch
1. Manuela Di Centa (ITA)
2. Marit Wold (NOR)
3. M.L. Kirvesniemi (FIN)

Staffel
1. Rußland (Vaelbe, Lazutina, Gavriljuk, Egorova)
2. Norwegen (Dyendahl, Nybraaten, Nilsen, Moen)
3. Italien (Vanzetta, Di Centa, Paruzzi, Belmondo)

WM 1995, THUNDER BAY

Männer

30 Kilometer klassisch

1. Vladimir Smirnov (KAZ)
2. Björn Daehlie (NOR)
3. Alexej Prokurorov (RUS)
31. Gerhard Urain (AUT)
46. Alexander Marent (AUT)

10 Kilometer klassisch

1. Vladimir Smirnov (KAZ)
2. Björn Daehlie (NOR)
3. Mika Myllylä (FIN)
23. Markus Gandler (AUT)
43. Alois Stadlober (AUT)
52. Alexander Marent (AUT)
69. Gerhard Urain (AUT)

15 Kilometer Verfolgung

1. Vladimir Smirnov (KAZ)
2. Silvio Fauner (ITA)
3. Jari Isometsä (FIN)
12. Markus Gandler (AUT)
23. Alexander Marent (AUT)
25. Alois Stadlober (AUT)
28. Gerhard Urain (AUT)

50 Kilometer Freistil

1. Silvio Fauner (ITA)
2. Björn Daehlie (NOR)
3. Vladimir Smirnov (KAZ)
16. Markus Gandler (AUT)
31. Gerhard Urain (AUT)

Alexander Marent, Alois Stadlober (beide AUT) aufgegeben

Staffel

1. Norwegen (Sivertsen, Jevne, Daehlie, Alsgaard)
2. Finnland (Hietemaki, Kirvesniemi, Räsänen, Isometsä)
3. Italien (Valbusa, Albarello, May, Fauner)
5. Österreich (Gandler, Stadlober, Urain, Marent)

Frauen

15 Kilometer klassisch

1. Larissa Lazutina (RUS)
2. Elena Vaelbe (RUS)
3. I.H. Nybraaten (NOR)
31. Renate Roider (AUT)
38. Gudrun Pflüger (AUT)

5 Kilometer klassisch

1. Larissa Lazutina (RUS)
2. Nina Gavriljuk (RUS)
3. Manuela Di Centa (ITA)
33. Renate Roider (AUT)

10 Kilometer Verfolgung

1. Larissa Lazutina (RUS)
2. Nina Gavriljuk (RUS)
3. Olga Danilova (RUS)
34. Renate Roider (AUT)

30 Kilometer Freistil

1. Elena Vaelbe (RUS)
2. Manuela Di Centa (ITA)
3. Antonina Ordina (SWE)
21. Gudrun Pflüger (AUT)

Renate Roider (AUT) aufgegeben

Staffel

1. Rußland (Danilova, Lazutina, Vaelbe, Gavriljuk)
2. Norwegen (Mikkelsplass-Wold, Nybraaten, Nilsen, Moen-Guidon)
3. Schweden (Frithioff, Oestlund, Ordina, Fanqvist)

WM 1997, TRONDHEIM

Männer

30 Kilometer Freistil

1. Alexej Prokurorov (RUS)
2. Björn Daehlie (NOR)
3. Thomas Alsgaard (NOR)
22. Christian Hoffmann (AUT)
34. Christoph Sumann (AUT)
54. Markus Gandler (AUT)
60. Achim Walcher (AUT)

10 Kilometer klassisch

1. Björn Daehlie (NOR)
2. Alexej Prokurorov (RUS)
3. Mika Myllylä (FIN)
9. Alois Stadlober (AUT)
35. Achim Walcher (AUT)
38. Markus Gandler (AUT)

Christian Hoffmann (AUT) aufgegeben

15 Kilometer Verfolgung

1. Björn Daehlie (NOR)
2. Mika Myllylä (FIN)
3. Alexej Prokurorov (RUS)
9. Alois Stadlober (AUT)
22. Achim Walcher (AUT)

50 Kilometer klassisch

1. Mika Myllylä (FIN)
2. Erling Jevne (NOR)
3. Björn Daehlie (NOR)
22. Alois Stadlober (AUT)

Christoph Sumann (AUT) aufgegeben

Staffel

1. Norwegen (Sivertsen, Jevne, Daehlie, Alsgaard)
2. Finnland (Kirvesniemi, Myllylä, Räsänen, Isometsä)
3. Italien (Di Centa, Fauner, Piller-Cottrer, Valbusa)
13. Österreich (Gandler, Stadlober, Hoffmann, Walcher)

Frauen

15 Kilometer Freistil

1. Elena Vaelbe (RUS)
2. Stefania Belmondo (ITA)
3. Katerina Neumannova (TCH)
11. Maria Theurl (AUT)

5 Kilometer klassisch

1. Elena Vaelbe (RUS)
2. Stefania Belmondo (ITA)
3. Olga Danilova (RUS)
15. Renate Roider (AUT)
37. Maria Theurl (AUT)

10 Kilometer Verfolgung

1. Elena Vaelbe (RUS)
2. Stefania Belmondo (ITA)
3. Nina Gavriljuk (RUS)

Maria Theurl (AUT) aufgegeben

30 Kilometer klassisch

1. Elena Vaelbe (RUS)
2. Stefania Belmondo (ITA)
3. Marit Mikkelsplass (NOR)
12. Renate Roider (AUT)
37. Maria Theurl (AUT)

Staffel

1. Rußland (Danilova, Lazutina, Gavriljuk, Vaelbe)
2. Norwegen (Martinsen, Mikkelsplass, Nilsen, Hartz- Dybendahl)
3. Finnland (Sirvö, Pyykkönen, Pulkkinen, Salonen)

OLYMPIA 1998, NAGANO

Männer

30 Kilometer klassisch

1. Mika Myllylä (FIN)
2. Erling Jevne (NOR)
3. Silvio Fauner (ITA)
43. Gerhard Urain (AUT)

10 Kilometer klassisch

1. Björn Daehlie (NOR)
2. Markus Gandler (AUT)
3. Mika Myllylä (FIN)
12. Alois Stadlober (AUT)
14. Gerhard Urain (AUT)
23. Achim Walcher (AUT)

15 Kilometer Verfolgung

1. Thomas Alsgaard (NOR)
2. Björn Daehlie (NOR)
3. Wladimir Smirnov (KAZ)
7. Markus Gandler (AUT)
11. Achim Walcher (AUT)
14. Alois Stadlober (AUT)
16. Gerhard Urain (AUT)

50 Kilometer Freistil

1. Björn Daehlie (NOR)
2. Niklas Jonsson (SWE)
3. Christian Hoffmann (AUT)
12. Alois Stadlober (AUT)
38. Achim Walcher (AUT)

Gerhard Urain (AUT) aufgegeben

Staffel

1. Norwegen (Sivertsen, Jevne, Daehlie, Alsgaard)
2. Italien (Albarello, Valbusa, Maj, Fauner)
3. Finnland (Kirvesniemi, Myllylä, Repo, Isometsä)
13. Österreich (Gandler, Stadlober, Walcher, Hoffmann)

Frauen

15 Kilometer klassisch

1. Olga Danilova (RUS)
2. Larissa Lazutina (RUS)
3. Anita Moen-Guidon (NOR)
26. Renate Roider (AUT)

5 Kilometer klassisch

1. Larissa Lazutina (RUS)
2. Katerina Neumannova (TCH)
3. Bente Martinsen (NOR)
15. Maria Theurl (AUT)

10 Kilometer Verfolgung

1. Larissa Lazutina (RUS)
2. Olga Danilova (RUS)
3. Katerina Neumannova (TCH)
13. Maria Theurl (AUT)

30 Kilometer Freistil

1. Julia Tschepalova (RUS)
2. Stefania Belmondo (ITA)
3. Larissa Lazutina (RUS)
6. Maria Theurl (AUT)

Staffel

1. Rußland (Gavriljuk, Danilova, Vaelbe, Lazutina)
2. Norwegen (Martinsen, Mikkelsplass, Nilsen, Moen-Guidon)
3. Italien (Moroder, Paruzzi, Di Centa, Belmondo)

WM 1999, RAMSAU

Männer

30 Kilometer Freistil

1. Mika Myllylä (FIN)
2. Thomas Alsgaard (NOR)
3. Björn Daehlie (NOR)
5. Alois Stadlober (AUT)
7. Christian Hoffmann (AUT)
18. Michail Botwinow (AUT)
19. Achim Walcher (AUT)

10 Kilometer klassisch

1. Mika Myllylä (FIN)
2. Alois Stadlober (AUT)
3. Odd-Björn Hjelmeset (NOR
12. Markus Gandler (AUT)
21. Michail Botwinow (AUT)
26. Alexander Marent (AUT)

15 Kilometer Verfolgung

1. Thomas Alsgaard (NOR)
2. Mika Myllylä (FIN)
3. Fulvio Valbusa (ITA)
8. Alois Stadlober (AUT)
21. Alexander Marent (AUT)

50 Kilometer klassisch

1. Mika Myllylä (FIN)
2. Andrus Veerpalu (EST)
3. Michail Botwinow (AUT)
5. Alois Stadlober (AUT)
10. Achim Walcher (AUT)
38. Alexander Marent (AUT)

Staffel

1. Österreich (Gandler, Stadlober, Botwinow, Hoffmann)
2. Norwegen (Bjervig, Jevne, Daehlie, Alsgaard)
3. Italien (Di Centa, Valbusa, Maj, Fauner)

Frauen

15 Kilometer Freistil

1. Stefania Belmondo (ITA)
2. Kristina Smigun (EST)
3. Maria Theurl (AUT)

5 Kilometer klassisch

1. Bente Martinsen (NOR)
2. Olga Danilova (RUS)
3. Katerina Neumannova (TCH)
12. Maria Theurl (AUT)
26. Renate Roider (AUT)

10 Kilometer Verfolgung

1. Stefania Belmondo (ITA)
2. Nina Gavriljuk (RUS)
3. Irina Taranenko (UKR)
9. Maria Theurl (AUT)

30 Kilometer klassisch

1. Larissa Lasutina (RUS)
2. Olga Danilova (RUS)
3. Kristina Smigun (EST)
9. Maria Theurl (AUT)
20. Renate Roider (AUT)

Staffel

1. Rußland (Danilova, Lazutina, Reztsova, Gavriljuk)
2. Italien (Valbusa, Paruzzi, Confortola, Belmondo)
3. Deutschland (Bauer, Roth, Sachenbacher, Wille)

Quelle: Infostrada

Kurzbiographien der Befragten

Markus Gandler

geboren am 20. August 1966 in Kitzbühel, Gewinner der ersten Langlaufmedaille für Österreich bei Olympischen Spielen: Er eroberte in Nagano 1998 Silber über zehn Kilometer klassisch. Bei der Weltmeisterschaft in Ramsau war der Tiroler Startläufer der siegreichen Staffel. Gandler ist Mitorganisator des Kitzbüheler Sprint-Weltcuprennens.

Werner Vogel

geboren am 11. Oktober 1948 in Seckau, von 1967 bis 1979 Spitzensportler, u. a. elffacher österreichischer Meister, Gewinner eines inoffiziellen Weltcuprennens, Mitglied der Olympiastaffel, die 1976 in Innsbruck-Seefeld Rang acht belegte, Zwölfter beim Wasa-Lauf 1974. Betreute in der Folge als Chef- und Kotrainer Alois Stadlober und war dessen Servicemann bis 1997.

Franz Gattermann

geboren am 25. Mai 1955 in Ried im Innkreis, war bis 1985 eines der Aushängeschilder des österreichischen Langlaufs. War sechsfacher österreichischer Meister, Dritter beim Wasa-Lauf 1982, erreichte Top-20-Plazierungen im Weltcup und wurde bei der WM in Oslo 1982 16. über 50 Kilometer. Wechselte nach Karriereende zur Skifirma Fischer, wo er heute Verantwortlicher für den Langlaufsektor ist.

Toni Innauer

geboren am 1. April 1958 in Bezau/Sonderdach, ist Repräsentant des Nordischen österreichischen Skisports. Gewann als Skispringer Silber (1976) und Gold (1980) bei Olympischen Spielen, holte als Trainer fünf Medaillen 1992 in Albertville und sorgte als Nordischer Direktor für die Realisierung jenes Projekts, das zu den Langlaufmedaillen in Nagano und Ramsau führte.

Michail Botwinow

geboren am 17. November 1967 in Moskau, wurde 1993 bei der WM in Falun Dritter mit der russischen Staffel, wechselte 1996 nach Österreich. Gewann zuerst den Worldloppet, ehe er im FIS-Weltcup starten durfte. War bei den Olympischen Spielen in Nagano nicht am Start, gewann aber in Ramsau am Dachstein Gold mit der Staffel – er bestritt das dritte Teilstück – und Bronze im abschließenden 50-Kilometer-Rennen. In der WM-Saison 1998/99 gewann er zwei Weltcuprennen.

Peter Elstner

geboren am 12. April 1940 in Wien, ist die österreichische Langlaufstimme im ORF. Studierte Gesang, arbeitete 1962/63 beim „Express", war von 1969 bis 1972 beim Hörfunk, später Freelance-Journalist, ab 1978 beim ORF. Seit 1982 führt Elstner das Ressort Fußball. Hat als begeisterter Hobbyläufer im Winter zumeist Langlaufski mit sich und schwärmt von diesem Sport.

Walter Mayer

geboren am 17. März 1957 in Radstadt, war achtfacher österreichischer Meister und nach Zwistigkeiten mit dem ÖSV erfolgreicher Volkslangläufer (u. a. erster österreichischer Sieger beim Wasa-Lauf 1980). Wurde von Toni Innauer auserkoren, ab 1994 die Langlauf-Nationalmannschaft in die Medaillenränge zu führen.

Christian Hoffmann

geboren am 22. Dezember 1974 in Haslach bei Aigen (OÖ), holte 1998 bei den Olympischen Spielen in Nagano Bronze über 50 Kilometer – und spurtete ein Jahr später in Ramsau bei der Weltmeisterschaft als Schlußläufer der Staffel Thomas Alsgaard (Norwegen) im Sprint nieder. Gilt neben anderen Sportlern als großer Hoffnungsträger Österreichs für die Zukunft.